高等院校公共基础课精品教材

本科版

职业规划与就业指导

——认知与实践

◎主编 揭红兰
◎副主编 郑芳芳 宋文琤
◎参编 林泽 陈清微 林萍

上海交通大学出版社
SHANGHAI JIAO TONG UNIVERSITY PRESS

内容提要

本书以培养学生职业与就业的核心能力为目标，注重态度引导、知识传导和技能指导，将思想政治工作要素融入课程，兼具实用性与可读性。本书共有十五个项目，包括职业生涯觉醒、自我认知、职业世界探索、职业决策、制定规划、撰写规划书、职业生涯管理、求职前准备、求职礼仪、求职面试、就业保障、职业道德、职业适应、职业素质、自我管理。

本书既可作为高等院校公共基础课教材，也可作为相关人员提升自身素质的参考用书。

图书在版编目(CIP)数据

职业规划与就业指导：认知与实践/揭红兰主编. —上海：上海交通大学出版社，2022.8(2024.8 重印)
ISBN 978-7-313-27129-7

Ⅰ.①职… Ⅱ.①揭… Ⅲ.①大学生—职业选择 Ⅳ.①G647.38

中国版本图书馆 CIP 数据核字(2022)第 152256 号

职业规划与就业指导——认知与实践
ZHIYE GUIHUA YU JIUYE ZHIDAO——RENZHI YU SHIJIAN

主　　编：揭红兰
出版发行：上海交通大学出版社　　地　　址：上海市番禺路 951 号
邮政编码：200030　　电　　话：021-64071208
印　　制：三河市龙大印装有限公司　　经　　销：全国新华书店
开　　本：787 mm×1 092 mm　1/16　　印　　张：13.75
字　　数：284 千字
版　　次：2022 年 8 月第 1 版　　印　　次：2024 年 8 月第 2 次印刷
书　　号：ISBN 978-7-313-27129-7
定　　价：49.80 元

大学生职业规划与就业指导课程是促进学生初步完成职业生涯规划、有效提升职业能力和职业素质、树立正确的职业观和就业观的重要课程。本书坚持以培养学生职业与就业的核心能力为目标，注重态度引导、知识传导和技能指导，将思想政治教育要素融入课程。

1. 融入思想政治教育要素

本书以“项目—任务”为基本架构推动能力培养，精选案例，注重思想性和时代性，在帮助大学生掌握职业生涯规划与就业指导相关知识的同时，注重运用思想政治工作的引领作用来推动学生顺利完成学业，顺利落实就业，顺利实现就业稳定。

2. 精准指向学生实际需要

本书针对职业生涯规划的实施推进、职业生涯规划的评估与修正、大学生就业形势及政策分析，以及大学生自我认知、职业探索、职业决策与行动、求职准备、简历制作及面试等问题进行全面讲解。

3. 案例丰富

本书以案例呈现问题情境、提炼要点，为大学生提供职业发展规划指导，引导毕业生理性就业和择业；针对大学生职业生涯规划、择业创业中面临的各种共性和个性化问题，引导大学生明确职业发展方向和定位，并为职业生涯规划与就业指导教师提供可借鉴的教学思路。

4. 兼具实用性与可读性

本书浅显易懂，易于实践，便于大学生培养和提升个人职业素质。与此同时，在“互联网＋”教材的建设方面进行了积极的探索，书中设置了一些针对特定知识点的二维码，学生扫描二维码即可在移动端实现随时随地学习。

本书由福建江夏学院揭红兰任主编，郑芳芳、宋文琤任副主编，参与本书编写的还有林泽、陈清微、林萍。本书编写的具体分工如下：郑芳芳负责项目十三、项目十四的编写，以及全书的统筹工作；宋文琤负责项目一、项目七的编写；林泽负责项目八任务一的编写；陈清微负责项目十二的编写；林萍负责项目十一的编写。揭红兰负责本书大纲、样章的编写与剩余书稿的编写以及全书的统稿工作。

在编写本书的过程中，编者参考了许多国内外专家、学者的文献，在此谨对相关文献的作者深表感谢！

由于编者水平有限，书中难免存在不足之处，敬请广大读者批评指正。

编　者

目录 Contents

项目一　职业生涯觉醒

学习任务

- **知识目标**：了解职业生涯规划的含义、种类、特点、误区和要素，熟悉职业生涯规划的步骤，思考未来理想职业与所学专业的关系，增强大学生学习的目的性和积极性。
- **技能目标**：进行生涯规划准备，逐步确立长远而稳定的发展目标。
- **素质目标**：根据形势发展要求和自身特点，树立正确的职业生涯规划观念和意识。

什么是成功的人生

有个富翁到海边散心，享受阳光浴，看到一个渔夫在风光旖旎的海滩上悠闲自得地晒着太阳，便好奇地走过去，之后有了下面的一段对话。

富翁说："这么好的天气，你为什么不出海捕鱼呢？"

渔夫说："我已经出过一次海了，捕到了好几条大鱼。"

富翁说："那你为什么不多捕一些鱼呢？时间还早呀。"

渔夫反问道："我为什么要捕那么多鱼呢？"

富翁说："你每天多花一些时间去捕鱼，有钱了去换一条大船，然后雇一些帮手，这样你就可以捕到更多的鱼，赚更多的钱，买更多的船，拥有船队。到时候，你不必把鱼卖给鱼贩子，而是直接卖给加工厂，你所获得的利润会更多。"

渔夫说："你的设想好像很有意思。但是我要那么多钱干什么呢？"

富翁说："有钱还不知道怎么花吗？最起码你可以建一幢豪华的海滨别墅，悠闲自得地享受日光浴。"

渔夫笑着说道："你说得很有道理。但是，我现在不是已经在享受日光浴了吗？"

渔夫和富翁之间的这段对话深刻反映了不同的人生态度。对于富翁来说，人应该放眼未来，应该趁年轻多做点事，尽可能多地争取到自己想要的东西，老了就可以凭着这些资本尽情享受生活；而渔夫则安于现状，觉得人应该及时行乐。究竟谁是谁非，我们暂不做简单的结论。对这则故事的深入思考，需要我们正确理解"什么是成功的人生"这一许多人都思考过的问题。

任务一　职业生涯规划认知

一、职业生涯规划的含义

“生涯”是在日常生活中使用非常频繁的一个词。在《现代汉语词典》(第 7 版)中,“生涯”是指从事某种活动或职业的生活。在西方,“生涯”的本义是两轮马车,后引申为道路,即人生的发展道路,也可指人或事物所经历的成长途径,还指人一生中所扮演的系列角色。目前,国际上大多数学者较认同的是美国生涯理论研究专家舒伯(Donald E. Super)的观点。舒伯认为,“生涯”是生活中各种事件的演进方向和历程,它统合了个人一生中各种职业和生活角色,由此表现出个人独特的自我发展形态。

综上所述,职业生涯是指个体的职业角色发展形态的历程,它是一个复杂的概念,由时间、范围和深度构成。时间即人的一生中不同的阶段;范围即人的一生中所扮演不同职业角色的数量;深度即人对一种职业角色的投入程度。职业生涯又称职业发展,简单地说,就是一个人一生连续从事的工作行业和工作职务的发展道路,是一个人的终生职业经历,包括就业形态、工作经历及与职业相关的活动等。在职业生涯的各个阶段,都应重视职业生涯的发展,尤其是在职业生涯早期和中期,一定要把对职业生涯各因素的追求放在首位,因为它对一个人职业生涯的成功乃至人生的成功具有关键性作用。

知识拓展

职业生涯的特点

研究职业生涯的特点可以帮助学生更好地进行职业生涯规划。从总体上看,职业生涯主要有以下几个特点,如表 1-1 所示。

表 1-1　职业生涯的特点

特　　点	内容说明
可规划性	规划职业生涯的目的不是预言职业生涯发展过程中的具体细节,而是给个人提供一个总体的职业生涯发展状态的指导,战略性地把握职业生涯发展方向。在职业生涯的发展过程中存在很多偶然性因素,职业生涯的可规划性正是表现在对职业生涯发展过程中许多偶然性因素的把握上
差异性	作为独特的个体,每个人在个人特质、性格气质、能力特点上都有差异,因而在职业目标的选择、职业规划的确定上都有所不同。在实现职业目标的道路上,个人行为方式的不同、努力程度的不同导致最后实现目标的结果也必然有所差异。正是由于这种差异的存在,职业生涯规划才是个性化的。职业生涯规划越具有个性化,对个体的职业生涯发展越具有切实的指导意义

（续表）

特　点	内容说明
阶段性	职业生涯的发展过程可以划分为不同的阶段。每个阶段都有不同的目标和任务，各个阶段之间并不是并列关系，前一阶段的状态是后一阶段的基础，各个阶段之间具有连续性和递进性。利用好职业生涯发展的阶段性，高质量地完成各阶段的任务对职业生涯的持续发展至关重要
发展性	职业生涯是一个动态的发展过程。一方面，个体自身通过持续不断的努力来提高个人能力和职业水平，通过实现职业追求来提升个人价值，从而承担越来越重要的社会角色；另一方面，个体在与他人、环境和社会的互动中，根据自己不断丰富的社会职业信息、个人职业能力、职业决策技术，制定出与该阶段相符合的职业生涯规划

二、职业生涯规划的种类

职业生涯按照时代不同，可以分为传统职业生涯和现代职业生涯；按照不同的发展方向，可以分为外职业生涯和内职业生涯。

1. 传统职业生涯和现代职业生涯

(1)传统职业生涯。传统职业生涯属于一种传统的终身雇用制度，一个人的全部职业生涯，包括从进入职场到退休都处在同一个组织的边界内，受雇于同一雇主。传统职业生涯表现出严格的等级晋升过程，职业生涯流动的模式基本上就是个人在同一行业和职业中学习和成长，经过时间和经验的积累，呈现出由一个阶段向另一个阶段的直线性晋升的过程。员工与组织之间建立起一种忠诚的心理契约，员工以对企业的忠诚换取长期或终身的就业保障。组织对雇员的技能要求只是单一的特殊技能，雇员不需要面临激烈的就业竞争和频繁的工作变动。

(2)现代职业生涯。在 20 世纪 80 年代，劳动者要 15～20 年才会有一次工作变动，之后缩短为每隔 10 年劳动者会有一次工作变动；到 20 世纪 90 年代，缩短到每隔 5 年劳动者会有一次工作变动。进入 21 世纪，劳动者工作变动的频率更快，甚至一年换多个工作。人们将这种新型的职业生涯模式称为无边界职业生涯(boundaryless career)。人们通常所说的现代职业生涯即无边界职业生涯。

无边界职业生涯是指超越单个就业环境边界的一系列就业机会。无边界职业生涯最突出的特点就是跨越了组织边界，雇员的职业生涯不再局限在一个组织中，而是在两个或多个组织中完成；组织不再愿意也很难为员工提供终身或长期的就业保障。员工主动或被迫地频繁流动，使得传统的建立在忠诚观念基础上的心理契约逐渐被以就业能力为基础的心理契约所取代，同时传统的组织等级制度和晋升标准被打破，谁有学习能力、适应能力，谁就能处于职业生涯发展的主动地位。

(3)传统职业生涯向现代职业生涯转变的原因。传统职业生涯向现代职业生涯的转变是多种因素共同作用的结果，如经济全球化、科技的进步、产业结构的调整等。

① 经济全球化。经济全球化彻底改变了竞争的边界。员工不仅要面临国内日益增多的就业人员，同时也面临来自不同国家的劳动力的就业竞争。就业环境的变化使得越来越多的劳动者不可能在一个组织内完成自己一生的职业生涯。虽然经济全球化表面上只是一个经济过程，但不可避免地在社会文化的层面上带来强烈的渗透和深刻的影响。人们的文化心理和价值观都受到强烈的冲击，从而使他们对于职业发展的认识发生了变化。

② 科技的进步。随着科学技术的不断进步，科技转化为直接生产力的速度不断加快。科学技术的进步改变了人们的职业生涯。首先，科学技术的发展创造出许多新的职业岗位，也导致传统的“简单劳动型”职业岗位的消失。例如，2021 年全国电子商务交易额达 42.3 万亿元，同比增长 19.6%。随着电子商务就业规模日益壮大，电子商务与实体经济融合发展加速，带动了更多人从事电子商务相关工作。在电子商务时代，实体店受到很大的冲击，在很多地区出现关闭浪潮。而许多实体店也正在转型，结合线上、线下的特点，逐步体现出其展示与体验价值的重要作用。例如，天猫商户、当当网商户等都开实体店，让消费者体验更多的新产品，促进线上销售。电子商务的发展渐渐地改变着传统行业，从而改变了许多劳动者的职业生涯。其次，随着市场竞争的加剧和科学技术的进步，生产部门或企业的资本有机构成和劳动生产率不断优化，对劳动力的需求量相对减少，导致一部分在岗员工失业。

③ 产业结构的调整。随着经济的发展、生产的现代化，旧的生产形态和产业部门不断被淘汰；同时，新兴产业的涌现，尤其是第三产业的大幅增加，提供了新的就业机会，不断地把原来分布于传统产业部门的劳动力转移到第三产业。产业结构的调整成为推动无边界职业生涯形成的一个原因。不论是发展中国家还是发达国家，第一产业和第二产业中的员工不断向第三产业转移，使劳动者被迫进行职业变换，打破了原有的职业生涯边界。

2. 外职业生涯和内职业生涯

美国心理学教授埃德加·H. 施恩(Edgar H. Schein)提出职业生涯包括内、外两部分，即职业生涯分为外职业生涯和内职业生涯。

(1)外职业生涯。外职业生涯是指经历一种职业的通路(由教育开始，经过工作期直到退休)，是一个人从事职业时的工作单位、工作地点、工作内容、工作职务、工作环境及这些因素与职称、工资待遇等因素的匹配组合，以及两类因素之间的动态匹配变化过程。外职业生涯的构成因素通常是由别人认可和给予的，也容易被别人否认和收回。

(2)内职业生涯。内职业生涯是指一个人在工作中所具备的知识、观念、兴趣、心理素质、内心感受、经验、能力等因素的组合及其变化过程。内职业生涯强调职业者的主观感受，包括职业者对于周围环境的认知评价及由此产生的态度。内职业生涯的各构成因素一旦被个人取得，别人便不能收回或剥夺。内职业生涯是真正的人力资本所在。

(3)外职业生涯与内职业生涯的关系。内职业生涯是根，职业生涯的每次飞跃发展都是以学习新知识、树立新观念为前提条件的，而这些都是内职业生涯的因素。外职业生涯发展是以内职业生涯发展为前提条件的，提高内职业生涯而取得的工作成绩，最终会转化为外职业生涯。人最有价值的是他的内职业生涯部分，因此，无论在任何时候，都要把工作的重点和焦点放在内职业生涯上面。

三、职业生涯规划的要素

职业生涯规划简称生涯规划，又称职业生涯设计，是指对职业生涯和人生发展进行系统而持续的计划。一个完整的职业生涯规划由职业定位、目标设定和通道设计三个要素构成，如图 1-1 所示。具体来说，职业生涯规划是在对一个人职业生涯的客观条件进行测定、分析和总结的基础上，对自己的兴趣、能力、个性及态度等进行综合分析与权衡，结合时代的特点，根据自己的职业倾向，确定最佳的职业定位和奋斗目标，并为实现这一目标做出行之有效的行动计划。

职业生涯规划是给自己的未来绘制理想蓝图的过程，是一个职业探索与奋斗的过程，其目的是争取最大的收益，少走弯路，不走错路，避免走回头路，以最佳的路径实现职业理想，从而实现自我价值。

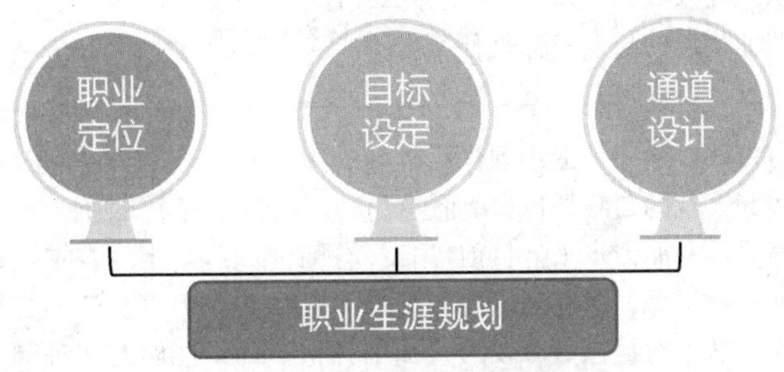

图 1-1　职业生涯规划的构成要素

四、职业生涯规划的步骤

大学生职业生涯规划主要分为四个步骤：正确评价自己、定位职业目标、选择职业、进行职业生涯的具体规划。

1. 正确评价自己

正确评价自己就是进行自我认知、自我探索和自我剖析，即了解自我，清楚自己的个性、兴趣、职业价值观等情况；分析外部环境，认识周围的大环境和小环境，了解自己所处的行业环境及社会环境的变化趋势，等等。有效的职业生涯规划是在正确评价自己的基础上进行的，要审视自己、认识自己、了解自己，做好自我评估；弄清自己想干什么、能干什么、应该干什么，在多种职业面前会选择什么，还要找出自己的一些弱点。

自我评估的方法有两种，分别是自我测试和计算机测试，如表 1-2 所示。

表 1-2　自我评估的方法

方　　法	内容说明
自我测试	自我测试的目的主要是通过回答一些相关的问题来认识自己。这些问题一般是由心理学家或专业人士精心设计出来的。大学生在回答问题时要以客观、冷静的态度对待。通过回答问题，能够反映出个体的特性。典型的问题如下： · 我是谁？ · 我在哪里？ · 我将是什么样子？ · 在人生暮年时，我将完成哪些事？我有哪些成就？我的理想工作是什么？ · 我需要从工作中得到什么东西？ · 在职业生涯和日常生活中，我在哪些方面做得好或不好？还需要学习什么，积累什么经验？我拥有什么资源和优势？ · 从现在开始，我应该停止干什么？着手干什么？ · 职业生涯的长期目标是什么
计算机测试	计算机测试是一种运用现代化软件的测试手段。大学生可以使用科学的测评技术得出较为客观的自我评价，从而进行自我剖析，了解个人的特质，发现自己的职业兴趣、性格属性和能力水平。目前，测试软件有很多，常用的有霍兰德职业倾向测试、卡特尔人格测试等。这些测试能够帮助大学生获得关于自己的更加详尽的参考信息，有利于大学生对自己做出较为全面的评价。如果能够对多种测评技术加以综合利用，测评结果将会更加准确和有效

除自我评估外，大学生还可以请老师、同学、父母及好友一起分析自己的性格、能力。因为自我评价往往有许多不足的地方，很多时候"旁观者清"，他人的评价能够帮助大学生更好地认识自己，对自己进行准确的定位。通过他人的评价，大学生能够得到更多的改善意见和他人的激励，能够更客观地审视自己，促进自己健康成长，提高自身认识的深度和广度，激活自己的思维能力和思考能力，将自己的认识水平提到新的高度。大学生在接受他人的评价以后，只有经历"外部评价作用—自我调控—外因内化"的过程，才能起到提高自己的作用。这一过程是动态的、积极的评价过程。由上可知，大学生可以通过自我评估和他人评价来正确地评价自己。一般来说，自我评估高的个体，他们的自尊心和自我效能都非常高。他们对自己的能力充满自信，有更高的积极性。自我评估是一个不断进行自我反思、自我教育和自我激发的过程。通过正确的自我评价，大学生能够认识自我，认识和把握自己今后发展的方向，增强主人翁意识。

2. 定位职业目标

职业目标的设定是职业生涯规划的核心内容。许多人的失败并不仅仅在于前进道路上的艰难险阻，更在于没有信心看到成功的目标。只要定位准确，就能为自己插上腾飞的翅膀，飞向理想的地方。

一个人事业能否成功，取决于其有无正确、合适的职业目标。符合自身实际的职业目标能够为职业生涯规划定下一个良好的基调。职业目标的确定可以从三个方面入手，具体如表 1-3 所示。

表 1-3 职业目标确定

确定的依据	目标确定的内容
结合自己的兴趣	大学生在确定职业目标时，应当结合自己的兴趣爱好。兴趣是主要驱动力，一个人只有在热忱的鼓舞下，才能真正热爱自己要从事的工作。兴趣能够引起和维持一个人的行动，将该行动推向某一目标。职业目标应当是自己非常喜欢的，也是十分适合自己的，不能人云亦云，不要勉强做自己不喜欢做的事情
有现实性和前瞻性	职业目标的确定是建立在自我评价的基础上的。大学生应清楚了解自己能力的大小，分析自我、准确定位，应尊重自己的实际情况，符合自身的发展，切合实际；要让目标可望又可即，通过努力能够达到；对职业目标的确定是不应该回避个人的缺点和短处的。例如，一个人无法拒绝金钱的诱惑，就不应选择与金钱及道德底线相对密切的职业，如会计、律师等。对职业目标的确定还要根据过往的个人经验去推断未来可能存在的工作方向与机会，判断职业目标的合理性与成功率的大小
明确具体	职业目标应该是特定的，是一个具体的职业。所确定的职业目标应当是社会中有人止在从事或做过的工作角色，不能超越当前的时代和现实，不能凭空编造。职业目标越明确越具体，为达到这一目标的内在驱动力就会越大，就越能表现出一个人坚强的意志力，促使其不断地付诸行动，努力克服种种困难阻碍，促进职业目标的实现

3. 选择职业

职业选择的标准不在于职业本身的好坏，而在于所选择的职业是否适合自己。在进行职业选择时应做到个人特质与职业相吻合、职业期望与职业相吻合、自身能力素质与职业需求相吻合。

(1)个人特质与职业相吻合。每个人都有自己独特的人格特征与能力特点，并且在社会中总存在着某种职业与他的特质相对应。因此，人的个性特质与职业性质必定能够取得一致性。在实际工作中，最理想的职业选择应该是建立在个人特质与职业要素最匹配的基础上的。个体可以根据美国职业指导专家约翰·霍兰德(John Houand)的职业倾向测试和MBTI职业性格类型测试找出自己的特质，据此找到与个人特质相吻合的职业种类。

霍兰德认为，职业选择是个人人格在工作世界的表露和延伸，即人们在工作选择和经验中表达自己的个人兴趣和价值。职业选择是个人人格的一种延伸，从事同一种职业的人有着相似的人格，他们对各种问题所做出的反应也大体相同，因此能够塑造出特有的人际环境。个人对职业的满意度、职业的稳定性与成就感都由个人的人格与职业特性之间的适配性决定。

大学生在选择职业时要充分考虑自身的特点，做出适合自己的职业领域选择。要选择职业，就要了解职业，了解职业的工作内容、知识要求、技能要求、性格要求、工作环境等，了解自己的职业兴趣、能力和价值观等特质。只有这样，才能做出科学的分析，找到与个人特质相匹配的职业。

大学生在做职业生涯规划时，应对自己的兴趣做客观分析，尽量做到职业生涯规划与自身的兴趣爱好相结合，做到理性择业，寻求职业与个体的理想契合点。

MBTI职业性格类型测试是由美国心理学家凯恩琳·布里格斯和她的心理学家女儿伊

莎贝尔·布里格斯·迈尔斯根据瑞士著名心理学家荣格的心理类型理论与她们关于性格差异的长期观察和研究而形成的,用于衡量人们在收集信息、制定决策、日常生活等方面的性格类型。它是目前全球较著名和权威的性格测试理论。

每个人的性格特点对其事业的成功与否都有着重大的影响。如果选择适合自己性格类型的职业,在工作中就会得心应手;如果选择不适合自己性格类型的职业,就会感到力不从心。在心理学理论中,人的性格可分为内倾型、外倾型和混合型三种。其中,内倾型的人比较适合从事有固定内容的、稳定的、不需要与人过多交往的职业;外倾型的人则适合从事能够与外部人员有广泛接触机会,能充分发挥自己社会交往能力的职业。

MBTI 将人的性格分为四个维度,每个维度中有两个相互对立的极。维度是相对独立的,极总是两两相对的。它们在同一个维度中表现出两个相反的方面。MBTI 职业性格类型测试的具体内容如表 1-4 所示。

表 1-4 MBTI 职业性格类型测试的具体内容

维　度	相互对立的极	描　述
注意力集中之处	外向(E)	注重外在世界,因注意外在事情而获得动力
	内向(I)	注重内心世界,因反省、感觉和意念而获得动力
获取信息的方式	感觉(S)	使用五官收集资料,强调事实,注重实际和具体观点
	直觉(N)	注重事物的可能性与关联性,看重事物的发展趋势
决策的方式	思考(T)	根据客观事实,倚重分析来做决定,注重公平原则
	情绪(F)	在做决定时,从个人观点出发,重视个人价值、喜好和原则
对待外界和处世的方式	判断(J)	喜欢有条理的生活,实践计划时以目标为本
	知觉(P)	不介意突发事情,喜欢弹性生活,注重过程而非目标

以上四个维度八个极通过排列组合共形成 16 种性格类型。例如,性格类型为 ISTP,表示内向、感觉、思考、知觉型的性格。在这 16 种性格类型中,每种性格类型都存在自己的优点与不足。MBTI 职业性格类型测试就是用于探讨各种性格类型与相关职业匹配程度的。大学生在选择职业时,要考虑自己的性格特点,充分发挥性格的优势,扬长避短。

(2)职业期望与职业相吻合。职业期望是个体对某种职业的渴求和向往,是个体对自己将要从事的工作的薪资、职业声望和工作环境等的期望。职业期望属于个体倾向性的范畴,是个人职业价值观的外部体现。在选择职业时,大多数学生都希望所从事的工作符合自身的职业倾向。每个人都有不同的职业期望,有的学生在选择职业时期望获得稳定、高收入、声望高的工作岗位,而有的学生追求技术型、独立自主型职位,还有的学生渴望拥有更大的职业发展平台。职业期望与职业的吻合度能够反映大学生的就业质量和职业匹配度。大学生都是抱着一定的职业期望来选择职业的,都希望借助企业单位来满足自己物质和精神上的多层次需要。为了使自己的职业期望能够与职业很好地吻合,大学生应当及早地了解不同用人单位的用人标准,树立合理的职业期望,协调好自我价值实现与满足社会需求的平

衡，必要时调整好个人的职业期望值，实现个人意愿与社会需要的统一。

(3)自身能力素质与职业需求相吻合。能力素质是在工作中可以观察到的与工作中突出表现直接相关的相对稳定的个人特征，是个体在工作岗位上所做贡献的具体能力。任何一种职业都需要一定的能力，不同职业有不同的能力要求。个人选择的职业应与自己的能力相符合，要根据自己的优势和特长去选择适合自己的行业和岗位。自身能力素质也可以被理解为个体潜在的被雇用能力，是从业者从事职业活动与实现职业发展的多种能力的综合，即在职业方面的知识和技能，以及他们的劳动力市场价值。具体内容如表 1-5 所示。

表 1-5 个人的能力素质

类　型	内　容
基本能力	沟通、信息交流、数学推理、思考和解决问题等能力
个人管理技能	积极的态度和行为、责任心、适应能力、持续学习和安全工作
团队技能	与他人协作、项目管理、执行任务等

不同的职业要求个体具有不同的职业素质，不同的人从事相同的职业所需要的职业素质有时也不相同，这是职业素质与个体能力素质的区别造成的。职业能力不是简单的职业知识与职业技能的叠加，它是在掌握专业知识和职业技能的基础上，通过实际运用和迁移，与其他一般能力整合而成的。大学生应在思想上认清自己的优势和特长，根据自己的真才实学和能力特长进行职业生涯规划。

4. 进行职业生涯的具体规划

职业生涯规划是指把具体的、有时间限制的、可量化的目标细化为计划，从而制定出相应的具有策略性的规划。

(1)目标实现的时间规划。职业目标实现的时间规划就是要围绕已确定好的职业目标，确定要做的事情、不做的事情及如何做好事情的计划，再加上完成时间的预定。

时间规划要设定先后次序，事情要有轻重之分，重点是要做好重要的事情，不做不相干的事情。重要的事情要优先去做。做到规划中的每天、每个阶段都过得非常有意义，有价值。制定时间规划还应结合自身的情况和职业环境状况划分不同的时间阶段(如短期、中期或长期)及不同内容(如工作、学习、生活等)的实施规划。

大学时期是大学生个人发展最好的黄金阶段，每个大学生都有足够的自由时间。大学阶段的学业规划是大学生在认知自我、了解社会的基础上，从自身实际出发，确定职业发展方向，制定大学学习各年级阶段的目标和总体目标，拟定实现目标的步骤和具体的实施方法。

(2)资格证书的获取计划。随着我国经济的不断发展，国家明确了对劳动用工的规范，实施了职业资格准入制度，使职业资格证受到了与学历证书同样的重视。经职业资格考试合格的人员，国家会授予其相应的职业资格证书。职业资格证书是指按照国家制定的职业技能标准或任职资格条件，通过政府认定的考核鉴定机构对劳动者的技能水平或职业资格进行客观公正、科学规范的评价和鉴定，对合格者授予的职业技能水平证明。

当前,我国正处于经济快速发展、产业转型升级的阶段,需要大量的高层次技术技能型人才。许多高校开始通过企业的视角、市场的需求构建校企合作机制,使专业与岗位相对应、知识与技能相结合,达到企业、高校对人才需求的无缝对接;鼓励大学生考取职业资格证书,促进他们有目标地学习和掌握职业技能,达到专业技术资格的标准。

考取职业资格证书,一方面可以缓解就业压力;另一方面可以提高学生的就业质量。大学生考取职业资格证书以后,要找到专业比较对口、待遇相对较高的工作会更加容易。现在用人单位对人才的需求强调实践能力,而考取职业资格证书便成为一种行之有效的办法。考取了职业资格证书的应聘者可以更好地满足用人单位的需要。

国家职业资格证书认证体系的建设为大学生与企业之间架起了专业与职业相互衔接的"桥梁",实现了高学历层次向宽泛的职业资格体系的拓展。通过必要的培训、考核拿到相应的职业资格证书,大学生便可以在自己专业的"高学历"平台上拓展与本专业相关的职业,为自己找到职业发展的支撑点,借此走上事业发展之路。

(3)职业发展的路线规划。世界上没有两片完全相同的树叶,也没有两个完全相同的人。一个人要想成才,就要选择一条适合自己职业发展的路线。每个人都是独立的个体,有着鲜明的个性特征。因此,每个人的职业发展路线是完全不一样的。选择职业生涯路线应把握四条原则:择世所需、择己所爱、择己所能和择己所利。也就是说,要注意社会需要、个人兴趣、工作能力和发展机遇之间的平衡。

一般来说,在企业内部存在三条职业发展路线,即行政管理路线、专业技术发展路线、先技术发展路线后行政管理路线。个体在选择职业生涯发展路线时,要考虑三个问题,即"我希望走哪一条发展路线""我能够往哪一条路线发展""我可以往哪一条路线发展"。对这三个问题进行综合分析,最后确定适合自己发展的路线。在职业发展路线中,既有纵向发展,又有横向发展。纵向发展具体体现为沿着同一条路线不断地晋升,横向发展具体体现为在同一级别的不同工作岗位上轮岗。在工作中,各条不同的晋升路线对员工的素质要求是不同的,大学生应结合自身的职业发展规划,做到往合适的路线上发展。在选择适合自己的发展路线时,大学生应考虑自己的专业学历、专业职称、从业资格、执业资格等资质,是否具有专业的工作经验,自己的工作能力如何,是否具有发展潜质,等等。

任务二　生涯理论认知

一、舒伯的生涯发展理论

舒伯于1953年在《美国心理学家》上发表文章,提出"生涯"的概念。他把生涯的发展看成一个持续、渐进的过程,伴随一个人的一生。

1. 生涯发展论的理论观点

(1)自我概念。"自我概念"是舒伯理论的核心概念。"自我概念"是指个人对自己的兴

趣、能力、价值观及人格特征等方面的认识。一个人的自我概念出现在青春期以前，至青春期较为明朗，并于成人期由自我概念转化为职业生涯概念。工作与生活满意与否，就在于个人能否在工作和生活中找到展现自我的机会。用舒伯的话说，“职业生涯就是对自我的实现”。

(2)职业生涯发展阶段。舒伯认为人的职业生涯可分为五个阶段，每个阶段都有其独特的职责和角色，以及不同的发展任务。前一阶段的发展任务的完成情况会影响下一阶段的发展。个人面对及完成发展任务的准备程度则体现了个人的生涯成熟程度。

第一阶段：成长阶段(0～14 岁)。这一阶段，孩童开始发展自我概念，开始以各种不同的方式来表达自己的需要，通过对现实世界的不断尝试，修饰自己的角色。

这一阶段的发展任务是发展自我形象，发展对工作的正常态度，并了解工作的意义。这一阶段共包括三个时期：一是幻想期(0～10 岁)，以“需要”为主要考虑因素，这一时期幻想中的角色扮演很重要；二是兴趣期(11～12 岁)，以“喜好”为主要考虑因素，喜好是个体抱负与活动的主要决定因素；三是能力期(13～14 岁)，以“能力”为主要考虑因素，能力逐渐具有重要作用。

第二阶段：探索阶段(15～24 岁)。该阶段的青少年通过学校活动、社团休闲活动、打零工等机会，对自我能力及角色、职业做了一番探究，因此选择职业时有较大弹性。这一阶段的发展任务是使职业偏好具体化、特定化并实现职业偏好。这一阶段共包括三个时期：一是试探期(15～17 岁)，考虑需要、兴趣、能力及机会，做暂时的决定，并在幻想、讨论、课业及工作中加以尝试；二是过渡期(18～21 岁)，进入就业市场或进行专业训练，更重视现实，并力图实现自我观念，将一般性的选择转为特定的选择；三是实验并稍做承诺期(22～24 岁)，生涯初步确定其成为长期职业生活的可能性，若不适合，则可能再经历上述各时期以确定方向。

第三阶段：建立阶段(25～44 岁)。这一阶段，个人开始尝试选择适合自己的职业领域，发展的任务是个人致力于工作上的稳定，大部分人处于最具创造力的时期。在这一时期，经过早期的试探和尝试后，最终确定稳定的职业，并谋求发展和晋升。

第四阶段：维持阶段(45～64 岁)。这一阶段，个人通过不断努力来获得职业生涯的发展和成就，并逐渐能在自己的领域中占有一席之地。这一阶段，劳动者一般达到常言所说的“功成名就”，已不再考虑变换职业工作，发展的任务是维持既有成就与地位。

第五阶段：衰退阶段(65 岁及以上)。这一阶段属于退休阶段，由于生理及心理机能日益衰退，个人职业角色的分量逐渐减少，开始考虑退休并享受自己的晚年生活。

(3)职业循环发展理论。舒伯在后期提出了在一个人一生的职业发展过程中，职业发展的五个阶段是一个循环再循环的过程。职业循环发展的五个阶段并不完全和年龄相关，而且各阶段之间并不存在严格的界限，可能有交叉。在人生中的不同时期，都可以经历由这五个阶段构成的一个“小循环”。职业生涯发展是一个循环往复的过程，如图 1-2 所示。

生涯阶段 14~65岁	青年期 （15~24岁）	成年期 （25~44岁）	中年期 （45~64岁）	老年期 （65岁及以上）
成长阶段	发展适宜的自我概念	学习与他人相处	接受自身的限制	发展非职业性的角色
探索阶段	了解更多的机会	寻找心仪的工作机会	辨识新问题并设法解决	寻找合适的退休处所
建立阶段	在选定的领域中起步	在一个选定的工作上安顿下来	发展新的技能	从事未完成的梦想
维持阶段	验证目前所做的职业选择	致力维持工作的稳定	巩固自己、面对竞争	维持生活乐趣
衰退阶段	减少休闲活动的时间	减少运动的时间	专注于重要的活动	减少工作时间

图 1-2　舒伯的循环式发展任务

(4)生涯彩虹图。1976—1979 年，舒伯在英国进行了为期四年的跨文化研究，之后，他提出了一个更为广阔的新观念——生活广度、生活空间的生涯发展观（life span，life space career development）。这一生涯发展观，除包含原有的发展阶段理论外，还加入了角色理论，并将生涯发展阶段与角色彼此之间交互影响的状况，描绘出一个多重角色生涯发展的综合图形。舒伯将这一生活广度、生活空间的生涯发展图形命名为“生涯彩虹图”，如图 1-3 所示。

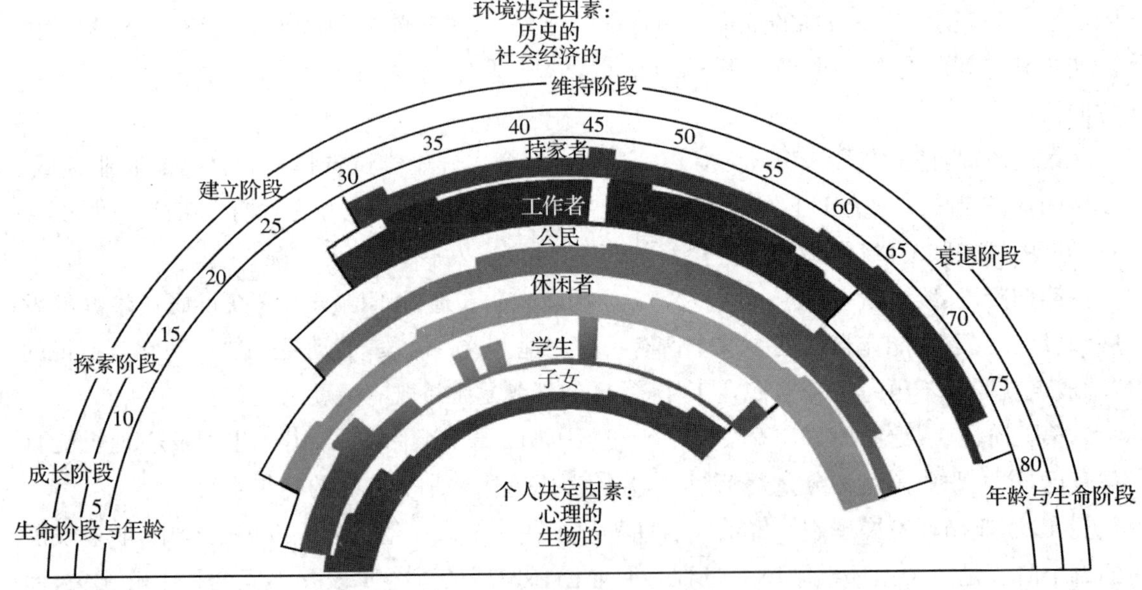

图 1-3　生 涯 彩 虹 图

① 横贯一生的彩虹——生活广度。在生涯彩虹图中，横向层面代表的是横跨一生的生活广度。彩虹的外层显示人生主要的发展阶段大致估算的年龄：成长阶段（相当于儿童期），探索阶段（相当于青春期），建立阶段（约相当于成人前期），维持阶段（相当于中年期）以及衰

退阶段(相当于老年期)。在这五个主要的人生发展阶段内,各个阶段还有小的阶段,舒伯特别强调各个时期年龄划分有相当大的弹性,应依据个体不同的情况而定。

② 纵横上下的彩虹——生活空间。在生涯彩虹图中,纵向层面代表的是纵观上下的生活空间,是由一组职位和角色组成的。舒伯认为,人在一生中必须扮演九种主要的角色,依次是儿童、学生、休闲者、公民、工作者、夫妻、家长、父母和退休者。

2. 生涯发展论在生涯辅导上的应用

在辅导过程中,辅导人员可利用"生涯自传""抉择日记""生涯彩虹图"等方法,使个体回顾自己发展历程中一些特殊的经历,生活中重要人物的影响、个人的态度与感受,以及各个阶段所扮演的角色和个人目标间的差异,并对每一次的决定加以分析,以增进个体对自己发展历程的认识,引导其积极参与到解决问题及自己设计未来发展计划的行动中。其中,画生涯彩虹图是一项很重要的活动。

舒伯认为,人的行为方向受到三种时间因素的影响:一是对过去成长痕迹的"审视";二是对目前发展状况的"审视";三是对未来发展方向的"展望"。这三种因素是互相影响的,过去是现在的成因,现在又是未来的基础。在进行生涯辅导时,对未来的时间透视能力较为重要,生涯彩虹图就提供了一个较佳的透视工具。实际应用生涯彩虹图时,辅导人员可以先准备一份空白的彩虹图,然后指导学生画出和其生涯发展有关的各种角色的起始与发展轨迹。

在画生涯彩虹图时,以下两点需要特别强调:

(1)人一生的生涯发展包括了发展阶段、生活空间及生活方式等多方面内涵。生涯彩虹图可以帮助个体具体而清晰地了解不同角色是如何构建个人特有生涯类型的,不同的角色如何在不同的发展阶段出现,角色的组合如何合理安排才能达到较佳的自我实现。

(2)要注意辅导对象显著角色的部分与时机。这些资料往往能提供很好的线索,作为进一步了解与咨询的依据;可协助辅导对象预先设定下一步的生涯发展任务,设计如何研究具体的实施步骤,使得未来显著的角色能得到充分的发挥。

3. 对生涯发展论的评价

舒伯是生涯辅导理论的大师,其生涯发展理论综合了差异心理学、发展心理学、自我心理学以及有关职业行为发展方向的长期研究结果。舒伯汲取了这四大学术领域中有关生涯发展的精华,构建了一套完整的生涯发展理论。其理论观点是现今生涯辅导重要的理论基础,指导了目前生涯辅导的具体实施,得到了各国生涯辅导界的普遍支持。由于社会的快速变迁,终身学习观念的提出以及人的寿命的延长,生涯发展理论中关于中年期、老年期的角色与任务有待进一步的研究。

二、霍兰德的职业兴趣理论

约翰·霍兰德是美国约翰·霍普金斯大学心理学教授,美国著名的职业指导专家。他于 1959 年提出了具有广泛社会影响的霍兰德类型论。

视频

霍兰德职业兴趣测试

1. 类型论的理论观点

该理论认为,职业选择是个人人格的延伸和表现,人格特质反映在职业上就是职业兴趣决定职业倾向。霍兰德认为,人格可分为社会型(S)、企业型(E)、常规型(C)、现实型(R)、研究型(I)和艺术型(A)六种类型,职业环境也可以分成相应的同样名称的六类。同一类型的职业通常会吸引相同人格特质的人,从而产生特定的职业氛围。个人人格类型和职业环境之间的适配将增加个人的工作满意度、职业稳定性和职业成就感。

2. 类型论的内容

(1)社会型。社会型人的共同特征:喜欢与人交往,不断结交新的朋友,善言谈,愿意教导别人;关心社会问题,渴望发挥自己的社会作用;寻求广泛的人际关系,比较看重社会义务和社会道德。

社会型人喜欢的职业:喜欢要求与人打交道的工作,能够不断结交新的朋友,从事提供信息、启迪、帮助、培训、开发或治疗等事务,并具备相应的能力。例如,教育工作者(教师、教育行政人员)和社会工作者(咨询人员、公关人员)等。

(2)企业型。企业型人的共同特征:追求权力、权威和物质财富,具有领导才能;喜欢竞争,敢于冒险,有野心和抱负;为人务实,习惯以利益得失、权力、地位、金钱等来衡量做事的价值,做事有较强的目的性。

企业型人喜欢的职业:喜欢要求具备经营、管理、劝服监督和领导等才能,积极实现机构、政治、社会及经济目标的工作,并具备相应的能力。例如,项目经理、销售人员、营销管理人员、政府官员、企业领导、法官、律师等。

(3)常规型。常规型人的共同特征:尊重权威和规章制度,喜欢按计划办事,细心、有条理,习惯于接受他人的指挥和领导,自己不谋求领导职务;喜欢关注实际和细节情况,通常较为谨慎和保守,缺乏创造性,不喜欢冒险和竞争,富有自我牺牲精神。

常规型人喜欢的职业:喜欢要求注意细节、精确度、系统性、条理性,并且有记录、归档、据特定要求或程序组织数据或文字信息的职业,并具备相应的能力。例如,秘书、办公室人员、记事员、会计、行政助理、图书管理员、出纳、投资分析员等。

(4)现实型。现实型人的共同特征:愿意使用工具从事操作性工作,动手能力强,做事手脚灵活,动作协调;偏好于具体任务,不善言辞,做事保守,较为谦虚;缺乏社交能力,通常喜欢独立做事。

现实型人喜欢的职业:喜欢使用工具、机器,需要基本操作技能的工作,对要求具备机械方面才能、体力或从事与物件、机器、工具、运动器材、植物、动物相关的职业有兴趣,并具备相应的能力。例如,技术性职业(摄影师、制图员、机械装配员)和技能性职业(木匠、厨师、修理工)等。

(5)研究型。研究型人的共同特征:思想家而非实干家,抽象思维能力强,求知欲强,肯动脑,善思考,不愿动手;喜欢独立的和富有创造性的工作;知识渊博,有学识才能,不善于领导他人;考虑问题理性,做事喜欢精确,喜欢逻辑分析和推理,不断探讨未知的领域。

研究型人喜欢的职业:喜欢智力的、抽象的、分析的、独立的定向任务,要求具备智力或分析才能,并将其用于观察、估测、衡量、形成理论、最终解决问题的工作,并具备相应的能力。例如,科学研究人员、教师、工程师、电脑编程人员、医生、系统分析人员等。

(6)艺术型。艺术型人的共同特征:有创造力,乐于创造新颖、与众不同的成果,渴望表现自己的个性,实现自身的价值;做事理想化,追求完美,不重实际;具有一定的艺术才能和个性;善于表达、怀旧,心态较为复杂。

艺术型人喜欢的职业：喜欢的工作要求具备艺术修养、创造力、表达能力和直觉，并将其用于语言、行为、声音、颜色和形式的审美、思索和感受，并具备相应的能力，不善于事务性工作。例如，艺术方面的有演员、导演、艺术设计师、雕刻家、建筑师、摄影家、广告制作人等，音乐方面的有歌唱家、作曲家、乐队指挥等，文学方面的有小说家、诗人、剧作家等。

然而，大多数人并非只有一种性向。例如，一个人的性向很可能同时包含着社会性向、现实性向和研究性向。霍兰德认为，这些性向越相似，相容性越强，一个人在选择职业时所面临的内在冲突和犹豫就会越少。为了帮助描述这种情况，霍兰德建议将这六种性向分别放在一个正六边形的每一个角上，形成霍兰德职业兴趣六边形模型，如图 1-4 所示。

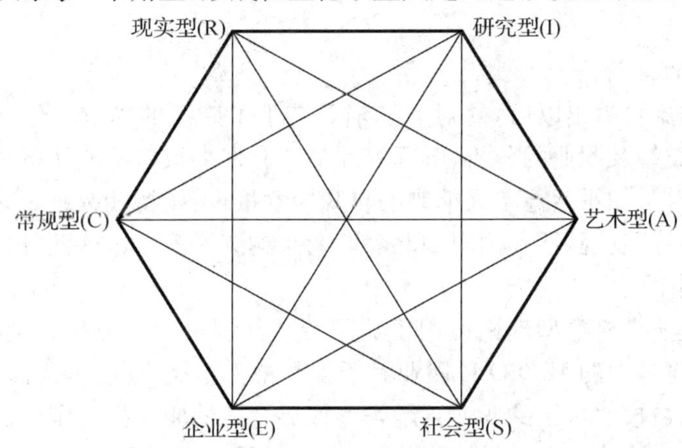

图 1-4　霍兰德职业兴趣六边形模型

工作满意度与流动倾向性，取决于个体的人格特点与职业环境的匹配程度。当人格和职业相匹配时，会产生最高的满意度和最低的流动率。例如，社会型的个体应该从事社会型的工作，社会型的工作对现实型的人则可能不适合。这一模型的关键在于以下几点：一是个体之间在人格方面存在着本质差异；二是个体具有不同的类型；三是当工作环境与人格类型协调一致时，会产生更高的工作满意度和更低的离职可能性。

3. 不同类型的关系

霍兰德所划分的六种类型，并非是并列的，而是有着明晰的边界的。他以六边形标示出了六种类型之间的关系。

（1）相邻关系。相邻关系如 RI、IR、IA、AI、AS、SA、SE、ES、EC、CE、RC 和 CR，属于这种关系的两种类型的个体之间共同点较多。例如，现实型、研究型的人就都不太偏好人际交往，这两种职业环境中也都较少有机会与人接触。

（2）相隔关系。相隔关系如 RA、RE、IC、IS、AR、AE、SI、SC、EA、ER、CI 和 CS，属于这种关系的两种类型的个体之间共同点较相邻关系少。

（3）相对关系。在六边形上处于对角位置的类型之间即为相对关系，如 RS、IE、AC、SR、EI 和 CA。由于相对关系的人格类型共同点少，因此一个人同时对处于相对关系的两种职业环境都兴趣很浓的情况较为少见。

人们通常倾向选择与自我类型匹配的职业环境，如具有现实型兴趣的人希望在现实型的职业环境中工作，可以最好地发挥个人潜能。但是，在选择职业时，个体并非一定要选择与自己兴趣完全对应的职业环境。一是因为个体本身常是多种兴趣类型的综合体，单一类型显著突出的情况不多。因此，评价个体的兴趣类型时也时常根据其在六种类型中得分居前三的类型组合进行，组合时，根据分数的高低依次排列字母，构成其兴趣类型组（霍兰德人格类型代码），如RCA、AIS等。二是因为影响职业选择的因素是多方面的，不完全依据兴趣类型，还要参照社会的职业需求及获得职业的现实可能性。因此，在选择职业时会不断妥协，寻求相隔职业环境甚至相对职业环境，在这种环境中，个体需要逐渐适应工作环境。但是，如果个体寻找的是相对的职业环境，意味着所进入的是与自我兴趣完全不同的职业环境，工作起来就可能会难以适应，或者难以做到工作时觉得快乐，甚至可能会每天工作得很痛苦。

4. 对类型论的评价

霍兰德的类型论自提出以后，就对生涯辅导产生了广泛的影响。他所提出的类型论有助于对人格/兴趣类型及职业的分析、解释和评估。有许多被广泛使用的测量工作都以霍兰德的类型理论为依据，如霍兰德本人编制的自我探索量表、斯特朗兴趣量表、库德兴趣量表、计算机生涯辅助系统“发现者”和国内的北森职业兴趣测评等。这些测评都可以作为个人进行自我探索的有用工具。

霍兰德将其职业人格类型理论运用于美国劳工部制定的职业条目词典，借助其中职业分析的有关内容，将其中的12 099种职业赋予霍兰德人格类型代码，编撰了《霍兰德职业代码词典》，为各类人员按照自己的职业兴趣类型搜寻合适的职业提供了广泛的应用前景。

霍兰德的类型论结构完整、清晰易懂，在生涯辅导实践中被广泛应用。但也有其局限性，如从长远和发展的观点看，择业者的人格、职业兴趣与职业环境都是发展变化的，在相互适应中相互影响。择业者的职业选择除与人格因素有关外，还与择业者的价值观、情商、工作经验、教育与能力等状况以及广泛的社会背景，如家庭期望、社会需求、科技发展、经济兴衰等有关，应该全面综合考虑。

案例故事

王强参加某公司的招聘，面试一个大区销售助理的职位。面试期间，人事经理问他怎么看待出差这件事情。他说他喜欢出差，在不同的地方接触不同的人让他觉得很充实、很丰富，他很喜欢“在路上”的感觉。人事经理告诉他，这个职位已经换了两名职员，两个人其他方面都很优秀，但都因为不能忍受频繁的出差而自动辞职。所以，他们这次非常看重这一点，其他能力还能在工作中不断获得提升，但是一定要找一名喜欢并且能够随时出差的职员。

正所谓“你的蜜糖，我的毒药”，这句话很好地说明了这一现象。人们在职业选择和发展过程中，会越来越明显地发现自己有某种需要但难以接受附加条件，这一点甚至会对一个人的职业生涯产生非常大的影响。

三、埃德加·H. 施恩的职业锚理论

职业锚理论由美国著名职业指导专家埃德加·H. 施恩教授提出。锚（anchor）是固定、

稳定船的工具，锚被抛下后，深深沉入海底，就可以稳住大船，使船不容易漂走。职业锚是用锚的作用形容个人在事业发展中的职业定位问题。施恩认为，个人在工作选择和发展过程中要遵循个人需要、动机和价值观不断地进行探索；以获得的工作经验为基础，在实际工作中通过不断的自我审视，逐步明确个人的需要与价值观，明确自己的特长及今后发展的重点，在潜意识里确定自己长期稳定的职业定位，最终所有的工作经历、兴趣、资质等便集合成为一个占主导地位的"职业锚"。

施恩教授认为，如果一个人在他的职业生涯中能确定一件事情，使他的动机、能力、价值观统一起来，并能深刻而清晰地回答以下三个问题，他就找到了自己的职业锚。

我到底想做什么？（自己的动机和需要）

我到底能做什么？（自己的能力）

我到底为什么做这件事？（自己的态度和价值观）

职业锚是个人选择和发展自己职业时围绕的中心，当一个人对自己的动机、能力以及价值观有了清楚的了解之后，就会意识到自己的职业锚到底是什么。有学者认为，职业锚的意义很大，一个人从确立职业锚的那一刻起，其职业才真正开始转变为事业。根据施恩教授的观点，职业锚共分为八种类型，如表 1-6 所示。

表 1-6　施恩的八种职业锚类型及其特点

职业锚类型	特　点
技术/智能型	强调实际技术或功能等业务工作；拒绝一般管理工作，但愿意在其技术、功能领域管理他人
管理能力型	追求承担一般管理性工作，且责任越大越好；具有强有力的升迁动机和价值观，以提升等级和收入作为衡量成功的标准
自主/独立型	最大限度地摆脱组织束缚，追求能施展个人职业能力的工作环境；追求在工作中享有自由，有较强的职业认同感，把工作成果与自己的努力相连接；追求自由自在的工作方式、工作习惯和生活方式，追求能施展个人才华的环境
安全/稳定型	追求长期的职业稳定和工作的保障性；在行为上，倾向于根据组织对他们提出的要求行事，对组织具有较强的依赖性；个人职业生涯的开发与发展受到限制
创业型	有强烈的创造需求和欲望；意志坚定，喜欢建立或创造属于自己的东西，并愿意为之冒险
服务型	把服务他人、帮助他人作为自己的核心价值；在选择职业和工作时，把能否实现该价值作为首要标准
挑战型	喜欢挑战具有较高难度的任务，希望能战胜强硬的对手，克服困难和障碍等；参加工作的最大动力就是战胜各种不可能、新奇、变化和困难
生活型	试图在工作和生活之间寻找平衡，认为个人的需要、家庭的需要和职业的需要都非常重要。为了找到一个能够提供足够弹性的让他们实现这一目标的职业环境，他们甚至可以牺牲职业的某些方面，如提升等

需要指出的是，大多数人的第一份职业往往不是终身职业。一个人的职业锚要经过若干年的工作实践后才能被发现。施恩认为，人们开始寻找职业锚的平均年龄是 35 岁，找到职业锚的平均年龄是 40 岁。职业锚确定后，长期稳定的职业定位便会产生，事业发展的方向也逐步明朗。

四、克朗伯兹的社会学习论

社会学习理论（social learning theory）由班杜拉（Albert Bandura）于 20 世纪 70 年代提出，它以经典行为主义、强化理论和认知信息加工理论为基础。克朗伯兹（John D. Krumboltz）将之引入生涯辅导领域。他认为，个人的社会成熟程度依赖于对他人行为的学习和模仿，并由此决定他们的职业导向。

社会学习理论强调，职业生涯规划辅导不仅仅是将个人特质与工作相匹配，其重点在于个人应通过参与各种不同性质的活动，获得多种多样的学习经验。这些所学到的技能都有可能在未来的工作中派上用场，并能拓展个人的兴趣，培养个人适当的自我信念和世界观。

克朗伯兹提出影响职业决策的四种因素如下：

（1）遗传因素。遗传因素包括种族、性别、外表特征、智力、动作协调能力等。个人由于遗传的一些特质，在某种程度上决定了个人的职业表现或影响着个人所获得的经验。

（2）环境因素。环境因素通常是指在个人控制之外，来自人类活动（如社会、文化、政治、经济、家庭、教育等）或自然力量（如自然资源的分布或自然灾害等）对职业决策的影响。

（3）学习经验因素。克朗伯兹认为，每个人有独特的学习经验，这对于个人的生涯抉择具有重要的影响。他提出了以下两种类型的学习经验：

① 工具式学习经验。个人为了得到好的结果，在特定的环境中采取一定的行为，其后果对个人会有重要的影响作用。克朗伯兹认为，生涯规划和职业所需的技能，可以通过工具式学习经验而获得。

② 联结式学习经验。个人通过观察真实和虚构的模型，通过对人、事之间的比较来学习对外部刺激做出反应。某些环境刺激会引起个人情绪上积极或消极的反应。如果原来属于中性的刺激与使个人产生积极或消极情绪反应的刺激同时出现，这种伴随在一起的联结关系就会使中性的刺激也具有积极或消极的情绪作用。

（4）处理任务的技能因素。处理任务的技能包括解决问题的能力、工作习惯、心理状态、情绪反应和认知的历程等。

克朗伯兹认为，在个人发展的历程中，上述四种因素相互作用，从而形成了个人对自我和世界的推论。一般所谓的个人兴趣、价值观等实际上都是学习的结果。个人学习经验的不足或不当，可能会导致形成错误的推论、单一的比较标准、夸大式的灾难情绪等问题，从而有碍于生涯的正常发展。因此，克朗伯兹特别强调丰富而适当的学习经验的重要性。

五、后现代生涯理论

后现代生涯理论主要是指在 20 世纪末以来，一些学者将后现代主义理论运用在生涯领域，生涯理论不断革新并形成了新观点和新变化。其核心观点主要有：接纳生涯的不确定

性，强调生涯的发展变化性；弱化生涯发展的规划力，强调生涯发展的适应力；重视生涯的主观建构，强调生涯的多元性。这些特征与当代多变和不确定的生涯特征相吻合，引起许多生涯理论研究者的注意。后现代生涯理论回应了多变的社会环境和个体真实的生涯情境，对当代生涯教育与辅导具有重要的指导意义。

严格来说，并没有哪一位生涯界学者高举“后现代生涯理论”的旗帜，也并无统一的后现代生涯理论流派。本书提到的“后现代生涯理论”是指20世纪末西方后现代主义的世界观和方法论进入生涯领域后，给生涯理论带来的新观点和新变化。在这些观点影响下的生涯理论和研究有生涯混沌理论、无边界职业生涯理论、生涯建构理论和生涯咨询领域的叙事取向咨询、生涯教练技术。

1. 生涯混沌理论

生涯混沌理论(chaos theory of career)被誉为“20世纪三大科学革命性理论之一”。2003年，澳大利亚学者普雷尔(Pryor)和布莱特(Bright)为了把复杂的动力系统的概念应用于寻求发展事业的个人以及在这种背景下发展的个人，将混沌理论引入生涯领域。他们认为，全球化和信息化时代的人类生涯是一个复杂的新型生涯形态，具有开放的、变化的、弹性的、个人驱动的和自主的特点。生涯混沌理论与线性传统生涯理论相比，描绘的是一个复杂的、充满变化的、非线性的生涯世界，主要研究复杂系统是如何发生变化的及相关联的，其理论可能更接近于当前急速变化的环境中人类生涯的本质。

(1)理论内涵。生涯混沌理论认为，世界中的每个事物的发展都会与其他事物发生联系，即一切事物都有能力去影响其他事物，同时也会受到其他事物的影响。这意味着现实中的事物将持续受到潜在的非线性变化因素引起的相互联系和变化的影响，需要注意的是，在具体的时间和空间条件下，它的变化是可预测的。它具有随着时间和空间变化不定期地遵循相似模式变化的倾向，能形成一种动态稳定的变化模式。

(2)基本特征。生涯混沌理论的基本特征如表1-7所示。

表1-7 生涯混沌理论的基本特征

特征	说明
生涯是一个复杂开放的动态系统	个体生涯心理在静态结构上，是一个相对空间中的“分形”结构，是复杂、不规则的
生涯是一个非线性动态变化的过程	借鉴“蝴蝶效应”理论，个体生涯起始状态的微小差异可能导致巨大的变化，看似无足轻重的事件往往会对当事人的生涯发展产生难以预估的影响
生涯是稳定与不稳定的统一	生涯没有终极稳态，变化随时可能产生
生涯具有自主与自驱动性	生涯发展具有主动适应的特征，每个人都可以在一定程度上按自己的计划构建生涯历程
只有提升“生涯灵性”，才能以不变应万变	生涯灵性是指个体在适应复杂性的生涯历程时需要具备的积极的心理特质，是一种更通用和更超越的适应力

总体来说，生涯混沌理论承认人类的局限性，对生涯不再有强烈的控制欲，认可阶段性改变；承认接纳具有偶然性，认为不可预测性和不确定性是生涯发展的本质特征。

(3)生涯混沌理论的应用。

① 重视个体的整体性。传统的生涯心理学理论一般采取对生涯发展中的兴趣、性格、价值观、职业满意度、职业类型等构成要素的属性进行研究,而没有考虑生涯各构成要素相互整合而产生的突创结果的影响。生涯混沌理论必须对生涯现象进行整体考察,将生涯发展过程中的各种现象联系起来理解与分析,只有这样,才能更好地理解个体生涯、进行生涯辅导和研究提供了新理念。

② 重视微小差异和机会性因素。传统生涯心理学常采用测量和统计的方式推断、了解个体生涯的特征及其与他人的差异,而忽略了微小差异和机会性因素在个体生涯发展中的重要性。生涯混沌理论认为,生涯复杂系统对微小的初始变化有着敏感依赖性,微小的变化可能带给生涯发展意想不到的变化;而机会和偶然性因素也能在复杂的生涯系统中,因奇异吸引子的作用而使得生涯出现阶段转换,并在个体生涯决策中起到巨大的作用。

(4)对生涯教育的启示。

① 客观地看待生涯教育开展。生涯教育的过程中不能无限夸大生涯教育的作用,社会上没有学过生涯心理学或者接受过系统生涯教育的成功人士比比皆是,这是因为他们能不断更新、完善自己的生涯,在不同的环境中自由地转换和内外移动,在各种角色间自由变换。而过分地夸大生涯教育的作用,只会让人产生压力和紧迫感。

② 合理地开展生涯规划。在生涯教育中,长期的生涯行为是难以预测的,而现实生活中完全按照生涯规划方向发展的情况较少见。生涯混沌理论认为,虽然长期的系统行为不可预测,但短期的系统行为是可以预测的,因此要合理、科学且适度地开展生涯规划,而不是急于规划,只做长远规划。生涯规划可以是一个方向,而不一定要具体落实到一个职业或一个岗位。

③ 整体协调生涯规划中的各种矛盾。同一时期,生涯发展过程中可能存在不同的吸引子,它们之间要么互相协调,要么互相矛盾。例如,在填报志愿时,兴趣与就业好的专业对有些人来说就是两个吸引子,如果兴趣与就业好的专业是统一的,那么两者就能和平相处,相互协调。如果兴趣与就业好的专业是相左的,这个时候就要解决好它们之间的矛盾。

生涯混沌理论强调对复杂性的重视,需要在职业发展和咨询方面有多重视角;利用系统内部的思想,将咨询师作为具体的个人以及与他们相似的更大团体的成员来说明。另一个问题是匹配,美国佛罗里达州立大学职业发展技术研究中心的教授詹姆斯·桑普森(James Sampson)正确地指出这是一个过程而非事件。普雷尔(Robert Pryor)和布莱特(Jim Bright)(2009)从“混沌职业理论”角度论证,匹配的积极方面被补充而不是被后现代主义技术所取代,其基础是职业发展的世界包含客观和主观两个方面。生涯混沌理论为现代主义和后现代主义职业发展的整合提供了最一致的理论、研究和咨询视角。

2. 无边界职业生涯理论

20世纪90年代以来,随着知识经济和信息技术的快速发展,企业的组织结构发生了根本性的变化,从传统阶级体现向更扁平的组织形式发展,虚拟化、分散化、小型化等多元发展趋势逐渐出现,无边界组织结构也逐步显现出来。

(1)基本内涵。1994年,亚瑟(Arthur)在《组织行为》杂志中首先提出无边界职业生涯概念,即超越单个就业环境边界的一系列的就业机会。1996年,他又进一步修正和丰富了

无边界职业生涯的内涵,“无边界”是指组织边界的可穿越性和可流动性,许多人的职业生涯不再是“绑定”的或者受组织约束的,新型雇佣关系产生,个体经历的雇主数量增加。在单一组织中,垂直向上流动的传统职业生涯正在被相对不可预测和没有规则并且频繁跨越组织边界进行水平流动的无边界职业生涯所代替。无边界职业生涯是一种多角度的概念,不仅指职业的实际存在层面,而且涉及实体和心理、主观和客观等多种分析层面。流动性是无边界职业生涯时代的核心特征,那些拥有更强生涯能力(包括认同力与适应力)的个体,可以为工作变动创造更多的机会。无边界职业生涯理论将超越组织边界的职业生涯概念化、满足了长期以来对更宽更广、更具包容性的职业生涯概念的需求。

(2)无边界职业生涯与传统职业生涯的区别。无边界职业生涯的显著特征是人们跨越单个的组织,来往于多个组织,其职业具有一定的流动性。无边界职业生涯在雇佣关系、组织承诺、个人学习等维度上均与传统职业生涯有明显区别(见表 1-8),更具有灵活性。它可以通过个人能力来获得更高的报酬,报酬的浮动能力也比较大,注重过程和这个经历与所获得的社会网络等。

表 1-8 无边界职业生涯与传统职业生涯的区别

维　　度	无边界职业生涯	传统职业生涯
雇佣关系	以绩效获取就业能力,实行弹性契约	以工作安全换取忠诚,实行固定契约
边界	多个公司	一个或两个公司
身份	独立于雇主施予	依赖于雇主施予
技能	可迁移的	特定于公司
生涯管理责任方	员工个人	组织
生涯成功衡量标准	心理感觉上有意义的工作	薪酬、晋升、地位
培训	在职培训与学习、即时开展	正规程序开展培训计划
方式	短暂的、螺旋型	直线型、专家型
工作态度	工作满意度、职业承诺	组织承诺
生涯发展阶段	与学习相关	与年龄相关

(3)无边界职业生涯理论在职业生涯发展规划教育中的应用。无边界组织生涯时代对组织和个体提出了新的挑战。对组织而言,为了吸引高素质人才,不仅在薪资、岗位、职业地位等方面加大投入,还要在工作满意度、职业满意度和社会认同感等方面给予更高的条件,从而全面、有效地在各阶层进行管控;对个体而言,为了寻求更多、更好的职业发展平台和发展机会,他们会在不同的组织中流动,全力提升自己的核心竞争力。

① 树立良好的责任意识,以主人翁的姿态面对工作需求。在现代无边界职业生涯环境中,学生群体在管理自身的职业生涯时,应当具有更强的责任感,勇于担当和应对职业发展过程中的风险与不确定性。无边界职业生涯对职业人员提出了相对更高的要求,要求他们

敢于从原来相对稳定的雇佣环境中走出来，直面和应对更具有多变性的工作环境，并结合自身的职业内外部环境因素，有计划地开展职业生涯管理。更重要的是，无边界职业生涯需要大学生摒弃长期以来形成的职业依附心理和“铁饭碗”的职业态度，更加明确责任意识在自我培养、自我发展中的重要性。

② 重视自我认知，以主观认知形成职业成功的主要判断依据。客观、准确地开展自我认知有助于大学生对职业兴趣、价值观、性格、能力倾向、技能等方面的了解和科学、合理地制定职业生涯规划。在面对无边界职业生涯的管理中组织扁平化和外部环境的难以预测性时，能准确判断职业成功的依据将主要体现在对工作和职业的满意度、核心竞争力、胜任力、再教育与培训机会、社会尊重与认同等方面，以及职业者主观认知的程度，而不是传统组织领域对职业成功评价标准的薪酬水平、职位水平方面。

③ 坚持终身学习的理念，优化提升就业核心竞争力。对于无边界职业生涯理论的引入，很多学生对其认知并不是非常全面，在了解无边界职业生涯的各种“自我”条件的同时，忽略了无边界职业生涯的实施条件和适应范围。学生个体在进行职业规划时容易形成空、大的盲点，常常会采取一些容易实现的短期利益来开展决策。例如，一味强调工作的自由度和高薪的待遇；频繁转换工作岗位，错误地把这种经历认为是阅历的增加，工作经验的积累。实际上，在很多情况下，用人单位会因频繁跳槽人员的不稳定因素而放弃对从业者的青睐。无边界职业生涯理论关注的是个体的可持续发展，在这个过程中终身学习的态度可以更加全面地增加参与就业的各种能力，从而使学生个体在职场上的核心竞争力不断加强。同时，因工作需要而开展的培训与再学习，是收集和分析职业相关信息的有效途径，可以有针对性地增强和提升自己的职业能力，适应新职业环境的需求。

3. 生涯建构理论

在快速变化和充满不确定性的信息科技时代，组织或社会主导的传统生涯模式由稳定、安全的雇佣关系受到极大冲击，使个体职业生涯发展变得灵活复杂。这种转变，是个体从根据社会职业规范的自我组织向根据职业成长规划的自我延伸的进步体现，体现的是个体的职业生涯建构过程。1955 年，乔治·凯利(George Kelly)在其出版的《个人建构心理学》中提出“每一个人自己就是科学家”。每个人在成长的过程中，首先体验到发生在自己周围的种种现象，然后通过自己的方式形成自己的理论，预测自我的行为，根据预测来行事。这种行为方式类同于科学家的行为方式，这就是“建构”。生涯建构理论是由美国职业辅导实践与研究的资深学者马可·L. 萨维科斯(Mark L. Savickas)教授在 2002 年正式提出的，主要探讨个体如何通过一系列有意义的职业行为和工作经历来构建自身职业生涯发展过程。

目前，在生涯建构理论方面产生影响最大的研究者是萨维科斯。他认为，“生涯不是自我展现出来的，而是被建构出来的”。建构是一种行动，不同的生涯阶段有不同的生涯任务，这些任务促使个体主动去完成它们，从而建构个人生涯。个体是生涯的所有者和创作者，所以他多主张自我生命设计。

(1)基本内涵。生涯建构理论认为，个体职业发展的实质是追求主观自我与外在客观世界相互适应的动态建构过程，而不同的个体以“适应”为核心的生涯建构模型所建构的内容和结果也是不一样的。生涯建构理论指出，个体应综合考虑自己的过往经验、当前感受以及未来抱负做出职业发展行为选择，而职业生涯发展则是个体围绕职业生涯的人生主题而展

开的主观建构过程。

(2)生涯建构理论的组成部分。

① 人生主题。生涯构建理论的第一个重要组成部分是人生主题,源于舒伯的理论,即职业生涯发展的动态展示。工作为个体提供了一个发展的情境,每一个个体人生的重要定位对于个体而言都是有意义的位置。过去,社会组织希望找到合适的员工来构造职业的成功和工作满意,而人生主题观点则让个体通过建立关联来整合主观与客观世界,通过具体工作体验来体现自身价值、能力和意义。人生主题一方面使个体对所从事的工作承担责任,另一方面使得个体关注他们所从事的工作对社会的贡献以及对他人产生的影响,从而增强社会价值感。

生涯故事是生涯建构理论提出的一个概念,旨在揭示个体用于做出有意义的选择和适应工作角色的主题。通过这些关于工作生涯的原型故事,揭示在个体面临的职业发展任务、职业转变和工作创伤中的建构生涯的动力,让个体理解伴随工作的人生动机与现实意义。

② 职业人格。职业人格涉及与个体生涯相关的能力、需求、价值观和兴趣。在个体为最终进入工作世界做准备的过程中,每个个体职业人的形成与发展受到家庭、学校和社会环境的多重影响。生涯建构理论更倾向于将兴趣和其他与生涯相关的物质视为适应的策略,而非现实的状态或者特点。萨维科斯认为,兴趣是不断变化的,与生涯相关的能力、兴趣和价值观是相互关联的现象,它们共同反映社会建构的意义。生涯建构理论还认为,工作环境中因控制和管理而产生的相似性,会导致具有不同潜能的个体形成各种职业人格类型和职业群体,因此应该更加重视个体在工作中会发生的变化,而不是他们工作前的状态。

③ 生涯适应力。生涯建构理论的一个重要概念是生涯适应力(career adaptability)。萨维科斯认为,生涯适应力是指个体在应对各种工作任务及角色转换中进行自我调整的准备状态或社会心理资源,体现了个体在生涯发展过程中面对外部挑战所具备的核心能力。生涯适应力是个体与环境交互作用的结果,是一种可以培养、能帮助个体前进的能力,其中包括生涯关注(career concern)、生涯控制(career control)、生涯好奇(career curiosity)和生涯自信(career confidence)这四个维度与个体生涯适应的发展贯串,最终形成其与生涯规划、决策和调整有关的独特态度、信念和能力。

生涯建构理论认为,建构活动构成了一个适应周期,当新的变化出现时,此周期会阶段性地重复出现。例如,对于每个员工而言,每次新工作的开始都意味着一个新角色的成长阶段也即将开始,包括探索工作职业和薪酬、工作要求和工作流程等,随后逐渐适应这个角色,并在一定时间期限内管理这个角色,最终或是为了寻求更好的发展而转向其他角色,或是组织关系的变化导致其职位的变化。一般有生涯适应力的个体比较关注职业前景,具有较强的对自身职业未来的掌控力,并具有较强的实现自我期望的信心。

(3)生涯建构理论的应用。生涯建构理论不但能帮助个体了解整个生命周期的职业行为和职业人格类型的内容,以及不同人的职业偏好,还能考察人生主题赋予职业行为意义的动力,以及如何通过不同方式使自己的工作适应其生活。生涯咨询师和研究者,可以探索个体如何通过利用人生主题,把职业人格的自我组织性和生涯适应力的自我延伸性整合为一个整体,引导个体进行职业选择,提高其职业适应能力并建构自己的职业生涯。

生涯建构理论在后现代生涯理论中影响较大,研究者较多,体系较为清晰,实践运用较广，并因此衍生出不同取向的后现代生涯咨询辅导流派；在生涯干预方面，为生涯教育、辅导咨询提供了理论基础和具体方法，不断引起各界关注。

4. 叙事生涯咨询

叙事生涯咨询（narrative career counseling）又称为故事叙说取向的生涯咨询，来源于叙事治疗（narrative therapy）。咨询师不再为当事人解决问题，而是协助当事人以说故事的方式，沉浸在自己的故事情节中，充实故事的内容并进一步改写故事，在新的故事中创造新的可能，活出新的自我及未来。叙事生涯咨询的生涯观建立在"生涯即故事"的概念上，生涯咨询的过程即是让当事人以其生涯（职业）为蓝本说故事、编故事的过程。叙事取向的生涯咨询流程可分为三个阶段：第一阶段，通过小故事建构生涯；第二阶段，把小故事解构（deconstruct）并重构（reconstruct）进入大故事；第三阶段，共同建构（co-construct）故事的下一段情节，即丰富叙事、重新叙事和建构未来。

5. 生涯教练技术

生涯教练（career coach）技术是近年来颇为流行的一种生涯辅导方式，"教练技术"源于体育，后引入企业管理领域，影响甚广。1988 年，托马斯·罗纳德开设了名为"设计人生"的课程，次年把教练技术引进生涯领域。生涯教练技术的理论基石带有鲜明的后现代色彩：第一，注重关系，教练关系本身就是促进行动和改变的动力；第二，当事人是自己的问题的专家；第三，教练的核心是促进觉察和行动，直至目标的达成与达成的步骤和过程；第四，相信人们总是在变化，小改变带动大改变；第五，对更好的未来提出一个清晰、细节化的图案，有助于设定解决式目标。生涯教练技术可运用于生涯咨询中，促进来访者的觉察和行动，也可以运用于更广泛的生涯辅导中，如教练式团体生涯辅导、职业指导等。

后现代生涯理论回应了多变的社会环境和个体真实的生涯情境，对当代生涯辅导具有重要的指导意义。

第一，后现代生涯理论强调生涯的个体性，包容甚至提倡个体生涯发展的差异性。

第二，用"混沌""复杂""动态开放""非线性发展""无边界"来描述生涯的特征，接纳生涯的不可预测和不确定性，不再一味追求规划的准确性，而是以积极的态度，对生涯决定保持开放或弹性。

第三，强调"适应"而非"匹配"。"生涯灵性""生涯适应力"等强调个体因生涯角色变化而与之保持平衡的能力。

第四，强调个体是生涯的主动创造者，是自己生涯问题的专家，"意义创造"成为生涯发展与生涯咨询的关键词。当然，后现代生涯理论也存在不足，主要在于概念较为笼统模糊，如对关于"生涯灵性"的具体的维度及如何衡量等没有进一步的探究其次。

后现代生涯理论更适用于一对一的个体生涯咨询，如果实施职业指导和大众性生涯教育，其操作性和实践指导性较弱。

在实践运用中，要注意后现代生涯理论与传统生涯理论相结合。

项目小结

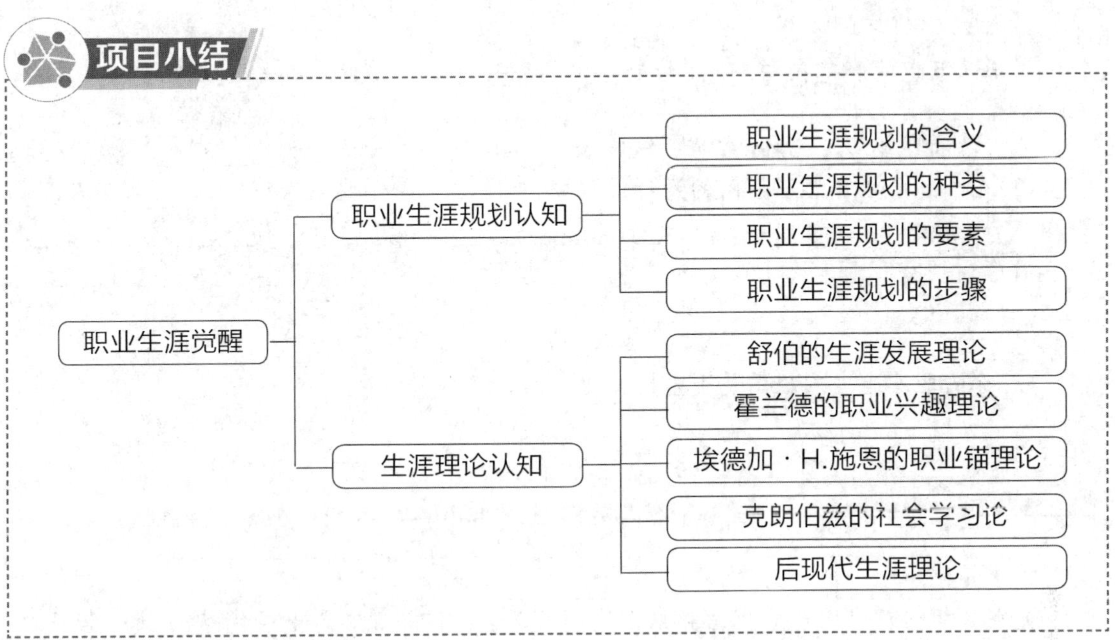

课后实践

绘制个人职业生涯彩虹图

【实训目的】

深入学习舒伯的职业生涯发展阶段理论，学会绘制个人生涯彩虹图。

【实训步骤】

步骤1：划分区域。

请在图1-5所示的空白职业生涯彩虹图上标出你现在的年龄，划分出职业生涯的过去、现在和未来。

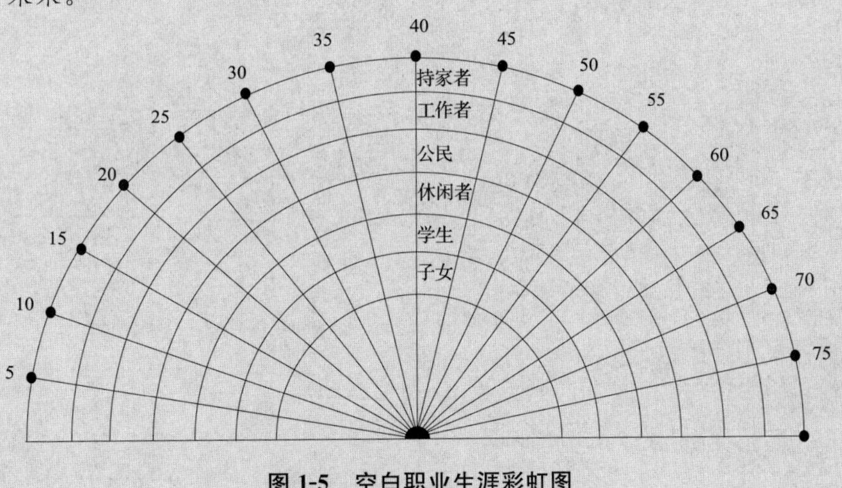

图1-5 空白职业生涯彩虹图

步骤2:绘制彩虹图。

用不同颜色的彩笔在图1-5上绘制出你的成长过程和你憧憬的未来生活。

步骤3:分享讨论。

分享你的职业生涯彩虹图,并进行讨论。

(1)在个人职业生涯彩虹图的设计过程中,你主要考虑哪些因素?

____

____

____

____

(2)你的职业生涯彩虹图是否合理?为什么?

____

____

____

____

步骤4:评选。

先在小组内对个人职业生涯彩虹图进行评选,每个小组评选出最优秀的职业生涯彩虹图。全班共选出四幅典型的个人职业生涯彩虹图。绘制者分享制作职业生涯彩虹图的经验与感想。

项目二　自我认知

学习任务

知识目标：理解自我人格、性格、兴趣、价值观、个人能力和职业期望，并掌握自我测评的方法与步骤。

技能目标：接受就业指导，进行自我认知。

素质目标：意识到确立自身发展目标的重要性，培养与职业相匹配的人格气质和兴趣，树立正确的职业价值观。

铁罐和陶罐

国王的御厨里有两个罐子，一个是铁的，一个是陶的。铁罐看不起陶罐，常常奚落它。

“你敢碰我吗，陶罐子！”铁罐傲慢地问。

“不敢，铁罐兄弟。”陶罐谦虚地回答。

“我就知道你不敢，懦弱的东西！”铁罐带着轻蔑的语气说。

“我确实不敢碰你，但并不是懦弱。”陶罐争辩说，“我们生来就是盛东西的，并不是来互相碰撞的。说到盛东西，我不见得就比你差。再说……”

“住嘴！”铁罐恼怒了，“你怎么敢与我相提并论！你等着吧，要不了几天，你就会破成碎片，我却永远在这里，什么也不怕。”

“何必这样说呢？”陶罐说，“我们还是和睦相处吧，有什么可吵的呢？”

“和你在一起，我感到羞耻！”铁罐说，“总有一天，我要把你碰成碎片！”陶罐不再理会铁罐。

时间在流逝，世界上发生了许多事情。王朝覆灭了，宫殿倒塌了。两个罐子被遗落在荒凉的场地上，上面覆盖了厚厚的尘土。许多年过去了。有一天，人们来到这里，掘开厚厚的堆积物，发现了那个陶罐。“哟，这里有一个罐子！”一个人惊讶地说，“真的，一个陶罐！”有人捧起陶罐，倒掉里面的泥土，擦洗干净，它还是那样光洁、朴素、美观。“多美的陶罐！”一个人说，“小心点儿，千万别把它碰坏了，这是古代的东西，很有价值的。”“谢谢你们！”陶罐兴奋地说，“我的兄弟铁罐就在我旁边，请你们把它掘出来吧，它一定闷得够受了。”人们立即动手，把土都掘遍了，但是连铁罐的影子也没见到。

任务一　自我认知的基础知识

一、自我认知的含义

自我认知就是人在社会实践中对自己的生理、心理、社会活动及自己与周围事物的关系的认知，包括自我观察、自我体验、自我评价等。自我观察是指有意识地注意自己行为的各个方面。自我体验是对自身内心世界的一种内省式的把握，是人将自己作为独立生命个体进行自我关照、审视时所产生的某种情绪体验。自我评价是指以一定的标准对自己的思想、行为、能力及性格特点进行判断，明确自己的行为是否正确，从而达到主动掌控自己的心理与行为、调整自己的动机和行为的目的。

自我认知具有完整性和可分性。所谓完整性，是指人是一个完整的有机统一体，认知是自我与人所处的社会环境及社会群体相互作用完成的；所谓可分性，是指人的自我认知可以分成若干要素，如对自我心理特点的认知可以分解为对兴趣、性格、价值观、技能等因素的认知。

二、自我认知的内容

在古希腊阿波罗神庙的一个巨大石柱上刻着苏格拉底的一句名言："人啊，认识你自己。"中国的老子说："知人者智，自知者明。"要达到自知的境界，做一个高明的人，需要不断地进行自我探索，然后逐渐认识自我。每个"我"都是由生理我、心理我和社会我三方面构成的。

(1)生理我(身体的我、生命的我)。生理我就是个人对自己的生理属性的意识，包括对自己的身体特征和生理状况的认识。了解自己的高矮、胖瘦、美丑、黑白、力量的大小、体质的强弱等内容。生理我是所有意识生存寄托的载体，是自我中最基本的内容，认识自己首先是从生理开始的。

(2)心理我(内心世界、感情世界)。心理我是指一个人对自己的心理属性的意识，包括对自己的感知、记忆、思维、价值观(是你最看重或最想得到的东西及最想去做的事情)、性格(是人们现实的一种稳定态度及相应习惯化的行为方式)、能力、兴趣、需要等方面的认识。自己的性格是内向还是外向、自己对什么事感兴趣、自己的信念理想是什么、自己能力的优势等都是心理我的内容。

(3)社会我(社会角色、社会责任)。社会我是指个人对自己社会属性的意识，是对自己在社会和集体中的地位、他人对自己的期望的认识，包括个人对自己在各种社会关系中的角色、地位、权利、义务等的意识。例如，他在学校里是名教师，要教书育人，有教师的责任与义务；在家里，可能是丈夫和父亲，同时要履行相应的责任与义务。

三、自我认知的原则

自我认知是建立在自我观察与自我分析基础上的对自我身心素质的全面评估。正确的自我认知应把握四条基本原则，如表 2-1 所示。

表 2-1 自我认识的原则

原　　则	内容说明
适度性	自我认知应当适度，过高的自我认知往往会使自己脱离现实，意识不到自己的条件限制，甚至狂妄自大，由自信走向自负；过低的自我认知往往会使自己忽视自我的长处，缺乏自信，过于自卑。过高或过低的自我认知对自己的成长都是不利的
客观性	自我认知应当遵循客观性原则。尽管自我认知是自己对自己进行观察、分析和评价，但也需要以客观事实作为基础和依据。人贵有自知之明，自知的可贵之处在于自知的不易
全面性	自我认知要全面。在进行自我认知的过程中，既要看到自己的优点和特长，又要看到自己的缺点和不足；既要对自我的某一方面的特殊素质进行具体评价，又要对自我的整体素质进行综合评价；既要考虑全面的整体因素，又要考虑其中占主导地位的重点因素。总之，在认识自我时应努力克服个人主观因素的干扰，努力使自我评价趋于客观和真实
发展性	自我认知时应以发展变化的眼光看待自己，不但应当对自己的现实素质做适当、全面、客观的评价，而且应当着眼于未来的发展变化，预见性地评估自己将来的发展潜力和发展前景

任务二　职业兴趣探索

一、兴趣的含义

兴趣是指个体力求认识、掌握某种事物，并经常参与该种活动的心理倾向。或者说，兴趣是一个人积极探究某种事物的心理倾向。人的兴趣是在需要的基础之上、在活动之中发展起来的，它还是推动人们去寻求知识和从事活动的强大内在动力。一个人在从事自己感兴趣的活动时，注意力会更加集中，思维会更加活跃，行为会更为持久稳定，更能产生愉快的心理状态。

按照兴趣的属性不同，可以将兴趣分为表现在对衣食住行、生活环境与条件的追求之上的物质兴趣和表现在对学习、研究等认识活动的追求之上的精神兴趣。按照兴趣所指向的目标不同，可以将兴趣分为对活动过程表现出来的直接兴趣和对活动结果表现出来的间接兴趣。由于个体之间存在差异，兴趣也表现出很大的不同。这不仅有兴趣内容上的区别，也有兴趣范围和兴趣持久性上的明显差异。人的兴趣在广度、深度、稳定性和效能方面所表现出的不同特点如表 2-2 所示。

表 2-2 兴趣的特点

特　点	说　明
广阔性	兴趣范围的大小
中心性	兴趣的深度
稳定性	兴趣的持久性与稳固程度
效能性	兴趣对活动产生的效果的大小

二、兴趣的种类

人的兴趣是多种多样的，概括起来可以分为三大类，如表 2-3 所示。

表 2-3 兴趣的种类

类　型	内　容
物质兴趣和精神兴趣	物质兴趣主要指人们对舒适的物质生活（如衣、食、住、行等）的兴趣和追求
	精神兴趣主要指人们对精神生活（如学习、研究、文学艺术等）的兴趣和追求
直接兴趣和间接兴趣	直接兴趣是指对活动过程的兴趣。例如，有的大学生想象力丰富，富有创造性，喜欢制作各种模型，在制作过程中全神贯注，表现出浓厚的兴趣
	间接兴趣主要是指对活动过程所产生的结果的兴趣。例如，每完成一幅画，都会对自己取得的成果表现出极大兴趣
个人兴趣和社会兴趣	个人兴趣是指个体以特定的事物、活动及人为对象，所产生的积极的和带有倾向性、选择性的态度与情绪
	社会兴趣是指社会成员对某一领域的普遍兴趣，或社会某一领域对社会成员的普遍需求

知识拓展

兴趣的形成阶段

根据发展程度的不同，可以把兴趣的形成过程划分为有趣、乐趣和志趣三个阶段，如表 2-4 所示。

表 2-4 兴趣的形成阶段

形成阶段	内容说明
有趣	有趣是兴趣形成的第一个阶段，处于这一阶段的兴趣与对事物的新奇感相联系，非常不稳定，往往是新奇感消失了，兴趣也就没了
乐趣	乐趣是兴趣发展的第二个阶段，在这个阶段，兴趣变得更加专一、深入。当乐趣与社会责任感、理想、奋斗目标结合起来时，兴趣就进入第三个发展阶段——志趣
志趣	志趣是个体取得成就的根本动力，是成功的重要保证

三、职业兴趣

1. 职业兴趣的含义

大作家歌德曾这样说："如果工作是一种乐趣，人生就是天堂。"人生的乐趣之一，就在于对所从事的工作有兴趣。职业兴趣是指一个人想从事某种职业的愿望，即一个人力求从事某种职业的心理倾向，或称为争取得到某种职业的意向。它是个人成功的推动力。不同的人有不同的职业兴趣，如果能够从事与自己的职业兴趣相符的职业，个体在工作中就能更加积极热情、全神贯注并富有创造力。

职业兴趣简单来说就是兴趣和职业的有机结合，是兴趣在职业方面的表现。按照自己的兴趣去找工作，便会沉浸在工作的过程和成果之中。不同的人，其职业兴趣取向不同，有的人是社交型，喜欢和人打交道；有的人是研究型，对有深度、有难度的事情好奇；有的人是艺术型，对美的事物很敏感；有的人是企业型，对数字、结果很敏感。具有不同兴趣取向的人对职业的期望不同，适合从事的工作也就不同。

职业兴趣不是天生的，它的形成与人们所处的历史条件、实践活动和对自身能力的认识有着密切的关系。例如，当计算机技术得到较大发展时，对这个职业有兴趣的人在数量上也增加得很快，这是由现实需求和历史发展阶段决定的。又如，某人从事某种特定职业，在长期实践过程中通过对职业活动的认识，了解和培养了自己的能力与特长，也可引起对该职业的浓厚兴趣。

案例故事

小刘是某大学商务英语专业的一年级学生。她从小就喜欢设计，想选择设计专业。但是爸爸却要她选择商务英语专业，认为读这个专业将来能有一份好工作。小刘对商务英语一点儿兴趣都没有，可是又没有办法改变现状。

后来，在学校她向班主任求助，班主任给她进行了细致全面的分析。由于无法改变父母的决定，就需要接受这个专业，如果因为商务英语专业与自己的兴趣不符而不去努力学习，最终会让时光白白流失；如果试着了解这个专业，在学好商务英语专业的同时，利用业余时间学习自己喜欢的设计专业，结果既能学好现在的专业，也能把设计自学好。通过与老师交流，小刘认识到不能学习自己感兴趣的专业并不一定会导致自己的理想破灭，商务英语本身与自己的兴趣和理想并没有冲突。没有认真学习商务英语怎么能说明自己就没有商务英语方面的兴趣和才能呢？班主任同时给她看了一些专业方面的就业前景，去年的毕业生在当地的会展中心工作，那儿需要的恰好是那种既懂商务英语又有一些美术才能的人才。观念转变后，小刘渐渐地喜欢上了现在的这个专业。她说："我现在对这个专业也挺感兴趣的。"

2. 职业兴趣的类型

在工作世界里也有所谓的兴趣。当兴趣的对象指向某种职业时，就形成了职业兴趣。它是一个人力求认识、接触和掌握某种职业或专业的心理倾向，是一个人想从事某种职业的愿望。

个体如果能根据自己的爱好去选择职业生涯，他的主动性将会得到充分发挥。即使工作十分劳累，也总是兴致勃勃、心情愉快；即使困难重重，也绝不灰心丧气，总能想尽办法、百折不挠地去克服它。有关资料表明，一个人如果从事自己感兴趣的职业，就能发挥全部才能的80%～90%，而且长时间保持高效率而不感到疲劳；如果从事不感兴趣的职业，仅能发挥全部才能的20%～30%。所谓“爱一行，干一行”，以兴趣为导向选择的职业离职率较低；相反，如果单纯因为报酬、工作地点或者形势所迫被动从事某项职业，在工作中就得不到愉悦感、成就感和幸福感，容易产生离职心理。

兴趣是职业选择的重要依据。霍兰德根据本人大量的职业咨询经验及职业类型理论编制了霍兰德职业兴趣测验(self-directed search)，是目前应用最广泛的测评工具之一。霍兰德认为，兴趣是描述人格的另一种方法，是职业选择中一个更为普遍的概念。在霍兰德的理论中，人格被看作兴趣、价值、需求、技巧、信仰、态度和学习个性的综合体。就职业选择而言，兴趣是个体和职业匹配的过程中最重要的因素，兴趣和职业选择之间应有一种内在的对应关系。霍兰德职业兴趣理论是有较强影响力的职业发展理论和职业分类体系。

根据职业兴趣的不同，人格可分为研究型(investigative)、艺术型(artistic)、社会型(social)、企业型(enterprising)、常规型(conventional)和现实型(realistic)六个维度，每个人的性格都是这六个维度的不同程度组合。具体理论可参看项目一中任务二的“霍兰德的职业兴趣理论”。

3. 职业兴趣的管理

(1)从注重间接兴趣培养开始。人在最初接触某种职业时，往往对职业本身缺乏强烈兴趣，必须从间接兴趣着手培养职业兴趣。可以通过了解职业在社会活动中的意义，对人类活动的贡献等产生兴趣，也可以通过了解某项职业的发展机会产生兴趣，还可以通过实践逐步提高间接兴趣。

(2)从社会实践活动中培养。人只有通过实践活动才能认识社会、了解社会职业。实践活动不能仅限于参观访问等“走马观花”的形式，还要注重参与性。要参加职业活动的全过程，了解该职业活动中人与人之间的关系、人与物之间的关系及职业对社会产生的影响等。

(3)从提升从业者的能力角度来培养。对某项职业有浓厚的兴趣是成功的前提，但事业要取得成功也必须具备该职业所要求的能力。因此，在培养职业兴趣的同时，也要客观评价从业者的能力，看其是否适合某种职业，而在此基础上形成的职业兴趣才是长久的。

(4)从自己广泛的兴趣中找寻职业兴趣。具有广泛职业兴趣的人，不但对自己职业领域内的事物有浓厚的兴趣，而且对其他方面也有一定的兴趣。这类人眼界比较开阔，解决问题时可以从多方面受到启发，在职业选择、变动上有较大的余地。兴趣范围狭窄、涉足面小的人，对新事物的适应性就要差些，在职业选择上所受的限制也多些。

(5)聚焦中心兴趣。人的兴趣应广泛，还要有一定的集中爱好，只有这样，才能学有所长，获得深邃的知识。如果只是兴趣广泛而无中心职业兴趣，就难以确定的职业方向，难以有所成就。所以，还应注重培养自己在某一方面的职业兴趣，促进自己的发展和取得成就。

(6)保持稳定的职业兴趣。要在某一方面有持久稳定的兴趣，不要朝三暮四、见异思迁；只有投入更多的热情和精力，深入钻研相关内容，才会有所发展和取得成就。

(7)培养与现实相吻合的职业兴趣。兴趣的培养不能为追求清高而不考虑外界提供的客观现实条件；过分“曲高”必然“和寡”，只能是画地为牢，自缚身手。

任务三　职业性格探索

一、性格与职业

1. 性格的含义

性格是指个人对客观现实稳定的态度和与之相适应的习惯化的行为方式。它是一种个体内部的行为倾向，具有整体性、结构性、持久稳定性等特点，是个人特有的，可以对个人外显的行为、态度提供统一的、内在的解释。例如，有的人总是热情周到，有的人总是沉默寡言。性格的形成是一个长期的、复杂的过程，不仅受遗传因素的影响，也是一个人生活环境和生活经历的反映。

案例故事

孟子，名轲，是我国古代著名思想家，儒家代表人物，三岁时父亲去世，由母亲一手抚养长大。孟子小的时候很贪玩，模仿性很强，他家原来居住在距墓地不远的地方，屋旁就有不少坟墓，有时会看见他人挖穴筑墓之类的事情。由于感到好奇好玩，他就很高兴地做起这样的游戏，“嬉游为墓间之事”。应该说，孟子这样做是他少儿时期爱模仿的表现，并不意味着将来要成为一个帮人挖穴筑墓之人。可是，孟母却从中看到了问题的严重性，认为这样一种生存环境不利于孟子的成长，于是就搬离了这个地方，在靠近集市的地方住了下来。孟子玩耍时，又模仿起商贾来，做买卖人的游戏。孟母见状决定再次搬家，搬到离学校很近的地方居住下来。而后孟子又模仿起学校的教师来，礼义周全的样子，在家里摆设礼器，进退很合礼节。孟母这才放心下来，“真可以居吾子矣”，于是就在学校旁长期居住下来。

2. 性格的特征

从性格的组成来分析，可以把性格分解为态度特征、意志特征、情绪特征和理智特征四个组成部分。

(1)性格的态度特征。性格的态度特征是指一个人如何处理与社会各方面的关系的性格特征，即对社会、集体、工作、劳动、他人及自己的态度的特征，如忠于祖国、热爱集体、认真负责、一丝不苟、谦虚谨慎、乐于助人、善待自己等。

(2)性格的意志特征。性格的意志特征是一个人对自己的行为自觉地进行调节的特征，如有远大理想、行动有计划、有团队精神、果断、有耐心、有毅力等。

(3)性格的情绪特征。性格的情绪特征是一个人的情绪对他的活动的影响，以及他对自己情绪的控制能力。例如，有的人善于控制自己、情绪稳定、积极乐观，而有的人感情脆弱、情绪波动较大、心境容易悲观等。

(4)性格的理智特征。性格的理智特征是指一个人在认知活动中所表现出来的特征，如独立或依赖、现实感强或爱幻想、深思熟虑或人云亦云、思维清晰或思维模糊等。

性格的态度特征是核心,尤其是对社会、集体的态度最重要,因为态度直接表现出一个人对事物所特有的、比较恒常的倾向,同时也决定了其他特征。所以在分析性格时,要抓住主要特征,结合次要特征进行综合分析。

在现实生活中,纯属于某一性格特征类型的人不多,大多数人属于混合型性格,在不同的场合下会显露出不同的侧面。例如,鲁迅先生既"横眉冷对千夫指",又"俯首甘为孺子牛",可见性格的丰富性和辩证统一性。

3. 性格形成的影响因素

性格的形成、发展及变化,与遗传、环境等因素有着密切的关系。

遗传因素通过什么途径来影响人的性格呢?这是一个非常复杂且争议颇大的问题。一般理论都倾向认为遗传因素通过气质和智力来影响人的性格。在遗传因素的作用下形成的气质,按照自己的活动方式,使性格具有独特的色彩。例如,同样是助人为乐的性格特征,多血质的人在帮助人时动作敏捷、热情溢于言表,而黏液质的人则沉着冷静,情感蕴含在心。气质是由人的高级神经活动类型决定的,所以,一开始气质就影响性格的形成和发展速度。

不同气质类型的人在形成性格时是具有倾向性的。例如,多血质容易形成热情好客、机智开朗的性格特征,而黏液质则难以形成这种性格。性格也反映着一个人的气质,性格内向的人往往总体表现出黏液质或抑郁质气质,而性格外向的人往往表现出多血质或胆汁质的气质。

气质更多地体现了人格的生物属性,性格则更多地体现了人格的社会属性。气质没有好坏之分,不决定一个人成就的高低,任何气质类型的人都可能成为优秀的人,也可能成为碌碌无为的人;而性格受社会历史文化的影响,有明显的社会道德评价的意义,直接反映一个人的道德风貌。个体之间的人格差异的核心是性格差异。

遗传因素对智力的影响早已被詹森研究证明了。不论儿童是由亲生父母抚养还是被收养或寄养家庭抚养,他们和亲生父母之间在智商上总有显著的相关。詹森把此归因于遗传对智力的影响。进而言之,智力和性格都受高级神经活动的特性与类型的影响,而智力对人性格的形成是有作用的。这种作用在人的发展过程中显示出来。人们运用自己的聪明才智,掌握相应的知识和技能,冷静地审时度势,使自己的行为符合客观规律,这样就会促使自己勇于克服困难,在艰难险阻中表现出自觉、大胆、果断和坚毅等良好的性格特征。因此,很多政治家、发明家、作家、艺术家虽然从事不同的职业,但他们都兼有高度发达的智力、创造力和优良的性格特征。

此外,环境也是性格发展形成的一个决定性因素。环境的作用主要是通过家庭、学校、社会活动圈子及工作实践来产生效应的。性格的成熟是相对的,绝对的成熟是不存在的。从人所处环境的变化不定来讲,性格也有一定的变化。

4. 性格对职业的影响

著名经济学家凯恩斯曾说:"习惯形成性格,性格决定命运。"中国古语也有云:"积行成习,积习成性,积性成命。"这些都说明性格对一个人一生的影响。不同性格的人适合不同的职业,不同职业需要不同性格的人来从事。例如,对驾驶员要求具备注意力稳定、动作敏捷

的职业性格特征，对医生则要求具备耐心细致、热情待人的职业性格特征。当然，每个人的性格都不能百分之百地适合某项职业，但可以根据自己的职业方向来培养、发展相应的职业性格。职业及环境所需要的性格特征，是个人内部的动力，是确定个人在职业上的特征性行为的依据，因此也被称为“职业性格”。

在职业生涯规划过程中理解、透视性格，是为了了解自己的思考方式和行为倾向，更好地接纳自己、发展自己；也是为了了解人与人之间的性格差异，在团队合作方面提出改进措施；同时还能了解不同的性格人群在对职业的选择和适应上的倾向性，以帮助我们合理地做出职业决策、谋划职业发展。

5. 自我职业性格分析

自我职业性格分析是指大学生根据自己所学专业、兴趣、爱好、特长、性格、思维方式、综合素质、价值观、情商、潜在能力等要素，并结合外在整体就业环境和就业趋势进行的对未来职业的分析。

自我职业性格分析要做到系统、全面、实事求是，需要想清楚以下事情：

(1)我喜欢做什么。其主要包括自己的兴趣、爱好、特长、性格、职业价值观等。

(2)我能够做什么。其主要指根据自己所掌握的专业知识、专业技能和工作经验，以及个人优势、综合素质、潜能等考虑自己的优势与强项。经验告诉我们，心若改变，态度就会跟着改变；态度改变，习惯就会跟着改变；习惯改变，性格就会跟着改变；性格改变，人生就会跟着改变。

(3)环境支持或允许我做什么。其主要指社会环境和就业形势能够给自己提供的机会和条件。

(4)我应该做什么。其主要通过对就业环境分析、个人义务分析，以及个人兴趣、爱好、能力等的分析，明白自己应该做什么。

(5)我做什么。这是自我分析最重要的一步，也是职业人生关键的一步，是最终实现职业目标的初步规划，也是职业生涯的初步定位。

通过自我职业性格分析，明确自己能干什么，不能干什么，应该干什么，以实现人职匹配及人岗匹配。

知识拓展

性格测评投射法

投射法就是让被测试者通过一定的媒介建立起自己的想象世界，在无拘束的情景中显露出其性格特征的一种测试方法。测试中的媒介没有明确的意义，可以是一些没有规则的线条，一些意义不确定的图片，一些有头没尾的句子，一个让被测试者编结尾的故事，等等。被测试者在做出反应时，一定要凭自己的想象力加以填补，使之有意义。在这个过程中恰好投射出被测试者的思想、情感和经验。主题统觉测验是由 H. A. 默里于 1935 年为性格研究而编制的一种测量工具。全套测验共有 30 张内容隐晦的黑白图片，另有空白卡片一张，图片的内容以人物或景物为主。每张图片都标有字母号，按照年龄、性别把图片组合成 4 套测验，每套20张，分成两个系列，每个系列各有10张，分别用于男人、女人、男孩和女孩，其中有些照片是共用的。进行测验时，主测者按顺序逐一出示图片，要求被测试者根据自己的想象和体验，对每张图片都讲述一个内容生动、丰富的故事。这样就可以对故事内容进行分析，捕捉蛛丝马迹，从而了解被测试者特定的内心世界。

二、MBTI 职业性格类型

MBTI 提供的性格类型描述仅供测试者确定自己的性格类型之用，性格类型没有好坏，只有不同。每一种性格特征都有其价值和优点，也有其缺点和需要注意的地方。清楚地了解自己的性格优劣势，有利于更好地发挥自己的特长，在为人处世过程中避免自己性格中的劣势，更好地和他人相处，更好地做重要的决策。MBTI 的16种人格表现描述如下。

1. ISTJ（内向、感觉、思考、判断）

这种性格类型的人沉静、认真；贯彻始终、得人信赖而取得成功；讲求实际，注重事实，能够合情合理地决定应做的事情，而且能坚定不移地把它完成，不会因外界事物而分散精力；以做事有次序、有条理为乐——不论在工作上、家庭上还是生活上；重视传统和忠诚。

2. ISFJ（内向、感觉、情绪、判断）

这种性格类型的人沉静、友善，有责任感和谨慎；做事贯彻始终、不辞辛劳和准确无误；忠诚，替人着想，细心，往往记着他所重视的人的种种微小事情，关心别人的感觉；努力创造一个有秩序、和谐的工作和家居环境。

3. INFJ（内向、直觉、情绪、判断）

这种性格类型的人有兴趣探索意念、人际关系和物质拥有的意义与它们之间的关系；希望了解什么可以激发人们的推动力，对别人有洞察力；尽责，能够履行他们坚持的价值观念；有一个清晰的理念以谋取大众的最佳利益；能够有条理、果断地实践他们的理念。

4. INTJ（内向、直觉、思考、判断）

这种性格类型的人有创意的头脑、有很大的冲劲去实践他们的理念和达到目标；能够很快地掌握事情发展的规律，从而设定长远的发展方向；一旦做出承诺，便会有条理地开展工作，直到完成为止。有怀疑精神，独立自主；无论为自己或为他人，有高水准的工作表现。

5. ISTP（内向、感觉、思考、知觉）

这种性格类型的人能容忍、有弹性；是冷静的观察者，当有问题出现时，能迅速行动，找出可行的解决方法；能够分析哪些因素可以使事情进展顺利，从中（尤其是资料中）找出实际问题的重心；很重视事件的前因后果，能够以理性的原则把事实组织起来，重视效率。

6. ISFP（内向、感觉、情绪、知觉）

这种性格类型的人沉静，友善，敏感和仁慈；欣赏目前和他们周遭所发生的事情；喜欢有自己的空间，做事又能把握自己的时间；忠于自己所重视的人；不喜欢争论和冲突，不会强迫别人接受自己的意见或价值观。

7. INFP（内向、直觉、情绪、知觉）

这种性格类型的人是理想主义者，忠于自己的价值观及自己所重视的人；外在的生活与

内在价值观配合；有好奇心，很快能够看出事情的可能与否，能够加速对理念的实践；试图了解别人、协助别人发展潜能；适应力强，有弹性，如果和他们的价值观没有抵触，往往能包容他人。

8. INTP（内向、直觉、思考、知觉）

这种性格类型的人对任何感兴趣的事物，都要探索一个合理的解释；喜欢理念和抽象的事情，喜欢理念思维多于社交活动；沉静，易于满足，有弹性，适应力强；在他们感兴趣的范围内，有非凡的能力去专注而深入地解决问题；有怀疑精神，有时喜欢批评，常常善于分析。

9. ESTP（外向、感觉、思考、知觉）

这种性格类型的人有弹性，容忍；讲求实际，专注即时的效益；对理论和概念上的解释感到不耐烦，希望以积极的行动去解决问题；专注于“此时此地”，喜欢主动与别人交往；喜欢物质享受的生活方式；能够通过实践获得最佳的学习效果。

10. ESFP（外向、感觉、情绪、知觉）

这种性格类型的人外向，友善，包容；热爱生命、热爱人，爱物质享受；喜欢与别人共事；在工作上，能用常识、注意现实的情况，使工作富有趣味性；富有灵活性、即兴性，易接受新朋友和适应新环境；与别人一起学习新技能可以达到最佳的学习效果。

11. ENFP（外向、直觉、情绪、知觉）

这种性格类型的人热情而热心，富有想象力；认为生活充满很多可能性；能够很快地找出事件和资料之间的关联性，而且有信心地依照他们所掌握到的模式去做；很需要别人的肯定，又乐于欣赏和支持别人；即兴而富有弹性，时常信赖自己的临场表现和流畅的语言能力。

12. ENTP（外向、直觉、思考、知觉）

这种性格类型的人思维敏捷，机灵，能激励他人，警觉性高，勇于发言；能随机应变地去应对新的和富有挑战性的问题；善于引出在概念上可能发生的问题，然后很有策略地加以分析；善于洞察别人；对日常例行事务感到厌倦；甚少以相同方法处理同一事情，能够灵活地处理接二连三的新事物。

13. ESTJ（外向、感觉、思考、判断）

这种性格类型的人讲求实际，注重现实，注重事实。果断，能很快做出实际可行的决定；能够安排计划和组织人员以完成工作，尽可能以高效率的方法达到目的；能够注意日常例行工作的细节；有一套清晰的逻辑标准，会有系统地跟着去做，也想要别人跟着去做；会以强硬态度去执行计划。

14. ESFJ（外向、感觉、情绪、判断）

这种性格类型的人有爱心、尽责、善于合作；渴望有和谐的环境，而且有决心营造这样的环境；喜欢与别人共事以能准确地、准时地完成工作；忠诚，即使在细微的事情上也如此；能够注意别人日常生活中的需要而努力供应他们；渴望别人赞赏他们和欣赏他们所做的贡献。

15. ENFJ（外向、直觉、情绪、判断）

这种性格类型的人温情，有同情心，反应敏捷和有责任感；非常关注别人的情绪、需要和动机；能够看到每个人的潜质，乐于帮助别人发挥自己的潜能；能够积极地协助他人和组织的成长；忠诚，对赞美和批评都能做出很快的回应；社交活跃，在一组人中能够惠及别人，有启发人的领导才能。

16. ENTJ（外向、直觉、思考、判断）

这种性格类型的人坦率、果断、乐于作为领导者；很容易看到不合逻辑和缺乏效率的程序与政策，从而开展和实施一个能够顾及全面的制度去解决一些组织上的问题；喜欢有长远的计划、喜欢有一套制定的目标；往往是博学多闻的，喜欢自求知识，又能把知识传给别人；能够有力地提出自己的主张。

任务四　职业能力探索

一、能力与职业能力

1. 能力的含义

能力是顺利、有效地完成某种活动所必须具备的心理条件。能力是和完成某种活动相联系的，能力的发展会受到遗传、环境和教育因素的影响，因此能力的发展会出现个体差异，如智商的高低、能力类型的异同、能力发展的早晚等。能力是不断发展、永不停滞的，所以时时刻刻都要加强对职业所需能力的培养。

能力和智力不能混淆。智力是从事任何活动所必须具备的最基本的心理条件，即认识、理解事物并运用知识、经验解决实际问题的能力。思维力是智力的核心，代表着智力的发展水平。

2. 能力的分类

(1)按照能力发展程度的不同划分。按照能力发展程度的不同，可以把能力分为才能和天才。才能是具备发展某种能力所需要的各种心理条件。例如，具备了音乐能力所需要的心理条件，就可以说有音乐才能。不仅具备才能，而且才能所需要的各种心理条件达到了完美的结合，又为人类做出了杰出贡献的人，称为天才，如莫扎特、贝多芬都是音乐天才。

(2)按照能力结构的不同划分。按照能力结构的不同，可以把能力分为一般能力和特殊能力。一般能力即平常所说的智力；特殊能力是从事某种专业活动或某种特殊领域的活动所表现出来的能力，如音乐能力、数学能力、写作能力等。

(3)按照能力所涉及领域的不同划分。按照能力所涉及领域的不同，可以把能力分为认知能力、操作能力和社交能力。认知能力是获取知识的能力，即智力；操作能力是支配肢体完成某种活动的能力，如体育运动、手工操作能力；社交能力是从事社会交往的能力，如言语表达和感染力、组织管理能力等。

(4)按照创造程度的不同划分。按照创造程度的不同，可以把能力分为模仿能力、再造能力和创造能力。模仿能力是仿效他人行为的能力；再造能力是按照现成的模式或程序掌握知识与技能的能力；创造能力是不按照现成的模式或程序，独立掌握知识与技能、发现新规律、创造新方法的能力。每个人都具有一种或多种能力组成的能力系统，了解能力的分

类,可以更客观、更系统地评价自己所具备的各种能力,从而能更准确地匹配职业。

3. 影响能力的因素

影响能力的因素主要体现在素质、知识技能、教育、社会实践和主观努力五个方面。

(1)素质。素质是个体天生具有的某些解剖和生理特征,主要是神经系统、脑的特征及感官和运动器官的特征。素质是能力发展的自然前提,离开这个物质基础就谈不上能力的发展。天生或早期聋哑的人难以发展音乐能力,双目失明者无从发展绘画才能,严重的早期脑损伤或脑发育不全的缺陷是智力发展的障碍。素质是能力发展的自然基础,但不是能力本身。素质作为先天生成的解剖生理结构,不能直接地决定能力。先天素质只是为能力的发展提供了最初的可能性。

(2)知识技能。知识是人类社会历史经验的总结,从心理学的观点来说,是头脑中的经验系统以思想内容的形式被人所掌握。技能是操作技术,是对具体动作的掌握,它以行为方式的形式被人所掌握。知识、技能与能力有着密切的关系。知识是能力形成的理论基础,技能是能力形成的实践基础。能力的发展是在掌握和运用知识技能的过程中实现的;同时,能力在一定程度上决定着一个人在知识、技能的掌握上可能取得的成就。能力和知识技能密切相关,既相互联系又相互制约。这种关系主要体现在:掌握知识技能以一定的能力为前提,能力制约着掌握知识技能的快慢、深浅、难易和巩固程度,而知识的掌握又会促进能力的提高。当然,知识、能力的发展与技能的发展是不完全同步的。

(3)教育。教育是掌握知识技能的具体途径与方法。教育不仅在儿童和青少年的智力发展中起着主导作用,而且对能力的发展起着主导作用。教育不但使学生掌握知识技能,而且通过知识技能的传授,能促进其心理能力的发展。学校教育对学生能力的培养是至关重要的,但是在他们走上工作岗位以后,原来已经掌握的知识技能就显得不够用,有些甚至是已经过时了。因此,在组织中,对在职员工的教育和培训就显得特别重要,他们必须掌握多种知识、多种技能,并能进行综合的运用。

(4)社会实践。能力是人在改造客观世界的实践活动中形成和发展起来的,劳动实践对各种特殊能力的发展起着至关重要的作用。不同职业的劳动制约着能力发展的方向,不同的实践向人们提出不同的要求,人们在实践和完成任务的活动中不断地弥补薄弱环节,从而使能力得到相应的发展和提高。

(5)主观努力。主观努力是获得成功的必由之路。要使能力获得较快和较大的增长,没有主观的勤奋努力是根本不可能的。世界上有许多政治家、科学家和发明家,无论他们从事的领域有多么不同,他们的共同点都是长期坚持不懈、刻苦努力、顽强地与困难做斗争;没有刚毅、顽强、百折不挠的意志力,任何成就都不可能取得,能力的发展也就无从谈起。

知识拓展

能力与知识、技能的关系

能力与知识、技能之间有着密不可分的联系。

能力是掌握知识、技能的前提,没有某种能力就难以掌握相关的知识、技能。能力决定

着掌握知识、技能的方向、速度、巩固的程度。

知识是历史经验的总结和概括。技能是通过练习而获得和巩固，以完成活动的动作方式和动作系统。能力是隐性的，知识技能是外显的。例如，美术能力比较低就不能很好地掌握美术知识技能，想在美术方面有所发展是很难的。如果两个人掌握了同等水平的知识技能，也不能说他们的能力是相同的，因为两个人可能年龄不同、学习时间不同、知识经验基础不同、付出的努力也不同。所以，不能简单地用知识技能作为标准来衡量人的能力高低。

在掌握知识技能的过程中，能力也会得到发展。知识技能习得的过程是能力发挥和具体化的过程。能力不是抽象的，而是具有针对性的，不针对任何客观对象的能力是不存在的。而针对客观对象的能力要通过对客观对象的知识掌握的多少和操作技能的水平反映出来。在知识技能水平不断增长的过程中，其反映出来的能力也在不断提高。

4. 职业能力的含义和类型

(1)职业能力的含义。职业能力是人们从事某种职业的多种能力的综合。例如，作为教师，只具有语言表达能力是不够的，还必须具有对教学的组织和管理能力，对教材的理解和使用能力，对教学问题和教学效果的分析、判断能力，等等。如果说职业兴趣能决定一个人的择业方向，以及在该方面所乐于付出努力的程度，那么，职业能力则能说明一个人在既定的职业方面的胜任度，也能说明一个人在该职业中取得成功的可能性。

(2)职业能力的类型。由于职业能力是多种能力的综合，因此可以把职业能力分为一般职业能力、专业能力和综合能力。

① 一般职业能力。一般职业能力主要是指一般的学习能力、文字和语言运用能力、数学运用能力、空间判断能力、形体知觉能力、颜色分辨能力、手的灵巧度、手眼协调能力等。此外，任何职业岗位的工作都需要与人打交道，因此，人际交往能力、团队协作能力、对环境的适应能力及遇到挫折时良好的心理承受能力都是人们在职业活动中不可缺少的能力。

② 专业能力。专业能力主要是指从事某一职业的能力。在求职过程中，招聘方最关注的就是求职者是否具备胜任所应聘岗位工作的专业能力。例如，一个人去应聘教学工作岗位，对方最看重的是此人是否具备最基本的教学能力。

③ 综合能力。这里主要介绍国际上普遍注重培养的“关键能力”，具体如表 2-5 所示。

表 2-5　综合能力构成要素

要　素	内容说明
跨职业的专业能力	以下三个方面可以体现出一个人跨职业的专业能力：一是运用数学和测量方法的能力，二是计算机应用能力，三是运用外语解决技术问题和进行交流的能力
方法能力	一是信息收集和筛选能力；二是掌握制订工作计划、独立决策和实施的能力；三是准确的自我评价能力和接受他人评价的承受力，并能够从失败经历中有效地吸取经验教训

（续表）

要　素	内容说明
社会能力	主要是指一个人的团队协作能力、人际交往和善于沟通的能力。在工作中能够协同他人共同完成工作，对他人公正、宽容，能够准确裁定事物的判断力和自律能力等，这是胜任岗位和在工作中开拓进取的重要条件
个人能力	随着我国经济体制改革的深入、法制的不断健全与完善，人的社会责任感和诚信将越来越被重视。一个人的职业道德会越来越受到全社会的尊重和赞赏，爱岗敬业、工作负责、注重细节的职业人会受到全社会的肯定和推崇

案例故事

小李，性格文静，有较强的中文写作能力，但不善于口头表达及人际交往，现在在一所中学担任语文教师。

小李在近两年的教学过程中发现自己并不适合做老师，虽具备相应的学历，但不具备老师应有的管理能力。课堂上她不能够调动学生的积极性，所带班级成绩不理想，学校对其工作表现不是很满意，自己也很苦恼。因此，她想转行从事其他能够发挥自己文字特长的工作，但具体向哪一个行业转，还在慎重考虑。

师范类毕业生做中学教师似乎是理所当然、顺理成章的事，然而实践中有太多例子表明，一名师范类毕业生并不一定就是一名称职的教师。根据职业生涯发展理论，一个人要想获得职业成功，必须具备扎实的专业知识、合格的学历资质、良好的综合素质三方面因素。根据这个标准，小李在教师岗位上可以说很难成功。教师工作的确能给小李带来稳定的收入，但凭小李的表现，这个“稳定”还能维持多久？经过一番内心的斗争，她决定重新择业。

通过对能力的分析，小李认识到自己虽然不擅长管理学生，口头表达能力差，但自己的文笔优美、文字能力强，其职业倾向也是希望发挥自身在文字方面的优势。于是，小李决定到广告公司去应聘。与意料中一样，小李很顺利地通过了广告公司的笔试与面试，成为一名广告文案编辑人员。“现在感觉好多了。”从事了一年广告文案编辑工作的小李这样说。

二、职业能力的发现

能力倾向测评可以判断一个人的能力优势与在某一职业成功发展的可能性。此类测验分为普通能力倾向成套测验和特殊能力倾向测验。

1. 普通能力倾向成套测验

普通能力倾向成套测验（general aptitude test battery，GATB）最初是美国劳工部从1934年开始利用10多年时间研究制定的，适合于许多不同职业群检查各自的不适合者。这套测验在许多国家被广泛使用，备受推崇。后来，日本劳动省将GATB进行了日本版的标准化，制定成《一般职业适应性检查》（1969年修订版）。这套测验主要是实现了对许多职业领域所必需的几种能力倾向的测评。它由15种测验项目构成，其中11种是纸笔测验，其余四种是操作测验，这两种测验可以测评九种能力倾向：

(1)G——智能。智能即一般的学习能力,包括对说明、指导语和诸原理的理解能力,以及推理判断能力、迅速适应新环境的能力。

(2)V——语言能力。语言能力是指按语言的意义及与它相关的概念,有效地掌握它的能力;对字词、句子、段落、篇章及其相关关系的理解能力;清楚而准确地表达信息的能力。它包括口头表达能力和文字理解与表达能力。

(3)N——数理能力。数理能力是指在正确而快速进行计算的同时,能进行推理、解决应用问题的能力。

(4)Q——书写知觉能力。书写知觉能力是指对文字、表格、票据等材料的细微部分正确知觉的能力;直观地比较、辨别字词和数字,发现错误和矫正的能力。

(5)S——空间判断能力。空间判断能力是指对记忆平面图形与立体图形之间的关系的理解能力和解决问题的能力。

(6)P——形态知觉能力。形态知觉能力是指对实物或图像的有关细节的正确知觉能力;根据视觉能够比较、辨别的能力;对图形的形状和阴影的细微差别、长宽的细小差异进行辨别的能力。

(7)K——动作协调能力。动作协调能力是指迅速、准确和协调地做出精确的动作,并迅速完成作业的能力;迅速而准确地做出反应动作的能力;手、眼协调运动的能力。

(8)F——手指灵活性。手指灵活性是指快速而准确地活动手指,操作细小物体的能力。

(9)M——手腕灵活性。手腕灵活性是指随心所欲、灵巧地活动手及手腕的能力;拿取、放置、调换、翻转物体时手的精巧运动和腕的自由运动能力。

其中,V、N、Q出色的人,属于认知型;S和P出色的人,可归入知觉型;K、F、M突出的人,属于运动技能型。现实生活中,许多人可能同时在上述能力类型中都相当优秀,或者九种能力水平差不多,没有哪一类特别突出。一般能力倾向测试的意义在于帮助人们发现什么样的职业领域能发挥自己的潜能,而不是简单地划定“适合的职业”,要知道,人的很多能力是可以通过后天培养而形成的。

2. 特殊能力倾向测验

特殊能力倾向测验是系列式的,是国外企业常用的职业能力倾向性测验,包括四大类测验。这四类分别是:机械倾向性测验,主要测量人们对机械原理的理解和判断空间形象的速度、准确性及眼手协调的运动能力;文书能力测验,是用于了解个人打字、速记、处理文书和联系工作能力的测验,适合于文职人员能力测验;心理运动能力测验,主要测验工业中许多工作所需的肌肉协调、手指灵活或眼与手精确协调等技能;视觉测验,运用特殊仪器对视力的多种特征进行测验,以评定其是否符合一定工作的要求。

三、职业能力的提高

1. 主观能动性能促进职业能力的培养

能力的形成和发展有其自然的前提,即人的遗传素质。如果个体在脑神经系统、运动器官、感觉器官的解剖生理结构和机能方面有缺陷,就难以形成和发展相应的能力。不过,马克思说:“搬运工和哲学家之间的原始差别要比家犬和猎犬之间的差别小得多,他们之间的差异是分工形成的。”因此,对常人来说,能力特别是职业能力的形成与发展不取决于先天,

而在于后天的环境、教育训练及实践活动。例如，奥运会冠军、优秀乒乓球运动员邓亚萍，小时候由于个子不高，在行家看来不是打乒乓球的料，但由于她勤奋拼搏，能吃常人难吃之苦，终于成为世界乒坛上一颗璀璨的明星。这就说明充分发挥人的主观能动性相当重要。

2. 接受教育和培训能促进能力的形成

父母是我们的第一任教师。我们从父母那里接受了最初的职业意识，并获得了最初的基本能力。个体获得知识能力，主要来自间接经验的传递。有目的、有计划、有组织的学校教育可以充当这一媒介。提高职业能力最有效的方法就是接受教育和培训，短期职业教育和高等教育都能使人获得一定的基础知识与职业技能，在上岗前再参加一些针对性强的专门培训，对上岗后更好地胜任岗位职责会有很大的帮助。

3. 通过不断实践能够提高职业能力

我国古代思想家王充在他的论著中就指出“施用累能”“科用累能”，就是说能力是在使用中积累的，从事不同职业活动的人需积累不同的能力。苏联著名戏剧家斯坦尼斯拉夫斯基也说：“没有顽强的细心的劳动，即便是有才华的人也会变成绣花枕头似的无用的玩物。”这都突出了实践活动在能力形成和发展中的作用。职业能力和职业实践互为因果，从事一定的职业活动需以一定的能力为前提，但在实践过程中不断涌现出来的新问题、新要求则会促使相应能力水平的持续提高。

4. 一些良好的品质对能力的形成和发展有重要的意义

谦虚能使人保持旺盛的求知欲和进取精神，这样就不仅会激发人发挥自己的能力，而且可以挖掘自己的潜能，从而促进能力的发展。毅力不仅能帮助人战胜困难，成为成功的外部条件，而且能使人战胜身体上的某些缺陷（如口齿不清），使能力得到发展。另外，“勤能补拙”也说明了个人的勤奋努力对能力的发展有着积极的作用。

四、职业能力的发展

1. 一定的职业能力是胜任某种职业岗位的必要条件

任何一个职业岗位都有相应的岗位职责要求，具备一定的职业能力则是某种职业岗位的必要条件。因此，求职者在进行择业时，首先要明确自己的能力优势及胜任某种工作的可能性。在条件允许的情况下，专业职业指导人员可以根据求职者的学历状况、职业资格、职业实践来确定求职者的职业能力，必要时可以以心理测试作为参考，在基本确定求职者的职业能力和发展的可能性的基础上帮助求职者进行职业选择。

2. 职业实践和教育培训是职业能力发展的前提

(1)职业实践促进职业能力的发展。职业能力是在实践的基础上得到发展和提高的，一个人长期从事某一专业劳动，能促使人的能力向高度专业化发展。个体的职业能力只有在实际工作中才能不断得到发展、提高和强化。

(2)教育培训促进职业能力的提高。个体职业能力除在实践中磨炼和提高之外，最有效的途径就是接受教育和培训。个体只有通过对有关知识和技能的掌握，才能更好地胜任本职工作。

3. 职业能力与职业发展的关系

职业能力是人的发展和创造的基础。能力是成功地完成某种任务或胜任工作的必不可少的基本因素，没有能力或能力低下，就难以达到工作岗位的要求而不能胜任。个体的职业能力越强，各种能力越综合发展，就越能促进个体在职业活动中的创造和发展，就越能取得较好的工作绩效和业绩，就越能给个人带来职业的成就感。

任务五　职业价值观探索

一、价值观与职业价值观

图文
图说我们的价值观

1. 价值观的含义及特性

(1)价值观的含义。价值观是指一个人对周围客观事物(包括人、事、物)的意义、重要性的总的看法和评价。价值观是社会成员用来评价行为、事物及从各种可能的目标中选择自己满意的目标的准则。价值观通过人们的行为取向及对事物的评价、态度反映出来，是世界观的核心，是驱使人们行动的内部动力。在同一客观条件下，对于同一个事物，由于人们的价值观不同，因此会产生不同的行为。

(2)价值观的特性。在价值关系中，众多的客体会形成各种价值关系。价值观具有三方面的特性，具体内容如表 2-6 所示。

表 2-6　价值观的特性

特　　性	说　　明
价值观是因人而异的	由于先天条件和后天环境不同，每个人的人生经历也不尽相同，其价值观也会不同。在同样的客观条件下，具有不同价值观和价值观体系的人，其动机模式不同，产生的行为也不同
价值观是相对稳定的	价值观是人们思想认识的深层基础，它形成了人们的世界观和人生观。它是随着人们认知能力的发展，在环境、教育的影响下逐步培养而成的。人们的价值观一旦形成，便是相对稳定的，具有持久性
价值观在特定的环境下是可以改变的	随着环境的改变、经验的积累、知识的增长，人们的价值观有可能发生变化

2. 职业价值观的含义

人们对职业满足个人或社会某种需要所做出的评价称为职业价值观，职业价值观是价值观在职业选择领域的延伸或具体化。职业价值观是人生目标和人生态度在职业选择方面的具体表现，也就是一个人对职业的认识和态度及他对职业目标的追求和向往，是人们对待职业的一种信念和态度，是在职业生活中表现出来的一种价值取向。简而言之，职业价值观是一种外显或内隐的有关什么职业“值得做”的看法，是个人或群体的特征。

职业价值观是人们对社会职业需求进行的评价，是人生价值观在职业问题上的反映。人们的职业价值观不同，对某一职业的评价和取向也会不同。有的人喜欢与人打交道的工作，有的人喜欢人际交往少的工作，有的人喜欢刺激、有挑战性的工作，有的人喜欢安安稳

稳、挑战性小的工作,有的人择业看重收入,有的人择业看重工作的价值,有的人择业看重发展空间,有的人择业看重工作地点和环境,等等。不同的人有不同的职业价值观,具有不同职业价值观的人适合从事不同的职业或岗位。如果在择业时选择了与自己的职业价值观不符的职业,就很难在这个岗位上工作下去。

每种职业都有各自的特性,由于个人的身心条件、年龄阅历、教育状况、家庭和环境影响及兴趣爱好的不同,人们对各种职业的主观评价也不同,这就形成了不同的职业价值观。职业价值观决定了人们的职业期望,影响着人们对职业方向和职业目标的选择,决定着人们就业后的工作态度和劳动绩效水平,从而决定了人们的职业发展情况。

3. 职业价值观与职业的关系

(1)职业价值观往往决定职业期望,影响职业方向和职业目标的选择。在职业规划中,职业价值观被视为职业定位最关键的因素。只有所从事的职业与自我职业价值观相符合,才不会有心理冲突,才能充分调动积极性,最大限度地发挥自身能力,满足高层次自我实现的需要,产生成就感。

(2)职业价值观受所从事职业的影响而发生变化。通过对所从事职业的认知、了解和体验,人的职业价值观的内容也会不断改变和更新。人们在从事某项工作之前,对工作的认识是表面的、肤浅的,只有亲身经历后,才会有收获,才能体会到它的价值所在。

案例故事

小方毕业于某高校计算机专业。毕业那一年,他曾把当公务员作为自己理想的职业选择。于是,他刻苦学习,准备公务员的考试。由于笔试成绩比较高,他顺利进入面试。但是面试后,他感觉很糟糕,最后果然因面试成绩较差而未被录用。后来,小方去了一家公司从事软件开发工作。他在公司表现很好,一段时间后便升任项目经理。他说:“以前总是感觉公务员工作稳定、体面,工作环境也好,但现在感觉进公司从事技术工作才是正确的选择,这种工作有挑战性、充实、成就感比较强,有利于自我成长,收入也相当可观。”

4. 树立正确的职业价值观

正确的职业价值观有利于大学生个人价值的实现。大学生可以通过以下途径来树立正确的职业价值观:

(1)认识社会,了解社会需要。社会是一个广阔的大舞台,供无数的精英尽情地展露自己的才华;同时,社会又是一个高深莫测的领域,需要人们不停地去探索。大部分大学生生活经历比较单一,缺乏艰苦生活的磨炼和挫折的考验,一旦大学毕业走进社会就会变得无所适从。大学生应积极地参与社会实践,在社会改革中磨炼自我。在选择职业时,要考虑社会需要这一问题,因为大学生实现自身价值并不是一味地强调自身的愿望与志向,职业选择首先要取决于当前的社会需要,如果没有社会需要,就不会有职业岗位的存在,也就不会有这么多职业可供选择。社会需要是大学生选择职业的出发点和归宿,实现个人价值与社会需要是一致的。只有着眼于社会需要,服从社会需要,才能更好地实现个人的人生价值。

(2)了解职业,理解职业要求。大学生应摒弃传统的职业观念,接受相应的职业思想及道德教育,明白自身所学的专业所具有的社会价值,进而明白未来所从事职业的价值;学会正确地对待社会上各行各业的工作，喜爱自己未来走向的工作岗位，树立明确的学习目的和职业目标；掌握扎实的专业知识，对自己所学专业的内容要有深入透彻的理解；掌握完整、系统的专业知识，懂得如何向新的学科领域转移，掌握较强的应变能力；掌握最新的行业信息，了解学校公布的关于就业的有关政策、社会需求等信息；掌握一定的面试技巧，如着装仪表、语言表达、交往过程中的行为规范等；培养团队协作精神，增强职业竞争力，摒除浮躁心理、依赖心理和恐慌心理。

当职业期望过高而无法实现时，大学生应及时进行调整，重新确定符合实际条件的选择目标，以增加就业机会；如果不善于灵活变通，就很容易陷入两难的境地。大学生应通过职业培训不断增加对职业的了解，充分考虑自己的专业范围、职业兴趣与实际能力，找到个人与职业的结合点，使自我逐步成为一个职业人。

(3)认识自我，了解自我特长。

① 摆正自己的位置。大学生应重新认识自我，根据自己身体、兴趣、气质、个性及能力等方面的因素，把自己放在最合适的位置上。一些大学生在择业时，不同程度地存在着自大、冷漠、坐等、自卑、依赖、侥幸等消极心态，存在着以个人为本位的观念，这必然会影响他们的正常择业，导致择业出现偏差。大学生应以积极向上、乐观自信、勇于竞争的良好择业态度迎接就业，摆正自我与社会、奉献与索取的关系；在进行未来职业追求、规划、构思时，要做到不过高地估计自己，也不妄自菲薄，找准自己的社会角色，确定好自己的社会位置，只有这样，才有利于自身价值的实现。

② 走自主创业之路。大学生可以利用自己的才能和技术，以自筹资金、技术入股、寻求合作等方式创立新的就业岗位，依法获得劳动报酬。大学生有着较高的素质和优势，包括较高的思想道德素质、科学文化素质、身体素质，以及勇于创新、敢冒风险、大胆进取、不畏艰险的意志品质和独立的工作能力。在条件允许的情况下，大学生完全可以根据市场需要和社会需要走自主创业之路。

③ 选择适合自己的工作。大学生要懂得所选择的工作不一定是最好的工作，而应是适合自己的工作，是能发挥自己的专业特长和优势、与自己的兴趣爱好相吻合的工作。大学生在确定自己的职业定位时，应注意不要与其他学生相互攀比，否则容易迷失方向；懂得"万丈高楼平地起"，选择的工作往往需要从小事做起，从基层做起。大学生应克服"眼高手低"的毛病，脚踏实地工作，培养自己的事业心、责任心，因为事业心和责任心是每个职业人必须具备的基本职业素质。

二、职业价值观的测评方法

1. *价值问卷法*

价值问卷是对个人价值观的测量问卷。用于职业生涯辅导的价值问卷主要是测量与个体生涯选择有关的价值。对于价值观的测评，国内外一般采用量表法(测量法)，即根据一定的理论依据编制相应的问卷。国外的量表一般是基于研究者自己对于职业价值观定义与结构的理解而编制的，比较著名的有明尼苏达重要性问卷(Minnesota importancequestionnaire，MIQ)、高登的职业价值观量表(occupational values inventory，OVI)和塞普尔的工作价值观量表(work values inventory，WVI)。我国的职业价值观研究起步较晚，早期主要以

引进和修订西方成熟量表为主。近年来，许多研究者自觉、严谨地编制了一系列具有中国特色的量表，如于海波的师范生职业价值观量表，但这些量表不具有通用性，因而没有得到普遍使用。

2. 观察法和面谈法

观察法就是通过对个体日常言谈举止、情绪行为进行一段时间的观察，然后从观察者角度评价其价值取向。面谈法就是对一些大学生进行访谈，询问他们对就业的准备和看法，让他们描述就业前的心理状态等。

项目小结

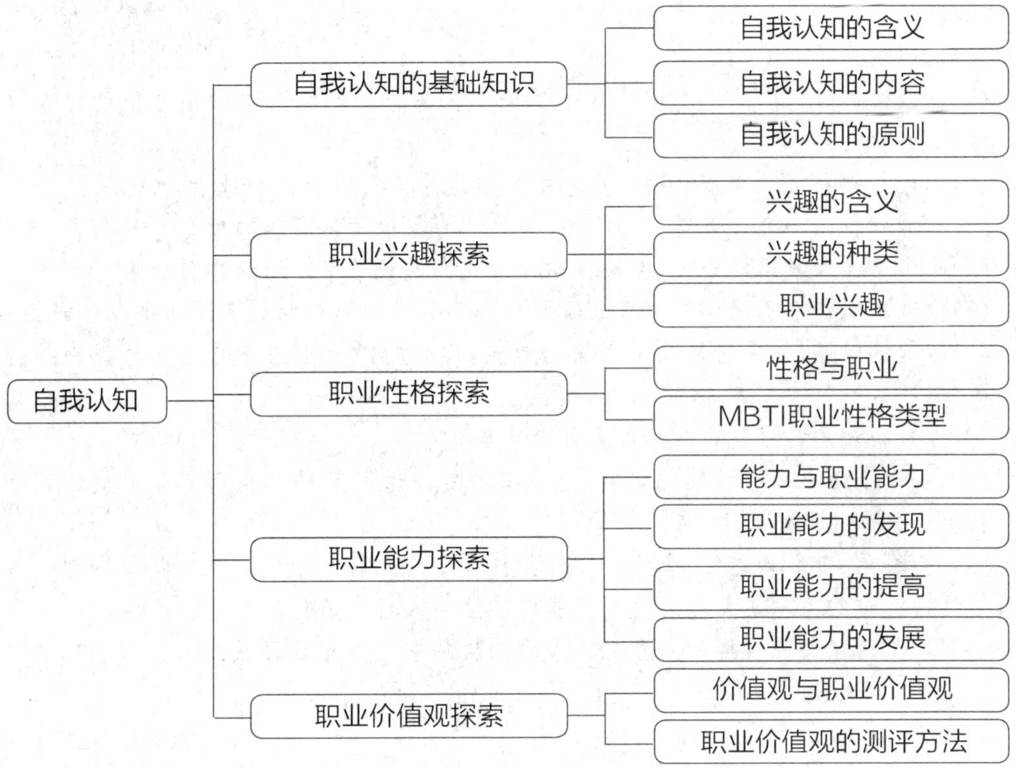

- 自我认知
  - 自我认知的基础知识
    - 自我认知的含义
    - 自我认知的内容
    - 自我认知的原则
  - 职业兴趣探索
    - 兴趣的含义
    - 兴趣的种类
    - 职业兴趣
  - 职业性格探索
    - 性格与职业
    - MBTI职业性格类型
  - 职业能力探索
    - 能力与职业能力
    - 职业能力的发现
    - 职业能力的提高
    - 职业能力的发展
  - 职业价值观探索
    - 价值观与职业价值观
    - 职业价值观的测评方法

课后实践

兴趣探索练习

【实训目的】

通过兴趣探索练习，寻找自己的兴趣，进一步了解自我，为今后职业选择做参考。

【实训步骤】

下面是一个自我兴趣探索的练习，请仔细阅读练习的引导语并按要求进行；它可以帮助你确定今后选择职业时的一些重要考虑因素和评价标准。

请详细回答下列问题。回答时特别注意问题的第二部分，即“为什么”感兴趣的部分。你也可以邀请一名同伴共同完成这项练习，并互相讲述自己对问题的回答和思考，同伴可以提问并帮助讲述的人发掘细节和原因。做这个练习的目的是帮助你回忆并梳理日常生活中有关个人兴趣的一些代表性事件，增进自我觉察，因此，仔细思考和讲述的过程非常重要。

(1)我的白日梦：请列举出三种你非常感兴趣的职业（摒除所有现实的限制）。这些工作中的哪些特质吸引着你？

(2)请回忆三个从事某件事情时令你感到快乐/满足的经历。请详细描述这三个画面，指出什么令你感到如此快乐/满足。

(3)你从小到大担任过哪些职务？你喜欢的是哪些职务？不喜欢的是哪些职务？请具体说明为什么。

(4)你最崇拜（敬佩）的人是谁？他对你产生了怎样的影响？你和他相似的方面是什么？你最不像他的方面是什么？

(5)你最喜欢看哪种杂志？这种杂志中的哪些部分吸引着你？或者，如果你到书店看书，你通常会停留在哪类书架前（不是仅仅因为学习需要的情况下）？

(6)除了单纯的娱乐放松外，你最喜欢看哪几类电视节目？节目中什么吸引着你？

(7)你喜欢浏览哪类网站？你喜欢看网站的哪部分内容？它们属于哪个专业或领域？

(8)休闲的时候，如果只是出于兴趣的考虑，你最想做什么或学什么？这里面是什么吸引着你？

(9)你最喜欢的科目是什么？你为什么喜欢它？

(10)我们生活中都有过某些时刻，由于全神贯注于做某件事情而忘了时间。什么样的事情会让你如此专注？

(11)回看前10题的答案。你的答案有什么共同点吗？它们是否可以归纳为一些主题或关键词？这些主题或关键词是否可能与霍兰德人格类型对应？

(12)你如何能够让这样的主题在你今后的生活中更加充分彰显？

项目三　职业世界探索

学习任务

- **知识目标：**了解职业和职场环境，掌握职场素质的要求。
- **技能目标：**进行具体行业职场调研。
- **素质目标：**正确认识职业，积极关注职业信息，选择适合自身发展的职业，树立职业信心。

案例导入

新职业诞生

2019年4月2日，人力资源和社会保障部、市场监管总局、统计局正式向社会发布了数字化管理师、人工智能工程技术人员、物联网工程技术人员、大数据工程技术人员、云计算工程技术人员、建筑信息模型技术员、电子竞技运营师、电子竞技员、无人机驾驶员、农业经理人、物联网安装调试员、工业机器人系统操作员、工业机器人系统运维员13个新职业信息。

《人力资源和社会保障部办公厅　市场监管总局办公厅　统计局办公室《关于发布人工智能工程技术人员等职业信息的通知》中指出，《中华人民共和国劳动法》有关规定，为贯彻落实《国务院关于推行终身职业技能培训制度的意见》提出的“紧跟新技术、新职业发展变化，建立职业分类动态调整机制，加快职业标准开发工作”要求，加快构建与国际接轨、符合我国国情的现代职业分类体系，面向社会公开征集新职业信息。经专家论证、社会公示等，确定了人工智能工程技术人员等13个新职业信息，调整变更了4个职业（工种）信息，新增了3个工种信息，正式对外发布。

这是自2015年版国家职业分类大典颁布以来发布的首批新职业。近年来，社会发展带来了行业的结构性调整，这种调整不仅涉及产业行业，也涉及职场本身，深度影响就业的结构性调整。

例如，新职业数字化管理师的诞生，被认为是整体经济发展步入新阶段的必然选择。中国信息通信研究院发布的数据报告显示，2017年我国数字经济总体市场规模高达27.2万亿元，其对GDP的贡献更是高达55%。这一由阿里巴巴旗下全球最大的企业服务平台钉钉催生的新职业，正在数字化经济大趋势下发挥着越来越重要的作用。

任务一　职业的基础知识

一、职业的含义与特征

1. 职业的含义

从汉语词义的角度看，“职业”一词由“职”和“业”构成，“职”是指职位、职责，“业”是指行业、事业。《现代汉语词典》(第 7 版)对“职业”的解释是：个人在社会中所从事的作为主要生活来源的工作。

因此，职业是指参与社会分工，利用专门的知识与技能，为社会创造物质财富和精神财富，以获取合理报酬作为物质生活来源，并满足精神需求的工作。职业是指人们为了谋生和发展而从事的相对稳定的、有收入的、专门类别的社会劳动。这种社会劳动是对人们的生活方式、经济状况、文化水平、行为模式、道德情操等方面的综合反映，也是一个人的权利、义务及职责的具体体现，是人的社会地位的一般性表征。

2. 职业的特征

图文
职业素养的三大核心

(1)社会性。职业的社会性即劳动者承担生产任务，履行公民义务。职业并非人类一出现就存在的，而是社会分工的结果。每一种职业的产生都体现了社会分工的细化，体现了社会生产力的提高和社会的不断进步。因此，职业是劳动者获取的一种社会分工角色，是个人与社会结合的体现。社会成员通过从事职业活动为社会做出自己的贡献，社会也以全体成员的劳动作为积累而持续发展和进步。

(2)价值性。职业的价值性即劳动者从中创造价值，取得收入。劳动者利用专门的知识和技能从事职业活动，以获取一定的收入作为物质生活的来源，这就是职业的经济性。获取一定的收入既是劳动者从事职业活动的基本动机，也是其从事职业活动的结果。可以说，直到现在，职业仍然是人们谋生的手段，是维持个人和家庭生存的基础。

(3)稳定性。职业的稳定性即劳动者从事的职业活动是相对稳定的，是持续的。职业一直处在不断发展变化之中，随着生产力和社会分工的发展，新的职业不断出现。但是，某种职业一旦形成，便会在较长的一段时期内存在和发展。职业的生命周期具有相对的稳定性，这是因为决定职业存在的社会条件的变化是比较缓慢的。职业的稳定性使人们学习、掌握专业知识和技能成为可能，也使人们职业生涯的规划和发展成为可能。

(4)多样性。职业的多样性即不同职业之间有很大差异。职业不仅种类繁多，而且不同种类职业的劳动内容、生产工具、知识与技能要求等都存在很大差异。俗话说，“隔行如隔山”，职业间的差异会给人们的职业转换带来一定的障碍和困难，同时也使社会分工更加细化，有利于提高工作效率。

(5)规范性。职业的规范性应该包含两层含义：一是指职业内部的规范操作要求性；二是指职业道德的规范性。不同职业的劳动者在其劳动过程中都有一定的操作规范性，这是保证职业活动顺利进行的专业性要求。当不同职业在对外展现其服务时，还存在一个伦理范畴的规范性，即职业道德。这两种规范性构成了职业规范的内涵与外延。

(6)技术性。职业的技术性即劳动者在职业活动中需要具备一定的才能和专长。职业的技术性揭示了职业的专业性。虽然不同职业对技术的要求有所不同，但都需要劳动者具有一定的技术。可以说，自职业产生之时起，就不存在一种没有技术要求的职业。目前，许多职业都对学历、专业、职业资格等有明确的要求。

二、职业的分类与意义

1. 职业的分类

原始社会中，人类劳动最早只按男女性别进行分工，男人打猎、捕鱼，女人采摘果实、挖掘茎块，所以不存在职业。在原始社会末期，出现了最初的社会大分工，农业、手工业和畜牧业开始成为专门的职业。以后随着生产力的发展，社会分工越来越细，职业也越来越多。职业是社会分工和人类文明的标志。人类历史上职业的产生和发展，一方面体现了社会生产力发展水平和科技进步的结果；另一方面又促进了社会生产力的提高，促进了生产的社会化和专业化的发展。一个国家的职业构成与其国民经济结构、经济与科学技术发展水平有着密切的关系。由于各国经济发展水平不同，职业分类标准也不一样。

(1)国外对于职业的划分。国际标准职业分类是国际劳工组织制定的一个包括全部文职工作人员所从事的职业的系统分类结构。为了便于比较，国际劳工局将职业划分为 8 个大类，83 个小类，284 个细类，1 506 个职业项目，1 881 个职业。8 个大类是：专家、技术人员和有关工作者；政府官员和企业经理；事务性工作和有关工作者；销售工作者、服务工作者；农业、牧业和林业工作者，以及渔民和猎人；生产及有关工作者；运输设备操作者和劳动者；不能按职业分类的工作者。国际标准职业分类对各国制定适合国情和需要的职业分类起着重要的参考作用，但它并不能代替任何一个国家的职业分类。

加拿大《职业岗位分类词典》把分属于国民经济中主要行业的职业划分为 23 个主类，主类下分 81 个子类，489 个细类，7 200 多个职业。此种分类对每种职业都有定义，逐一说明了各种职业的内容及从业人员在普通教育程度、职业培训、能力倾向、兴趣、性格以及体质等方面的要求，有较大的参考价值。

(2)国内对于职业的划分。2015 年 7 月 29 日，国家职业分类大典修订工作委员会全体会议在京召开，会议颁布了 2015 年版《中华人民共和国职业分类大典》，明确我国职业分类结构为 8 个大类、75 个中类、434 个小类、1 481 个职业。与 1999 年版相比，维持 8 个大类、增加 9 个中类和 21 个小类，减少 547 个职业(新增 347 个职业，取消 894 个职业)。新增职业包括“网络与信息安全管理员”“快递员”“文化经纪人”“动车组制修师”“风电机组制造工”等。取消职业包括“收购员”“平炉炼钢工”“凸版和凹版制版工”等。8 个大类如表 3-1 所示。

表 3-1 职业 8 大分类

类 别	内 容
第 1 大类	党的机关、国家机关、群众团体和社会组织、事业单位负责人
第 2 大类	专业技术人员
第 3 大类	办事人员和有关人员
第 4 大类	社会生产服务和生活服务人员
第 5 大类	农、林、牧、渔业生产及辅助人员
第 6 大类	生产、运输设备操作人员及有关人员
第 7 大类	军人
第 8 大类	不便分类的其他从业人员

《国民经济行业分类》(GB/T 4754—2017)中明确我国行业分类共有 20 个门类、97 个大类、473 个中类、1 380 个小类。与 2011 年版比较,门类没有变化,大类增加了 1 个,中类增加了 41 个,小类增加了 286 个。

2. 职业的意义

(1)职业对个体的意义。

① 职业是个体获取经济来源的主要途径。获取经济来源的目的是满足其基本的生存需求。马斯洛认为,生理上的需要是人类维持自身生存的最基本需求,包括饥、渴、衣、住、行等方面的需求。如果这些需求得不到满足,人类的生存就成问题。从这个意义上说,生理需要是推动人们行动的最强大的动力。职业活动的收入是个体的主要经济来源。职业作为人们参与社会生活、从事社会实践的主要手段,为人们提供了个人生存和维持家庭开支的重要物质基础,并使人类在此基础上实现繁衍和个体的发展。

② 职业是个体参与社会交往的重要手段,并从中获得社会和他人的尊重。马斯洛认为,个体在社会中、生活中有感情需要和被尊重的需要。在社会感情方面,人都需要朋友之间、同事之间、家人之间的友谊、合作和关爱,都希望成为群体中的一员,可以得到关心和照顾;在被尊重需要方面,人都希望自己有稳定的社会地位,个人的能力和成就能得到社会的承认。感情和被尊重是比生存层次更高的需要,是人热切追逐的目标,也是激励人发挥潜力和热情的最大动力。通过从事某种职业,个体可以与他人交往,并在交往中获得他人的认可。这种认可可以是名誉、地位、权力等非经济利益,也可以是别人对自己的尊重和信任等精神力量。被尊重的需要得到满足,能使人对自己充满信心,对社会充满热情,从而体验到活着的意义与价值。

③ 职业是个体实现自我价值的必要载体,是个体奉献社会的重要途径。自我价值的实现是最高层次的需要,它指的是实现个人理想、抱负,发挥个人的能力到最大限度,完成与自己的能力相符合的一切事情的需要。在这个过程中,个体可以使自己逐渐成为自己所期望的人物。职业是个体发挥能力的重要载体,是个体在社会中生存和发展的重要手段。也就是说,人必须干称职的工作才会感到快乐,才会在事业上有所成就。此外,个体通过职业参

与到社会劳动分工中去,并在追求自我实现和发展的同时为社会做出贡献。

(2)职业对社会的意义。

① 职业是社会存在的基础。职业分工及其结构构成了社会经济制度运行的主体,职业劳动创造出社会财富,不仅能够维持人类的生存与繁衍,也为社会的存在与发展奠定了物质基础。

② 职业是社会发展的动力。职业结构变动、人们为了追求未来的好职业而进行的人力投资、不同职业阶层间的矛盾冲突及解决等,构成了推动社会发展的动力。

③ 职业是社会控制的手段。职业是维持社会稳定,实现社会控制的手段。政府为公众提供职业岗位,制定并执行一系列的就业政策,能够起到减少社会问题、实现社会安定的作用。

三、职业发展新趋势

图文

2021 新增职业

1. 未来职业的发展特点

科技进步给职业发展带来巨大冲击。现代科技的发展带来了新技术、新产品、新工艺,这些新技术和新工艺的研究、开发、应用必然导致部分职业的新旧更替。例如,电子计算机技术的发展使得诸如电报发报、电话接线、机械打字等传统职业逐渐走入末路,但电子通信、网络服务、电子保安、计算机制造、调试、维修、设计、培训等新职业一个个破土而出。科技发展使职业发展越来越呈现出这样的特点,即脑力劳动职业发展速度越来越快,体力劳动职业越来越少;经济部门和服务性行业的职业越来越多,行政管理等行业的需求越来越少;等等。未来职业发展逐步呈现出以下特点:

(1)职业教育的技术含量增大,体力劳动逐渐脑力化。随着高等教育水平的不断提升,科学技术的不断发展,各种就业岗位需要更多受过良好教育、掌握最新技术的劳动者,单纯的体力劳动或机械操作职业将明显减少,脑力工作将逐渐增加,呈现体力劳动脑力化的倾向。

(2)职业素质要求不断更新和提升,竞争增强。随着社会进步及新技术与新设备的出现,部分职业或职位对就业者的要求逐渐从单一型向复合型人才方面发展。用人单位选择劳动者的实质是选择劳动力,劳动力水平决定了择业者与用人单位的最终关系。那些信息灵、能力强、素质高的求职者往往能得到一个比较理想的职业岗位。

(3)职业选择多样性,工作方式多样化,永久性职业减少。市场经济条件下的劳动就业,能够提供多种类型的劳动岗位。从劳动力市场的宗旨来说,它应为所有进入市场的用人主体提供劳动资源。同时社会分工的不断精细化,推动了人们工作理念和工作方式的更新。

(4)职业要求由单一技能向跨专业、复合型转化。随着人们对人才观念的转变,以及职业自身对从业人员要求的提高,用人单位在择人时已经不再单纯地以学历和专业对口为选择标准,而以基础应用技能和操作能力为标准,更加倾向于选择复合型人才。

(5)职业由传统工艺型向信息化、智能型和知识创新型转化。传统工艺型职业在科技含量上相对滞后,在技术更新速度方面比较缓慢,而生产力发展的关键之一就是增加职业岗位的科技含量,改善劳动组织和生产手段,提高劳动生产率。

2. 未来发展较好的职业

《中华人民共和国国民经济和社会发展第十四个五年规划“十四五”规划和 2035 年远景目标纲要》的公布,不仅为各个领域的行业划了重点,更为大学生未来的职业指明了方向。

(1)科技前沿领域。科技对一个国家的重要性不言而喻,在科技前沿领域中,新一代人工智能、量子信息、集成电路、脑科学与类脑研究、基因与生物技术、临床医学与健康、深空深地深海和极地探测成为最值得关注的领域。

① 新一代人工智能:前沿基础理论突破,专用芯片研发,深度学习框架等开源算法平台构建,学习推理与决策、图像图形、语音视频、自然语言识别处理等领域创新。

② 量子信息:城域、城际、自由空间量子通信技术研发,通用量子计算原型机和实用化量子模拟机研制,量子精密测量技术突破。

③ 集成电路:集成电路设计工具、重点装备和高纯靶材等关键材料研发,集成电路先进工艺和绝缘栅双极型晶体管、微机电系统等特色工艺突破,先进存储技术升级,碳化硅、氮化镓等宽禁带半导体发展。

④ 脑科学与类脑研究:脑认知原理解析,脑介观神经连接图谱绘制,脑重大疾病机理与干预研究,儿童青少年脑智发育,类脑计算与脑机融合技术研发。

⑤ 基因与生物技术:基因组学研究应用,遗传细胞和遗传育种、合成生物、生物药等技术创新,创新疫苗、体外诊断、抗体药物等研发,农作物、畜禽水产、农业微生物等重大新品种创制,生物安全关键技术研究。

⑥ 临床医学与健康:癌症和心脑血管、呼吸、代谢性疾病等发病机制基础研究,主动健康干预技术研发,再生医学、微生物组、新型治疗等前沿技术研发,重大传染病、重大慢性非传染性疾病防治关键技术研究。

⑦ 深空深地深海和极地探测:宇宙起源与演化、透视地球等基础科学研究,火星环绕、小行星巡视等星际探测,新一代重型运载火箭和重复使用航天运输系统、地球深部探测设备、深海运维保障和装备实验船、极地立体观坚持平台和重型破冰船等研制,探月工程四期、蛟龙探海二期、雪龙探极二期建设。

(2)战略性新兴产业。

① 新支柱。新支柱行业包括新一代信息技术、生物技术、新能源、新材料、高端装备、新能源汽车、绿色环保以及航空航天、海洋装备等战略性新兴产业;生物医药、生物育种、生物材料、生物能源等产业。

② 未来产业。在类脑智能、量子信息、基因技术、未来网络、深海空天开发、氢能与储能等前沿科技和产业变革领域,组织实施未来产业孵化与加速计划,谋划布局一批未来产业。

(3)5G 新型基础设施建设。在 5G 新型基础设施建设中,离不开的是大数据相关的专业。其中,计算机科学与技术(数据科学与大数据技术方向)专业,主要培养的是大数据科学与工程领域的复合型高级技术人才。

① 5G 新型基础设施建设,包括加速 5G 网络规模化部署,推广升级千兆光纤网络;前瞻布局 6G 网络技术储备等。

② 推动物联网全面发展。加快构建全国一体化大数据中心体系，强化算力统筹智能调度，建设若干国家枢纽节点和大数据中心集群，建设E级和10E级超级计算中心。

③ 积极稳妥发展工业互联网和车联网。打造全球覆盖、高效运行的通信、导航、遥感空间基础设施体系，建设商业航天发射场加快交通、能源、市政等传统基础设施数字化改造同时，随着大数据往各垂直领域延伸发展，对统计学、数学专业的人才，数据分析、数据挖掘、人工智能等偏软件领域的需求加大。

任务二 职业环境分析

职业世界的内容包含很广，从不同的角度看有不同的划分方式。例如，从空间上来讲，职业世界可以分为国际、国内环境，国内环境又包括国内市场大环境和所在区域的小环境；从时间上来讲，职业世界可以分为历史环境、现状和未来的发展趋势；从内容上来讲，职业世界可以分为社会环境、行业环境、职业环境、学校环境和家庭环境等。下面从内容角度来整理职业世界的环境信息。

一、社会环境分析

每个人的生活、工作都处在社会大环境中，任何一种行为都会受到社会环境的影响。无论你想要做什么，首先都需要对社会这个大环境进行分析。社会环境分析是指对当前社会中的政治环境、经济环境、科技环境和文化环境等宏观因素进行分析。只有对社会环境进行分析并有了大体的把握后，我们才能更好地寻求自身发展机会。

1. 政治环境

政治环境包括政治制度和政策方针。我们需要熟悉与职业生活有关的法律法规，如《中华人民共和国民法典》《中华人民共和国就业促进法》等，因为想要从事的行业职业有特殊的法律法规，就需要对此进行研究和理解；其次，需要了解国家和地方的政策方针，因为不同省市对于人才引进和就业培养的政策方针不相同。因此，在分析政治环境时，要对其进行认真研究。

2. 经济环境

经济环境包括国家经济发展的水平和阶段、经济制度、国家财政收支情况、收入水平和国际贸易等种种宏观经济环境。随着全球经济一体化的加快和我国市场经济的高速发展，国家对人才有了更高、更严格的要求。因此，大学生要紧跟经济环境的变化速度，了解社会对人才的新需求，并以此作为自己日常生活的学习培训目标，努力提升自身的知识和技能水平，以适应经济社会发展的需要。

3. 科技环境

科学技术的发展日新月异，其对职业的发展有着非常重要的作用。历史上三次科学技术革命的发生，都为职业结构带来了巨大的变化和发展。随着我国科学技术水平的不断提高，产生了许多新兴职业行业，同时也使得一些职业逐渐消亡。因此，我们需要时刻关注科学技术的变化，尤其是那些与自身想要从事的行业有关的科学技术，只有这样，才能使得我们不被科技时代抛弃。

4. 文化环境

文化环境是指一个国家从历史上传承下来、并经过长期沉淀形成的，对人们的道德观念、价值观和行为习惯等有潜移默化的力量。虽然提及文化环境，我们会觉得很抽象，但它却实实在在影响着我们的点点滴滴，包括我们的职业生涯。因此，在规划职业生涯时，要认清文化环境对自身的影响和体现，对自己的价值观等有清晰的认识，做出符合自身状况的科学、合理的职业规划。

二、行业环境分析

行业环境是指国民经济中由相同性质的经济单位和个体所构成的体系，如房地产行业、教育行业和金融业等。对行业环境进行分析，就是要分析行业的发展阶段和未来的发展趋势，以及其在国民经济发展中所占的地位，从而对行业有个全方位的了解。一般来说，可以通过以下问题对行业环境进行分析。

1. 该行业在社会经济中的地位分析

行业在社会经济中的地位主要表现在三个方面：一是行业的产值(净产值和总产值)、利税额及吸收劳动力的数量在全国工业产值、财政收入和就业总量中所占的比重；二是行业的现状和未来对整个社会经济及其他行业发展的影响程度；三是行业在国际市场上的竞争、创汇能力分析。

2. 该行业特性分析

行业特性是指因其使命、发展条件及产品和生产过程方面不同而使各行业具有的不同性质。行业特性分析有助于把握行业的特点，了解行业环境。行业特性分析可以从以下几个方面入手：

(1)从行业分工来确定行业的特性。行业内存在的纵横分工关系界定着每个组织在本行业中的经营范围，决定着每个组织与其他组织的分工关系。

(2)从行业在工业生产中所处的位置来分析行业的性质。

(3)从行业所使用的资源和技术来分析，可把行业分为劳动密集型行业、资金密集型行业和技术密集型行业。

(4)从行业所需资源的可靠性和及时性进行分析。例如，行业依靠的是农产品，行业的变化将受天气变化的影响。

(5)从行业技术发展趋势及前景、技术进步状况进行分析。

3. 行业规模结构分析

(1)悬殊型行业规模结构。悬殊型行业规模结构即一个行业内大组织处于领导地位，小组织和大组织在规模和实力上相差很大，行业内竞争不甚激烈。

(2)均衡型行业规模结构。均衡型行业规模结构即行业内各组织之间势均力敌，竞争十分激烈。

在进行行业规模结构分析时，一定要分析行业内大组织的经营状况，因为它们的一举一

动会对行业的发展起主导作用;分析它们的经营思想、经营战略、产品特色、技术水平、竞争能力及市场占有率及其优劣势等因素,因为它们对行业的环境分析具有十分重要的意义。

4. 该行业目前的发展阶段与前景趋势

要明确该行业现在处于萌芽阶段、快速上升发展阶段、平稳期还是衰落期。一个行业的兴衰是有客观规律的,并不会因人的意志而转移。对于那些处于衰落期的行业,我们要考虑是否值得入行以及之后的转行问题。对于那些正处于萌芽或快速上升发展阶段的行业,我们要对分析其发展趋势,结合其未来的发展来确立自身的发展目标和方向。

5. 该行业对人才的需求条件

要了解该行业对人才的需求,哪些类型的人才需求大,哪些类型的人才需求已经达到饱和。只有这样,我们才能更好地进行自己的职业选择。

6. 该行业具有代表性的公司企业和人物

要对该行业领先的公司和杰出人物进行详细了解。这些企业和个人往往具有该行业突出的特点和优势,我们通过对他们的学习,可以进一步加深对该行业的总体把握。

7. 该行业的入行条件

入行条件是指一个职业在发展过程中对新人的入门要求。入行条件一般为具体的职业能力和相应的从业资格证书,或具备某项特定的专业技能。

8. 权威人士对该行业的分析和评估

要查阅该行业领域权威人士对该行业进行的分析与评估报告。这类人士往往对该行业了解得比较透彻,看待行业的发展问题比普通人更具有前瞻性,因此可以借助这些人士的分析来完善自己对该行业环境的认识。

三、企业环境分析

个体所选择的组织是其职业生涯直接依存和发展的土壤。所有的人都处于企业的小环境之中,个体的发展与企业的发展息息相关。职业环境和行业环境不同,行业是所有同种类型企业的集合,职业则是指具体的工作岗位。一个行业可以有不同的职业划分。而对职业环境进行分析需要落实到自己想要从事的某一个工作岗位上。对工作岗位进行分析,可以使个人及时地了解企业实际发展状况和前景,把个体的发展与企业的发展联系在一起,并融入企业之中,这有利于个人做出合适的职业生涯规划。

1. 企业文化

视频

企业文化

企业文化决定着一个企业如何看待其员工,因此,员工的职业生涯受企业文化影响。一个主张员工参与管理的企业显然比一个独裁的企业能为员工提供更多的发展机会;渴望发展、追求挑战的员工也很难在论资排辈的企业中受到重用。当然,一个人可能因其价值观与企业文化有冲突而难以适应企业文化,这也决定了他在组织中难以得到发展。所以,企业文化是个人在制定职业生涯规划时要考虑的重要因素。

2. 企业制度

只有将企业价值观、企业经营哲学渗透到制度中,才能使制度得到切实的贯彻执行,没

有制度或者制度定得不合理、不到位的企业，员工的职业发展就难以实现。管理制度涉及的范围比较广，包括组织特色、经营战略、人力评估、人力资源管理等。单位成员的职业发展归根结底要靠管理制度来保障。常见的管理制度包括培训制度、晋升制度、绩效考核制度、奖惩制度、薪酬制度等。

3. 领导人的素质和价值观

企业的文化和管理风格与其领导人的素质和价值观有直接的关系，企业经营哲学往往就是企业家的价值观。领导者的素质和价值观是单位发展的决定性因素。大多数成功的企业由出色的企业家来掌舵领航，领导者的素质和价值观在一定程度上决定着公司成员的职业发展空间和发展机遇。

4. 企业实力

在激烈的市场竞争中，不是强者生存而是适者生存，只有适应环境、适应发展趋势的企业才能生存。关注企业的生存，可以从企业产品在市场上的发展前景来分析。有些产品红极一时，一两年后便销声匿迹，这类产品是没有生命力的。能够影响和改变人们生活方式的产品和服务才具有长期的生命力。

5. 企业人力资源规划

大型的、比较正规的企业一般都制定人力资源规划，通过人力资源规划，可预测组织未来的人力资源需求总量和人力资源供给总量，从而确定组织未来的人力资源净需求量，包括企业未来需要的人才类型和各种类型人才的需要量；如果员工知道企业的人力资源规划，就能把企业的人力资源需求与自己的职业发展目标结合，制订比较恰当的个人职业发展计划。

我们通过对企业进行分析，可以对企业的整体实力、企业文化、企业发展战略和现状、企业对该职业的用人需求、薪资福利待遇、未来职业发展道路等方面内容有一个清楚的认识，进而明确自己是否与该企业合适，了解自己进入该企业能获得多大的职业发展和提升空间，以及自己在该企业是否能实现自我价值。

四、职位分析

职业分析，首先要了解目标职业的概况，其次要了解职位的具体分析。

1. 职业评估

职业评估包括对于教育和职业资料的探索和评价。关于职业的信息和内容有很多，有些是众所周知的，有些需要通过各种渠道去了解，最好是能与从业人员建立联系。除了要了解客观信息之外，还要了解所从事职业者的主观感受，这样得到的信息更加真实具体。职业资料评估指标如下：

(1)管理性因素。管理性因素包括组织架构、人员结构、组织类型、组织文化等。

(2)发展性因素。发展性因素包括所属行业、业务范围、发展规模、业内排行等。

(3)入门条件。入门条件包括自然条件、所需教育培训、心理要求、学习工作经验等。

(4)工作实况。工作实况包括工作内容、工作强度、工作环境、工作管理等。

(5)所得所感。所得所感包括薪酬福利、个人发展空间、社会资源、满意度等。

2. 工作分析

工作分析，是指通过系统性的方法，对工作(岗位)本身以及任职者所需的知识、技能、条

件进行分析。这是进行“人职匹配”的前提。

(1)岗位名称。岗位名称,如人力资源部经理、成本会计、设备工程师、项目经理等。

(2)工作目的。工作目的主要是概括性地说明某个岗位在组织中所要完成的主要职责,以及对组织所起的作用。例如,营销总监岗位的工作是为了完成销售额、实现利润及获得市场占有率,制定营销策略和营销部门的组织结构,提高部门绩效,完善服务质量。

(3)工作职责与工作任务。工作职责与工作任务具体阐述某个岗位所承担的各项职责,以及为实现这些职责所应完成的具体任务。例如,招聘主管的工作职责主要是负责人员的招聘,让用人部门能及时聘用到合适的人员。

(4)岗位要求。岗位要求一般包括学历、政治面貌、工作经验、职称、技能/能力、实际业务操作能力等相关的要求。

(5)绩效标准。绩效标准即针对该岗位的各项职责和任务,从某些方面来衡量这些职责和任务完成的情况。一般来说,绩效标准可以从数量、质量、时效性、成本或费用、他人的反映五个方面来进行衡量。

(6)岗位的晋升与替代。岗位的晋升主要说明该岗位在组织中的职业生涯路线,是指该岗位的任职者可以晋升到的岗位;岗位的替代主要说明当任职者临时不能在本岗位上工作时,可以暂时由那些相似岗位上的人员进行替代。例如,招聘专员晋升为招聘主管,可以由其他人事专员替代。

(7)工作条件。工作条件主要描述该岗位的工作在时间、物理环境等方面的一些特点。例如,野外作业、夜间工作、环境中温度条件等。

任务三 职业世界探索方式

职业探索的途径有很多,包括社会实习、实践活动、生涯人物访谈、互联网搜索、新闻传播媒体、亲朋好友及其他社会关系、就业市场、校内就业主管部门等。通过这些途径获得职业信息的精确度与难度之间的关系可用图 3-1 来表示。

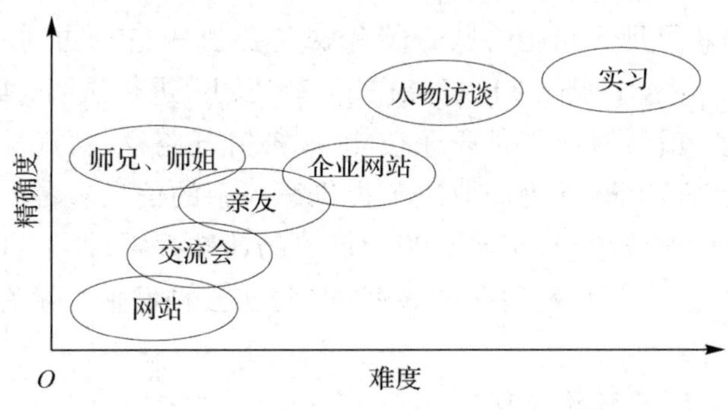

图 3-1 职业信息的获得途径

本任务主要围绕互联网搜索和生涯人物访谈两种信息获取途径进行重点介绍。

一、互联网搜索

互联网早已成为人们获取职业资讯的一种重要手段，这里介绍一些在收集职业信息中常使用的网络资源。

1. 学职平台

学职平台(https://xz.chsi.com.cn/home.action)由教育部学生服务与素质发展中心(原全国高等学校学生信息咨询与就业指导中心)建设，隶属于学信网，依托教育大数据，搭建学生、高校和企业三位一体平台。平台长期与高校、企业合作，在行业专家及高校教师指导下，提供专业的职业测评和真实的专业、职业信息，为学生选择专业、择业、就业，高校人才培养、选拔、就业指导，以及企业人才储备、招聘提供全面专业的服务，使信息在内部实现有效反馈和循环利用。

2. 其他网络平台

(1)应届毕业生网(https://www.yjbys.com)。

(2)校联人才网(http://www.job9151.com)。

(3)中国就业(https://www.chinajob.mohrss.gov.cn)。

(4)中国人力资源市场网(https://www.chrm.mohrss.gov.cn)。

(5)全国大学生创业服务网(http://cy.ncss.cn)。

(6)中国海峡人才网(https://www.hxrc.com)。

(7)智联招聘(https://zhaopin.com)。

(8)前程无忧(https://51job.com)。

通过这些平台，大学毕业生可以直接搜索到当前社会和企业的用人需求；大学低年级学生可以提前了解就业形势、行业需求、职业要求，为自己的职涯规划及学涯行动指引方向。

二、生涯人物访谈

1. 生涯人物访谈的含义与意义

生涯人物访谈是获得具体职业信息的最有效方法之一，它通过对一定数量(两位以上)目标职业的职场人士(在这个职位上已经工作了三年以上)进行访问、面谈，获取有关该目标职业的准入条件、核心知识结构、必备职业技能、职务升迁路径、薪资福利等基本信息，从而更客观、全面地了解目标职业，并为职业决策提供第一手的信息参考。借助生涯人物访谈，大学生可以获取最新的职业信息，拓展对职业世界的认知视野；评估自己的优势与不足，从而为大学生活制定更加合理、有效的学涯规划；扩大自己的职业人际关系网；从用人单位内部看组织，与职场更加靠近。

2. 生涯人物访谈的常规的流程

有效开展一次生涯人物访谈，可能有一定的挑战性，但如果你做到了以下几个方面的工作，就可以收获一次有价值的访谈。

(1)遴选偏好职业。通过自我探索，了解自己的兴趣、性格、能力和工作价值观，将分析

结果与自己的教育背景和已掌握的职业知识进行对比，列出未来可能从事的 2～3 个职业，以便在这些职业领域内寻找在职人士作为生涯人物。

(2)寻找访谈对象。生涯人物可以是自己的亲人、老师和朋友，可以是他们推荐的其他人，也可以借助行业协会、校友会或某个具体组织的网页来寻找其他职场人士。为了防止访谈对象的主观偏见，选择访谈的生涯人物应结构合理，既有初入职场的人士，也有工作了一定年限的职场中高层人士。具体来说，访问的人员可以是企业家、学者、人力资源专家、普通员工，可以是就业指导办的老师、专业课的老师、辅导员等，还可以是职业顾问。当然，根据自己的时间和精力，适当选择 3～5 个生涯人物，防止出现主观偏见。正式访谈前，对生涯人物的信息掌握得越全面越好，姓名、职务和联系方式是必须知道的。

(3)准备访谈提纲。采访前为自己准备一个“30 秒的广告”，因为在访谈过程中生涯人物可能会问采访者的职业兴趣和求职意向。下面是访谈的参考问题：

① 您是如何找到这份工作的？您的主要职责是什么？

② 对于这份工作，您最喜欢的是什么？最不喜欢的是什么？

③ 这种职业需要什么样的技能、能力和个人品质？

④ 目前这一行业同类岗位的薪酬水平如何？

⑤ 您通过什么渠道提升自己？迄今为止，您参加过哪些培训和继续教育？

⑥ 您对自己所在行业有哪些看法？

⑦ 您在从事这一工作之前，在哪些单位做过哪些工作？

⑧ 我现在可以通过什么方式、提高哪些技能和素质，以便日后能进入这一行业？

⑨ 就您知道的情况而言，我的专业可以进入哪些领域工作？

⑩ 什么样的初级工作最有益于学到尽可能多的知识？

⑪ 什么样的个人品质或能力对工作的成功来讲是重要的？

⑫ 对于一个即将进入该工作领域的人，您愿意提出一些特别的建议吗？

⑬ 还有哪些方法能帮助我深入了解该工作领域？

⑭ 对于一名职场新人，特别需要注意哪些职业操守？

⑮ 您能给我介绍一个下次访谈的对象吗？

(4)约定访谈事宜。预约时首先介绍自己，然后说明找到他的途径，自己的采访目的，自己感兴趣的工作类型及进行访谈所需要的时间(通常 30 分钟左右)，确认访谈的方式、时间和地点。访谈可以采用网上对话、电话交流或是面谈方式。

(5)掌控好访谈过程。访谈一定要守时、简洁，不浪费他人时间。访谈方式以到访谈人物的企业面对面访谈为最佳，也可视情况选择网络视频、电话、QQ、微信、邮件等。要做好访谈前的各项准备，如准备好笔、纸等。在访谈开始，一般可以先用从其他渠道了解的被访谈者的正面消息轻松打开话题，再按设计好的问题开始访谈，但要注意遵循对方的逻辑和时间。要征求被访谈者的意见，视情况对谈话进行录音，或视频，或书面记录，或不记录。要尊重被访谈者，注意保护他们的信息安全和个人隐私。在被访谈者谈兴正浓时，要乐于倾听，给其留出提供其他信息的机会。访谈时间为 30～60 分钟。在访谈结束时，请被访谈者给自己推荐其他相关的生涯人物，这样就可以以滚雪球的方式拓展自己的职业认知领域。

(6)完善访后工作。对于不允许访谈现场记录的内容,应迅速补记,并将采访的资料整理到"生涯人物访谈表",具体如表 3-2 所示。在采访结束后一日内,要通过手机短信或邮件等合适的方式向生涯人物表示感谢。

表 3-2　生涯人物访谈表

<table>
<tr><td>访谈目的</td><td colspan="5"></td></tr>
<tr><td>姓名</td><td></td><td>性别</td><td></td><td>访谈方式</td><td></td></tr>
<tr><td>毕业时间</td><td></td><td>毕业院校</td><td></td><td>所学专业</td><td></td></tr>
<tr><td>现在工作单位</td><td colspan="2"></td><td>职务</td><td colspan="2"></td></tr>
<tr><td>主要工作职责</td><td colspan="5"></td></tr>
<tr><td>访谈内容</td><td colspan="5"></td></tr>
<tr><td>访谈总结</td><td colspan="5"></td></tr>
<tr><td>访谈人</td><td colspan="2"></td><td colspan="2">专业、班级</td><td>访谈时间</td></tr>
</table>

在某个职业领域采访了多个生涯人物后,要将收集的信息进行分析整理,与其他渠道获得的信息对比,辩证分析访谈内容,找出主观认识与现实的偏差,确定自己是否适合这一行业、职业和工作环境,是否具备所需能力、知识与品质,形成书面总结报告,进而详细制订大学期间自我提升计划。如果访谈结果与自己之前的认识出现严重脱节,应分析其原因所在,必要时可对另一个职业领域开展新一轮生涯的人物访谈。

我们身处一个资讯发达的时代,收集工作信息的途径有很多,如行业展览会、信息面试、角色扮演等。对于工作世界的探索,光讲理论是不够的,关键要做到随时留意周围的信息。一次谈话、一份身边的广告,都可能帮助你逐渐建立起对工作世界的了解。另外,对于工作世界的探索只有太晚没有太早。

知识小结

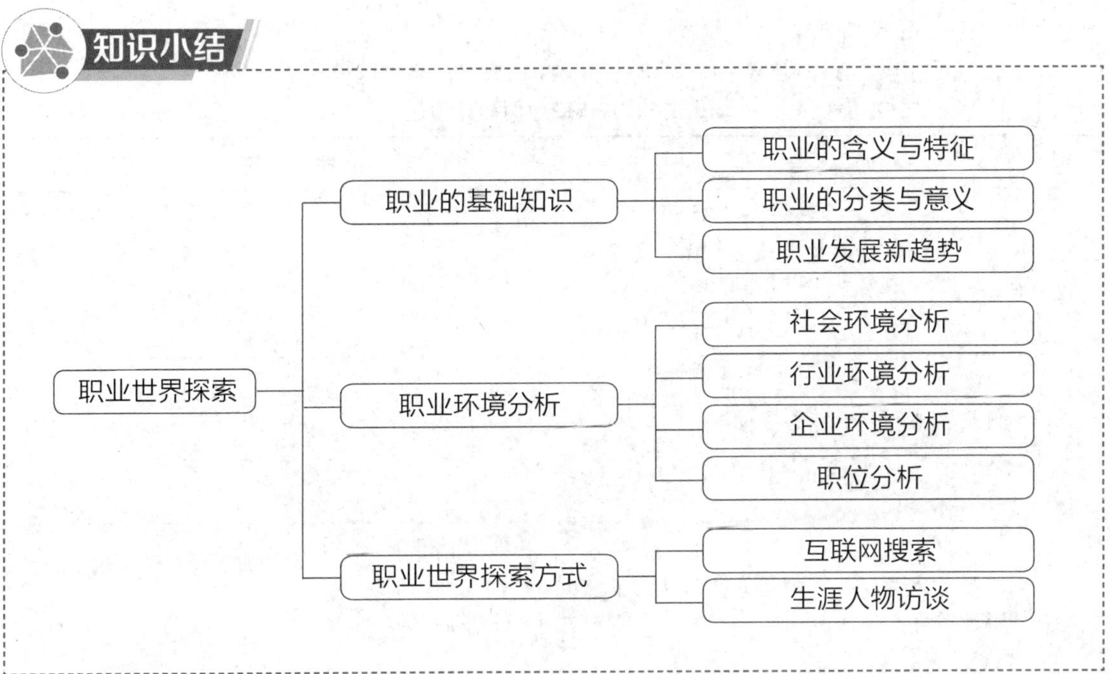

课后实践

家族职业树

【实训目的】

从熟悉的身边人开始了解职业，了解家族职业与自我职业倾向间的关系，了解家族对你的职业期待。

【实训步骤】

步骤 1：将图 3-2 中的家族职业树补充完整。

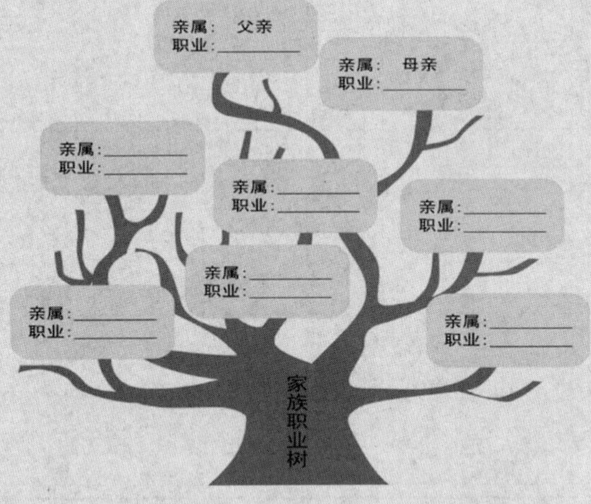

图 3-2　家族职业树

步骤 2:探究与思考。

结合实际情况,仔细思考表 3-3 中的问题,完成表 3-3 的填写。

表 3-3　家族职业树问题整理

问　　题	解　　答
家族中最多人从事的职业是什么？你想要从事这种职业吗？为什么	
爸爸如何形容他的职业？爸爸的想法会对你产生什么样的影响	
妈妈如何形容她的职业？妈妈的想法会对你产生什么样的影响	
谁对职业的想法对你影响深刻？他们怎么说	
家族成员中对别人的职业感到满意或羡慕的原因是什么	
家人对你未来选择职业的影响如何	
哪些职业你绝不考虑	
哪些职业你想考虑	

项目四　职业决策

学习任务

知识目标：了解职业决策的含义、类型和影响因素，了解当前主流的职业决策理论与模型，了解职业生涯决策的方法。

技能目标：将职业生涯决策理论与模型运用到自己的职业生涯决策中，并学会运用职业生涯决策的方法。

素质目标：充分认识新时代职业决策的重要性，树立职业决策观念和意识，勇敢进行职业决策，培养自己的独立性格。

以国家需求为己任

屠呦呦是第一位获得诺贝尔科学奖项的中国本土科学家，第一位获得诺贝尔生理学或医学奖的华人科学家，第一位获得国家最高科学技术奖的女科学家。她致力于中医研究实践60多年，带领团队攻坚克难，研究发现了青蒿素，解决了长期困扰人类的抗疟治疗失效难题，为中医药科技创新和人类健康事业做出了巨大贡献。

屠呦呦，1930年12月生，浙江宁波人，中国中医科学院青蒿素研究中心主任。她从中医古籍《肘后备急方》中受到启发，创建了低温提取青蒿抗疟有效成分的方法，并最终发现了青蒿素，为人类带来了一种全新结构的抗疟新药，标志着人类抗疟步入新纪元。青蒿素享誉世界，让一株寂寂无闻的"小草"成为举世闻名的"中国神药"，成为中医药带给世界民众健康福祉的生动诠释。

"以国家需求为己任"是屠呦呦的人生追求。"中医药人撸起袖子加油干，一定能把中医药这一祖先留给我们的宝贵财富继承好、发展好、利用好。"屠呦呦出版和发表了众多著作和论文，早在1986年，她就在《中西医结合杂志》第6期上发表了《继承发扬祖国医药学，为国争光》一文。从文章的题目就可看出，屠呦呦以在本职工作中所体现的爱国之情直抒胸臆。正像其他有巨大成就的科学家一样，如果没有对国家、民族、人民，以及对人类的文明进步"舍我其谁"的情怀，没有对国家和人民的热爱，就没有科学创新的动力。屠呦呦的声音铿锵有力："青蒿素是人类征服疟疾进程的一小步，是中国传统医药献给世界的一份礼物。"在新中国成立70周年前夕，党和人民授予她"共和国勋章"，习近平总书记亲自给她颁奖。

在屠呦呦身上，我们不难发现，最值得骄傲的就是那闪光耀眼的"中国精神"。习近平总书记指出："实现中国梦必须弘扬中国精神。"这句话用在屠呦呦身上再恰当不过。也正是这种精神的存在，一直指引着屠呦呦坚定的职业目标，并取得巨大成功。

任务一　职业决策的基础知识

一、职业决策的含义

“决策”一词的意思就是做出决定或选择。决策是人类的核心活动，对个体、群体、组织和社会生活至关重要。一个人在其职业生涯中经常会面临多重选择，这时就需要个人做出决定，即进行职业决策。职业决策的概念是从经济学中发展而来的，有广义和狭义之分。广义上的职业决策是一个由提出问题、收集资料、确定目标、拟定方案、分析评价、最后选定方案等一系列环节组成的完整过程，而且在方案选定之后，还要检查和监督它的执行情况，以便及时发现偏差并加以纠正。狭义的职业决策仅指行动方案的最后选择，即通常所说的“拍板”。本书所采用的是广义上的职业决策概念。

案例故事

阿利大学毕业后只身来到上海，在一家民营通信公司做研发工作，但他只工作了大半年就失去了当初的豪情壮志。阿利感觉到在现在的企业做研发工作虽然有一定压力，但能比较好地发挥自己的进取精神。不过从职业性格来看，他觉得自己更适合做突变性强的工作，所以对现在的工作内容感到不满意，总感到工作太过单一，没有前景。在阿利看来，公司基本没有任何培训，完全靠传统的师徒面授方式来掌握技能。而阿利在团队协作方面做得不够好，性格与师傅不和，似乎已经到了瓶颈阶段。有时候他情绪一低落就会萌生去意，想转行去做别的，又怕一时冲动做了将来会后悔的决定。所以，是去是留一直困扰着他。

二、职业决策的风格与步骤

1. 职业决策的风格

职业决策大致可以分为以下九种风格：

(1)宿命型。宿命型是指个体在进行决策的时候完全听天由命，不做主观努力，一切顺其自然，不强求。职业选择简单地由社会发展和外界环境决定。

(2)直觉型。直觉型是指个体进行职业决策时，相信源自内心深处的直觉，一切跟着感觉走。

(3)挣扎型。挣扎型是指个体在面对众多选择时束手无策，因为顾虑太多，所以总是前怕狼后怕虎，既想实现远大的理想，又不敢面对现实的无奈。

(4)麻木型。麻木型是指个体对外部世界的变化失去敏感，每天都在一种无职业意识的状态中度过，不愿为自己的职业发展多动大脑，不愿做出选择。

(5)冲动型。冲动型是指个体不经过策划和准备，直接做出决定，缺乏对未来的思考和分析。

(6)拖延型。拖延型是指个体认为事情总会得到解决，“船到桥头自然直，车到山前必有

路”，不愿意付出太多，不愿意做出承诺。

(7)顺从型。顺从型是指个体依附于组织或其他人，让组织或其他人为自己做决定，按照别人的思路去发展自己。

(8)控制型。控制型是指个体认真分析自身条件和外部环境，综合考虑各方面因素，果断自信地决定自己的职业定位与职业方向，敢于自我承诺、自我挑战，有计划、有策略地发展自己的职业生涯，合理、动态地管理自己的职业生涯。

(9)紊乱型。紊乱型是指个体虽然进行了自我评估和职业环境分析，但因为在职业发展过程中，个体总是不断改变和调整职业决策，没有明确的目标和方向，最后陷入迷茫。

2. 职业决策的步骤

职业生涯决策是一个完整的过程。泰德曼将其分为两个阶段、七个步骤。

第一个阶段是预期阶段，该阶段又可分为四个步骤：一是探索，即对不同的选择方向及可能目标进行认真分析和思考；二是具体化，即经过对各种选择方向或可能目标的优缺点进行仔细的分析斟酌，确定几种备选方案；三是抉择，即选定一个可以消除眼下所受困扰的方案；四是明确化，即对选择的方案进行进一步的检验。

第二个阶段是履行和调整阶段，该阶段包括三个步骤：一是定向，即开始执行自己的选择，也是新经验的开始，在新的环境中，争取得到他人的接纳；二是转化，即调整步伐与心态，专心致志，肯定在新环境中的角色，全力以赴；三是整合，即个人的信念与集体的信念达到平衡和妥协。

其中，第一个阶段的主要任务是做出职业决策，而第二个阶段则是对第一个阶段决策的实践和检验。

知识拓展

决策风格四分法

在丁克里奇“八分法”的基础上，学者根据个人对职业自我和职业世界的了解程度，又将人们的决策风格归纳分为理性型、直觉型、犹豫型和依赖型四种类型，如图 4-1 所示。例如，一个人了解职业世界，但又不清晰自我条件和需求，他的职业决策类型可能属于犹豫型。这种倾向的人即使收集很多资料和相关信息，仍会在内心反复斟酌，他们害怕做出错误决定，担心造成不良后果，经常会在纠结中错过良机。

职业自我 \ 职业世界	已　知	未　知
已　知	（信息性决策） 理性型	（困惑性决策） 犹豫型
未　知	（直觉性决策） 直觉型	（顺从性决策） 依赖型

图 4-1　决策风格四分法

三、职业决策的原则

1. 喜好原则

只有设立的目标是自己喜欢的，才有可能在碰到强大对手的时候仍然坚持，在极其困难的情况下不会放弃，在遇到巨大诱惑时也不会动摇。

2. 擅长原则

做自己擅长的事，才有能力做好，有能力做好，才能解决具体的问题。只有做自己擅长的事情，才能做得比别人好，才能在竞争中脱颖而出。

3. 价值原则

你必须认为目标够重要，值得你做，否则你再有能力也不会心情愉快。

4. 发展原则

首先要有机会去做，获得机会后还要有足够大的市场、足够大的成长空间，这样的职业才有前途。根据调查，如果一个人做自己喜欢同时也是擅长的事情，而且觉得这件事非常有价值，那么成功的概率会很大；如果这件事情还很有发展前途，那么就可以获得更长久的成功。

要想获得职业生涯的真正成功，坚持这四项原则非常重要。坚持了以上四项原则，同时还要兼顾职业目标具体、明确，不含糊笼统，可量化，经过努力能够达到。虽有难度，但更具有挑战性，只有这样，你才会有激情去努力实现。有意义，有价值，有明确的时间限制，并有可控的目标，更会激发我们的斗志，有计划、有步骤地去实现自己所制定的目标。还要明确自己什么时候做什么，做得怎么样，以总结自己的得与失、进步与不足。

四、职业决策的影响因素

职业决策的影响因素是多方面的，既有内在因素，也有外在因素。

1. 内在因素

(1)心理特征因素。心理特征因素是影响职业决策的关键因素，主要包括性格、气质特征、兴趣倾向、能力特长和价值观等。性格、气质、能力，甚至兴趣都影响一个人对职业的适应性，不同兴趣、性格、气质、能力的人适合不同种类的工作。

在制定职业规划前，一定要认真分析自己的优缺点。例如，从事自己擅长的、喜欢的工作，不仅会很愉快，也容易脱颖而出；假设一个人性格内向、不善与人沟通，没有很好的交际意识，那么很难成为一名成功的管理人员。个人的自我认识结果直接影响着职业决策，其中，个体的耐心度与细心度对职业决策影响是最大的，一个没有足够耐心和细心的人，不管制定什么样的职业决策都是无效的。

(2)受教育程度。每个人的人生是独一无二的，个人所经历的生涯实践的差异，会对职业决策产生影响，这体现在不同性别、年龄和教育背景等因素上。一个人的受教育程度会对个人知识结构、职业能力和职业价值观等产生重要影响，也直接左右着他的职业决策。

(3)个体决策时的状态。个人只有在身体、情绪、精神状态等方面处在最佳状态，才能最

大限度地应对决策过程中的诸多障碍。只有有针对性地收集相关信息，进行理性、科学的分析，做出合理的决策，才能最大限度地避免错失良机，不致追悔莫及。

(4)决策者风格。职业决策伴随职业发展全过程，贯穿个人职业生涯始终。每个人在职业发展中，面对许多不同的任务和情景，需要不断地做出职业决策。其中，决策者的决策风格将直接影响职业决策，不同的决策风格者做出的决策结果可能是不一样的。当然，不同决策风格并没有绝对的好坏之分，不同条件之下，需要综合运用。

2. 外在因素

(1)家庭因素。在中国，个人的职业决策常常受到家庭的深刻影响。一方面，子女必然会受到家庭职业传统的影响；另一方面，父母的价值观、态度、行为、人际关系等对子女的职业选择有着直接或间接的影响，家庭背景和家庭环境直接影响着大学生的职业决策。例如，高教育水平家庭出身的大学生由于长期受父母和其他成员的影响，很可能选择同他们的职业价值观和职业素养相一致的发展道路。此外，由于大学生父母和家庭其他成员的社会地位、社会关系、经济条件等不同，所以家庭对大学生职业决策的支持态度也会存在差异。

(2)社会因素。地域因素是影响大学生生涯决策的重要因素之一。总体上讲，大学生更倾向于选择市场化水平和经济增长水平相对较高的地区，所选择行业的特点、现状、未来趋势、就业竞争状况等因素，对个人的职业决策具有重要影响。在现实社会中，职业声望受到社会的强有力制约，会对大学生的职业心理产生直接或间接的影响。职业声望对大学生就业决策影响是潜移默化的，它已经进入了大学生的职业认知和社会认知领域，成为在职业决策上的考虑因素之一，尤其是在他们对工作世界的探索还不够全面时，职业声望的作用会尤其重要。

(3)国家因素。任何个人的职业选择和职业发展都无法摆脱政治经济形势、产业结构变动和社会环境中流行的工作价值观等因素带来的巨大影响。国家政策具有导向、调控、约束的功能，政治制度和氛围与经济是相互影响的。政治会影响国家的经济体制，进而影响着企业的组织体制，从而直接影响到个人的职业发展。大学生就业政策是国家为实现一定时期的路线、方针而制定高层次人力资源配置的行动准则，“大众创业、万众创新”也体现了一定时期社会发展的需要。所以，个人在进行职业决策时要充分考虑这些因素，遵循这些基本原则。

任务二　职业决策的主要方法

一、SWOT 分析法

在充分认识自我，了解职业和环境之后，还应评估各种因素对自己职业生涯的影响，判断自己的兴趣、爱好、特长、性格、气质与能力等是否适合当前的环境。要进行如此复杂的分析和评估，就需要强大的评估工具，SWOT 分析法是最常用的一种分析、评估方法。

SWOT 分析法是在市场营销管理领域被广泛使用的强大分析工具。它是由加利福尼亚大学的管理学教授于20世纪80年代初提出来的，主要用来帮助决策者在竞争环境中制定适合企业发展的竞争战略，现在被引入职业生涯决策中。在生涯规划问题上，每个人都是自身发展的决策者，SWOT分析同样可以发挥有效的指导作用。SWOT分析中的S代表strength(优势)，W代表weakness(劣势)，O代表opportunity(机会)，T代表threat(威胁)，其中S、W是内部因素，O、T是外部因素。通过SWOT分析，能很容易地知道自己的优点和弱点在哪里，并且可以详细地评估出自己所感兴趣的不同职业道路的机会和威胁所在。在运用SWOT分析法对职业生涯机会进行评估时，应遵循以下步骤。

1. 分析自己的优缺点

随着社会分工的进一步细化，职业的分类也越来越细，已没有人能成为“百科全书式”的人才，每个人都会有自己突出的优势和才能，也都会有不足和缺点。例如，有的人喜欢与人交往，不希望从事单调的办公室工作；而有的人则不擅长与人交流，喜欢一个人在实验室里做研究工作。

为了分析自己的优点和缺点，可以制作一个表格，列出喜欢做的事情和优点，同时也列出不喜欢做的事情和缺点。需要注意的是，找出缺点与发现优点同等重要，因为在此基础上可以有针对性地进行弥补和提高，也可以放弃那些自己不擅长的职业领域。

2. 找出外部机会和威胁

社会环境时刻在发生变化，在变幻的环境中，有些因素是机遇，有些因素则是威胁。当然，不同的行业、职业和职位面临的机遇与威胁也不同。只有准确地找出这些外部因素，才能做出正确的决策。例如，如果选择的行业最近几年不景气，那么，它可以提供的工作职位自然比较少，升迁机会也就较少，因此，在进行职业决策时要予以充分考虑；相反，充满了许多积极的外部因素的行业将为求职者提供广阔的职业前景。

3. 构造SWOT矩阵

对于分析和调查得出的各种因素，包括自己的优缺点和外部的机会与威胁，可根据轻重缓急或影响程度等排序方式，构造SWOT矩阵，如图4-2所示。在此过程中，要将那些对职业发展有直接的、重要的、大量的、迫切的、久远的影响的因素优先排列出来，将那些间接的、次要的、少许的、不急的、短暂的影响因素排列在后面。

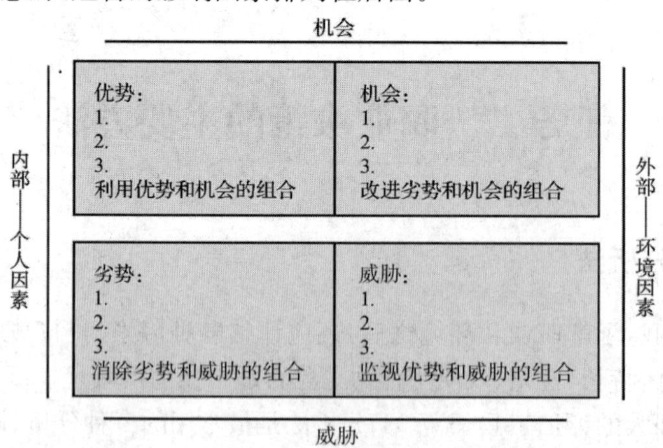

图4-2　SWOT矩阵

4. 制订行动计划

在完成影响因素分析和SWOT矩阵的构造后,运用系统分析的方法把各种因素相互匹配起来加以分析,就可以从中得出一系列相应的结论(如对策等),之后便可以制订出行动计划。制订行动计划的基本思路是:发挥优势因素,克服劣势因素;利用机会因素,化解威胁因素;回顾过去,立足当前,着眼未来。

二、CASVE循环法

CASVE理论将生涯决定看作生涯发展的关键,并用CASVE[沟通(communication)、分析(analysis)、综合(synthesis)、评估(value)和执行(execution)]循环来表述个体做出决策的过程,如图4-3所示。通过改进这五种认知信息加工技能,个体可以改善其职业生涯决策的能力。

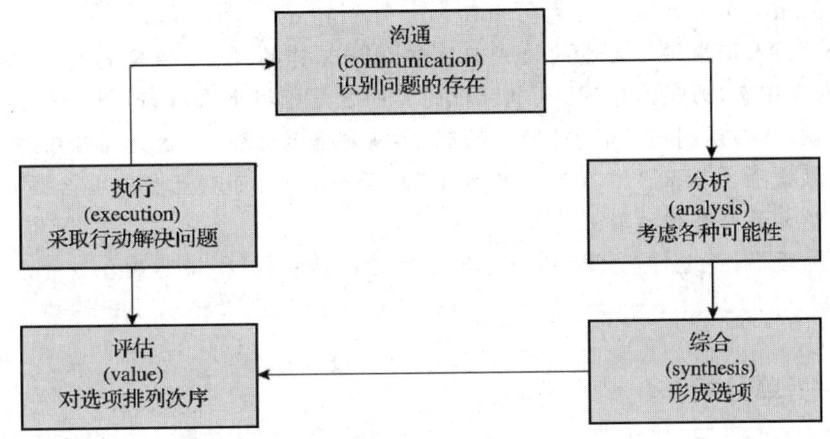

图4-3 CASVE循环示意

在沟通阶段,个体应该意识到需要做出就业决定,并找出目前状态和理想状态之间的差距。一般来讲,个体必须在恰当的时机对线索做出反应,只有这样,才能抓住最佳机会。

在分析阶段,个体需要利用已获取的自我知识和就业选择知识,分析和理解现存状态与理想状态之间的差距,思考在做出重要决策时应使用的典型方法。因此,自身积极和消极的想法将影响问题的解决与决策过程。实际上,分析阶段本身就是一个循环,个体先思考自己所知道的,获得信息,再思考自己所学到的。

在综合阶段,一般需要先扩大再缩小在职业决策中考虑的就业决定。所谓缩小,是指保留有助于缩小现存状态和理想状态之间的差距的职位。扩大就业选择有两个方法:一是将曾经考虑过的行业、职业和职位列在一张表上,二是使用各种信息资源来帮助产生各种选择。在评估阶段,个体需要先根据综合阶段缩小后的少数几个就业选择进行顺序排列,逐一判断这些职位能不能满足自己的需要,再选择合适的职位。如果这些选择都无法满足自己的需要,个体可以继续寻找潜在的合适的就业机会。

在执行阶段,个体不得不采取行动落实自己的选择,首先要申请这个职位(写简历、求职信,掌握面试技巧等),然后接受这个职位。之后,回到沟通阶段,这时个体需要检查内部和外部线索,看看最初的就业差距是否已经被成功消除;如果线索表明问题依然存在,就要回到分析阶段,更好地了解差距,发展出另一个选择列表。

CASVE循环法是目前职业决策中最常用的方法之一。深入了解CASVE循环法有助于大学生做出正确的决策。

知识拓展

PIC 模型

PIC 模型提出于 20 世纪 80 年代末期，后来盖蒂(Gati)等人对这一模型进行了矫正和修改，最终形成完善的 PIC 模型。PIC 模型用于决策方案的选择。根据该理论的观点，决策方案的选择通常都是多属性的。例如，对选购图书的决策来说，可以根据其价格、内容、纸张、出版社等属性来进行描述。

PIC 模型根据不同的目的、过程和结果将职业决策过程分解成三个主要的阶段，即排除阶段(prescreening)、深度探索阶段(in-depth exploration)和选择阶段(choice of the most suitable alternative)。

职业世界为人们提供了大量的接受教育培训和工作的机会，但我们在对职业做出选择时，可能会感到困惑，为了消除困惑，本阶段的目的就是根据个人偏好，排除那些与个体偏好不兼容的职业，从而得到少量的、可操作的部分“有可能的方案”。这是排除阶段。

在深度探索阶段，通过对“有可能的方案”的深度探索，可以产生一些合适的方案，确定一些既有希望又适合个体的职业。

在选择阶段，则是进行基于对所有合适方案的评估和比较，挑选最合适的方案。

三、平衡单分析法

许多时候，个体会面临多种选择方案而不知道如何取舍，这时就可以考虑使用平衡单分析法。平衡单可以帮助大学生具体地分析每个待选择方案，考虑各种方案实施后的利弊得失，最后排定优先顺序，择一而行。

相关专业人士认为，平衡单四个维度的内容中，自我精神部分所要考虑的因素包括能力、兴趣、价值观、心理需求(自尊、自我实现)、生活方式的改变、成就感、自我实现的程度、兴趣的满足、挑战性、社会声望的提高、个人才能的发挥等；自我物质部分所要考虑的因素包括升迁机会、社会地位、工作环境、工作发展前景、工作内容、休闲时间、生活变化、对健康的影响、足够的社会资源、培训机会、就业机会等；他人精神部分所要考虑的因素包括父母、师长、配偶、家人的支持等；他人物质部分所要考虑的因素包括家庭经济收入、择偶及建立家庭、与家人相处的时间、家庭的地位等。

在利用平衡单分析法进行决策的时候，首先要根据平衡单从下面四个方面对全部备选项进行评分，每个项目得分一般为 1～10 分。具体如表 4-1 所示。

表 4-1　平衡单示范表

项　目	正面的预期(+)	负面的预期(-)
自我物质方面的得失		
他人物质方面的得失		
自我精神方面的得失		
他人精神方面的得失		

在对全部备选项评分后，还要对各个考虑项目设定加权系数并计算总分。在各备选项中得分最高的就是最优选择。平衡单加权计分表如表4-2所示。

表4-2　平衡单加权计分表

项　目	选　择					
	选择(一)		选择(二)		选择(三)	
	有利(+)	不利(−)	有利(+)	不利(−)	有利(+)	不利(−)
自我物质方面的得失						
他人物质方面的得失						
自我精神方面的得失						
他人精神方面的得失						
总分						

需要注意的是，在运用平衡单分析法进行决策时，考虑项目可以从四个维度任意设置，将众多因素具体化。一般来说，普通的职业决策平衡单会列出12个考虑项目，分别是适合自己的能力、适合自己的兴趣、符合自己的价值观、满足自己的自尊心、较高的社会地位、带给家人声望、符合自己理想的生活形态、优厚的经济报酬、足够的社会资源、适合个人目前处境、有利于择偶以建立家庭和未来有发展性。

项目小结

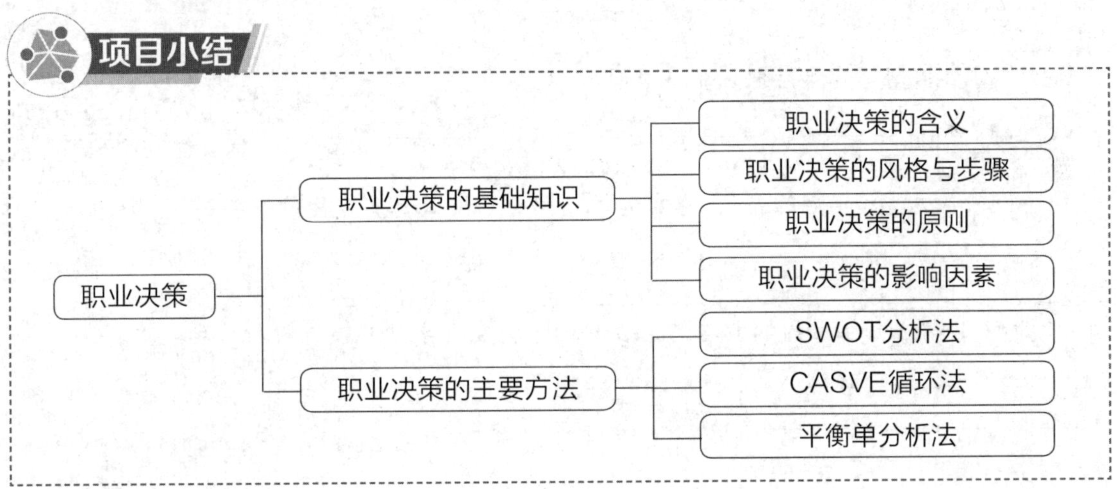

课后实践

5年后的职场名片

【实训目的】

初步确立自己的职业目标，尽快找到大学生活的努力方向，培养自我管理意识，加强对自我的管理。

【实训步骤】

步骤1:在下列空白处为5年后的自己设计一张职场名片,名片上应包含姓名、工作单位、职务、电话、微信、E-mail、地址等内容。

步骤2:根据自己设计的职场名片,回答以下问题:

(1)5年后你所从事的职业属于哪一类?

(2)你如何刻画5年后职场上的自己?

(3)想要成就5年后的自己,你在大学期间重点要做哪些方面的准备?

步骤3:树立5年后的职业理想是否有助于你在大学期间提升自我管理能力?

项目五　制 定 规 划

学习任务

知识目标：了解职业生涯目标的基础知识，熟知评估机制的简历、评估标准与方法、调整的内容与方法。

技能目标：树立评估和调整职业生涯目标的观念。

素质目标：了解社会发展趋势，树立科学意识，合理制定自己的职业生涯目标。

尽早确立职业目标

话说长安城西的一家磨坊里有一匹马和一头驴子。它们是好朋友，马外出拉货，驴子在屋里拉磨。后来这匹马被某旅行者选中，出发经西域前往印度。最后，这匹马驮着佛经回到长安。它重到磨坊会见驴子朋友。老马谈起这次旅途的经历：浩瀚无边的沙漠，高入云霄的山岭，凌峰的冰雪，热海的波澜……那些神话般的境界使驴子听了极为惊异。驴子惊叹道："你有这么丰富的见闻啊！那么遥远的道路，我连想都不敢想。"老马说："其实，我们走过的路程是大体相等的，当我向西域前行的时候，你一步也没停止。不同的是，我同旅行者有一个遥远的目标，按照始终如一的方向前进，所以我们打开了一个广阔的世界。而你被蒙住了眼睛，一生就围着磨盘打转，所以永远也走不出这个狭隘的天地。"

杰出人士与平庸之辈最根本的差别，并不在于天赋，也不在于机遇，而在于有无人生职业目标。尽管驴子走过的路程与老马相差无几，可因为缺乏职业目标，它的一生始终走不出那个狭隘的天地。

任务一　职业生涯目标的确立

一、职业生涯目标确立的原则

1. 匹配原则

要符合社会与组织的需要。职业生涯目标如同一种"产品"，要有相应的"市场"。因此，一是要注重对职业生涯发展环境的分析，充分了解组织环境、社会环境、经济环境等外界环境；二是将目标建立在个人优势的基础上，选择与自身长处相符或接近的目标，主动行动，以便更好地进行职业目标定位，真正提高目标实现的概率。

2. 发展原则

目标要高远，但绝不能好高骛远。一个人追求的目标越高，就越有可能发展得越快，对社会越有利。所以，不能按照现有的能力制定目标，要预留一定的发展空间。人的潜能是无限的，只要不断挖掘，努力拓展，就能够取得一定收获。当然，目标如果过高，使人悬在虚幻的高空中，也会失去本来的意义。

3. 幅窄原则

在确定目标过程中，应遵循专业面幅窄原则。一般来说，专业面越窄，所需力量相对越小；换句话说，用同样的力量，其作用越大，成功的机会也就越大。

4. 组合原则

职业生涯目标应长短结合。长期目标指明发展方向，短期目标打好基础。只有短期目标，看不到未来，信心容易受打击；只有长期目标，有可能与当下工作联系不紧密，使事业发展摇摆不定。

5. 量化原则

目标越简明、越具体，就越容易实现，越能促进个人发展。无论哪种目标，都要进行“时间”和“度”的把握，同一时期的目标不能太多，应是相对集中、可量化的。

6. 协调原则

要注意职业目标与家庭目标、个人生活与健康目标的协调与结合。人生除了事业目标外，还有健康、恋爱等目标。

二、职业生涯目标确立的方法

职业生涯目标的确定是建立在自我评价和了解职业世界的程度的基础上的。大学生应清楚自己能力的大小，分析自我、准确定位；要让目标可望又可即，通过努力能够达到。对职业目标的确定是不应该回避个人的缺点和短处的。譬如，一个人不能拒绝金钱的诱惑，就不应选择与金钱及道德底线相对密切的职业，如财务、律师等。对职业目标的确定还要根据过往的个人经验去推断未来可能存在的工作方向与机会，判断职业目标的合理性与成功率的大小，即职业目标要具有前瞻性。

SMART 原则，是管理大师德鲁克在《管理实践》中提出的目标管理方法，人们称之为“黄金准则”，按照这个原则制定出的目标可以进一步保证可实施、可跟进、可考核，也更容易实现。

(1)目标要具体(specific)——明确性。要用具体的语言，清楚地说明要达成的行为目标。例如，“我想在两个月之内提高自己的打字速度，达到每分钟 80 个字”。

(2)目标可衡量(measurable)——衡量性。目标不是模糊的，应该有明确的数据，有是否达成目标的标准。如果制定的目标没有办法衡量，就无法判断这个目标能否实现。

(3)目标可实现(attainable)——可达到。在制定目标时，要确保目标是可实现的。如果目标定得过高，虽然具有挑战性，却有可能无法实现；如果目标定得过低，就会失去挑战性。制定的目标一定要具有被完成的可能性，同时又要有一定的挑战性，即俗话说的“需要踮起脚来才能得到”。

(4)目标要相关(relevant)——实际性。在现实条件下,目标应可行、可操作,切忌脱离周围环境和达成目标所需要的条件。例如,公司的技术支持人员如果整天考虑的不是怎样才能做好本职工作,提高自己的技术水平,而是想怎样才能轻松赚到百万年薪,被公司"炒鱿鱼"只是早晚的问题。

(5)目标要有时限(timed)——时限性。目标是有时间限制的。只有有了时间限制,目标才能更可控,如果没有时间限制,目标就会每天被其他更紧急的事情排挤,久而久之,便会被淡忘。例如,"我将在今年5月31日之前完成某事",5月31日就是一个确定的时间限制。

职业生涯目标要立足现实,具有可实现性。也就是说,职业生涯目标应该是在现有职业、行业或企业范围内的目标,是这个时代和社会已有的职业,不能凭空编造。职业生涯目标越明确具体,为达到这一目标的内在驱动力就会越大,就越能表现出一个人坚强的意志力,促使其不断地付诸行动,努力克服种种困难阻碍,促进职业生涯目标的实现。

案例故事

王磊,农学硕士毕业。刚开始找工作的时候,他有些心高气傲,希望能进知名的单位,因此首选××航空公司。开始时挺顺利的,但在最后审查阶段他被淘汰了,原因是专业不对口。外企是他的第二目标,所以他在网上申请了不少外企职位,结果要么网上申请被淘汰,要么面试被淘汰,总之几个回合后一个录用通知都没拿到。接着,他就朝第三目标——事业单位特别是高校努力,因为这一类单位待遇都相对稳定,遗憾的是,他经过两轮面试后被淘汰。时间就这样在网上申请、面试、失败的周而复始中一天天过去,转眼春节将至,这也就意味着他已彻底地错失了9—12月的秋季招聘黄金季。他带着沮丧的心情过完了春节,并暗自下定决心,节后必须在4月前把工作的事定下来,不管是国企还是私企,也不管是在山东、广东还是广西。

然而,节后的招聘市场明显冷清了,不仅招聘单位少了许多,招聘的岗位性质也大都只有营销类的了。因为不是自己兴趣所在,他也打不起精神来面试,所以最终的结果仍是一无所获。根据学校的未就业就"从哪里来就到哪里去"的派遣政策,他的档案被打回了江西老家。刚好家乡在选聘高校毕业到村任职,他便以"专业对口,学历层次高"的优势被录用了,服务期为三年,这也就意味着,三年后,30岁的他再次面临择业。

三、职业生涯目标的分解

目标分解是指将总体目标在纵向、横向或时序上分解到各层次、各阶段以至具体的环节中,形成一个目标体系的过程。职业目标的分解要求学生把总目标细化为阶段性目标,同时根据阶段性目标来制定阶段性规划内容。

1. 分解原则

把目标分解成一个个阶段性的小目标,以利于逐步接近并最终完成大目标。在这个过程中,应遵循"整—分—合"原则,即将总体目标分解为不同层次的分目标,各个分目标的综合又体现总体目标,并保证总体目标的实现。分目标之间要协调、平衡并同步发展,分目标要保持与总体目标方向一致,内容上下贯通,保证总体目标的实现。

(1)按时间分解。职业生涯目标按时间可分解为人生目标、长期目标、中期目标、短期目标、近期目标等。

人生目标是整个人生的发展目标,时间最长。全方位地对自己所处的社会环境及相关方面,从宏观到微观进行全面了解,分析和掌握与个人目标相关联的各类信息,并对自己做出评价,是设定人生目标的必备条件。

长期目标一般指 5 年以上的目标,通常比较粗略、欠具体,有可能随着各种主客观情况的变化而发生变化,具有战略性、挑战性和动态性等特点。

中期目标一般指 3～5 年内的目标,既是制定和实施短期目标的依据,又是长期目标的重要组成部分。它具有指标量化的特点,并有一定的弹性,在整个目标体系中起着承前启后的作用,也是职业生涯能否有效实施和实现的重点。

短期目标通常指时间在 1～2 年内的目标,它是中期目标和长期目标的具体化,是操作性比较强的行动目标。

短期目标可能是自己制定的,也可能是上级领导分配安排的,有较为具体的截止日期。短期目标应该是实现中长期目标的必经之路,是中长期目标的组成部分。

(2)按性质分解。职业生涯目标按目的的性质可以划分为内职业生涯目标和外职业生涯目标。

① 内职业生涯目标。内职业生涯是指从事一项职业时提升自身素质与职业技能而获取的个人综合能力、社会地位、价值观念及荣誉的总和。内职业生涯目标主要靠个体努力争取得来,它不随着外职业生涯的获得而自动具备,也不会由于外职业生涯的失去而自动丧失。内职业生涯目标侧重于个体自身因素,主要包括工作能力目标、心理素质目标、观念目标、内心感受目标等因素。具体内容如表 5-1 所示。

表 5-1　内职业生涯目标的因素

因　素	说　明
工作能力目标	工作能力是对处理职业中各种问题的能力的统称,如能够和上级领导以及公司同事无障碍沟通的能力,规划和组织大型活动的能力,分析自己所负责事务的能力,等等。工作能力目标是指一定阶段内在现有的职务上能将工作做得更好。工作能力的提高,可以使个体以更新的观念、更充足的知识进行工作,进而得到更令人满意的工作结果
心理素质目标	心理素质是指在职业生涯发展过程中遇到障碍时,能够积极应对困难的心理态度、能够经受困难的心理承受力和坚信能够克服困难的信心。心理素质目标是指经过训练、学习和调整,在职业生涯中能够经受住挫折,正确看待成功,能够做到临危不惧、宠辱不惊。心理素质目标非常重要,最终能够实现职业生涯目标的人和最终没能实现目标的人,区别往往并不在于是否在实现的过程中遇到困难,而是在于心理素质的不同。前者认真寻找真正的不足所在,并努力学习并掌握克服这些困难的方法;而后者或者根本没有找到不能实现职业生涯目标的阻力,或者虽然发现了一些困难,却没有找到合适的方法解决这些困难

（续表）

因　素	说　明
观念目标	观念主要是指对人对事的态度和价值观。观念目标是指个体在工作和学习中要求自己逐步形成一种什么样的观念或态度。工作是人生命的投影，一个人的工作态度折射着人生态度，而人生态度决定一个人一生的成就。一个天性乐观、对工作充满热忱的人，无论他眼下从事低微的工作还是从事受人尊敬的工作，都会认为自己的工作是一项神圣的职业，并怀着深厚的兴趣，不论遇到多少艰难险阻，都会有所成就
内心感受目标	内心感受是指工作中由于发现和应用新的管理方法、创造新的业绩等而带来的内心收获和成就感。内心感受目标指的是在工作中朝有利于事业成功的方向积极努力，并用工作成绩收获新的、正向的心理感受。内心感受目标的正向强化会使个人在工作中的兴趣、成就感和努力程度不断提高。工作成果本身属于外职业生涯目标，但取得工作成果的内心收获和成就感则属于内职业生涯目标

② 外职业生涯目标。外职业生涯是指从事职业活动时的外在因素的组合及其变化过程，即在职业生涯过程中所经历的职业角色（职位）及获取的物质财富的总和，它是依赖于内职业生涯的发展而增长的。外职业生涯目标一般是具体的，主要包括职务目标、成果目标、收入目标、环境目标等因素。具体内容如表 5-2 所示。

表 5-2　外职业生涯目标的因素

因　素	说　明
职务目标	在某阶段内，个人在职务上达到的更高标准。职务目标主要包括两方面：第一，现有职务的职责、权力进一步扩大；第二，职务晋升。因为一个人只有具备日常工作的能力，才能为其职务的晋升打下基础。在制定职业生涯规划时，内职业生涯目标中的工作能力目标应优于职务晋升目标
成果目标	某阶段内，个人在工作岗位上要达到的具体工作目标，要完成的工作计划。例如，工作产品在数量和质量上的提高、销售总金额上的提高、学者在研究成果上的成绩、获得的荣誉、证书等。工作成果在一定程度上是直接衡量一个人职业成功与否的外在指标，工作成果目标的实现会增加人的成就感，对人的内职业生涯目标的实现有积极的作用
收入目标	在某阶段内，个人在工作岗位中薪酬上的增长和个人经济储蓄上的总收入目标。大学毕业生要敢于制定职业生涯的经济目标，但必须结合自身情况
环境目标	在某阶段内，工作硬件环境、居住条件等的改善状况。人们在更好的环境中，带着更好的心情工作，对职业生涯目标的完成有积极的作用

2. 职业生涯目标的分解方法

（1）剥洋葱法。剥洋葱法即像剥洋葱一样，将大目标分解成若干个小目标，再将每一个小目标分解成若干个更小的目标，一直分解下去，直到现在该去做什么。将一级目标（总体目标）分解，同时把实现一级目标的手段作为二级目标，逐级分解，就形成一个“目标-手段”

链。另外，将目标逐级分解，不但构成了目标体系，各级目标的实现也落到了实处。

实现目标的过程应从现在到将来，从低级到高级，从小目标到大目标，一步步前进。而设定目标应从将来到现在，从大目标到小目标，从高级到低级，层层分解。大学生在进行职业生涯规划的过程中，要先找到自己的职业目标，再明确目标，构成自己人生的总体目标，之后将这个总体目标分解成几个五至十年的长期目标，把每个长期目标分解成若干个两到三年的中期目标，把两到三年的中期目标分解成若干个六个月到一年的短期目标，将每个短期目标分解成月目标、周目标、日目标，最后将目标分解到现在该去干些什么。

(2)多叉树法。大树从树干开始，会有若干个分枝，每个分枝会有小的树枝，每个小的树枝有更小的树枝，直到叶子。若将树干表示成大目标，每个树枝代表小目标，叶子就是现在的目标。将一个总目标采用多叉树法进行分解时，一定要弄清楚大目标和小目标之间的逻辑关系：小目标是大目标实现的基础和条件，大目标是小目标的结果，小目标如果全部实现，那么大目标一定会跟着实现。

四、职业生涯目标的组合

职业生涯目标按不同的标准，可以划分为不同的种类。将这些不同目标积极进行组合，可以实现职业生涯的和谐发展。将职业生涯目标进行组合是处理不同职业规划目标之间相互关系的有效措施。依照不同的标准，职业生涯目标可以划分为不同的组合方式。

1. 按功能关系进行组合

(1)因果关系组合。许多职业生涯目标之间存在明显的因果关系。例如，工作能力目标与职务目标和收入目标，前者是因，后者为果。内职业生涯目标的发展将推动外职业生涯目标的实现，外职业生涯目标的实现可以促进内职业生涯目标实现，两个目标相互促进、相互折射。内职业生涯是真正的人力资本所在，内职业生涯丰富的人会抓住每次发展机会，甚至能主动为自己、为他人创造发展机会，因提升职业素养而取得的工作成绩会转化为外职业生涯成果。内职业生涯的各个因素一旦获得，将成为人生的无价之宝。外职业生涯目标是具体的、实际的，是激发人们继续努力的动力，给人良好的心理预期，并获得由各项成绩带来的内心成就感，有利于内职业生涯目标的实现。

(2)互补关系组合。许多职业生涯目标之间互相支撑、直接互补，因此，可以将存在互补关系的职业生涯目标进行组合。例如，一名管理人员希望成为优秀的部门经理，他需要学习并提升管理能力，获得 MBA 证书，而将这几个目标进行组合，则可实现工作、学习、成果的相互促进。

2. 按时间顺序进行组合

职业生涯目标按时间顺序组合时，可以分为并进组合和连续组合两种情况。

(1)并进组合。职业生涯目标的并进组合是指同时着手实现两个及以上平行的工作目标，在相同期间内进行不同性质的工作。选择组合的目标可以是联系较为密切的，也可以不直接相关，只要目标之间不矛盾，可以同时进行即可。只要处理得好，有足够的精力和能力来应对，在一定的范围内，鱼和熊掌是可兼得的，但需要执行者具备较强的时间管理能力和学习能力。

(2)连续组合。职业生涯目标的连续组合是目标之间具有顺序上的先后，一个目标实现之后再去实现下一个，最终连续而有序地实现各个目标。例如，职业生涯的阶段目标与职业生涯的最终目标是相关联的，实现短期目标是实现较长期目标的支持条件。

任务二 评估与调整

一、评估的内容

1. 职业生涯目标评估

大学生如果一直无法找到所希望的学习机会和工作，那么将根据现实情况重新选择职业生涯目标；如果一直无法适应或胜任设计的职业生涯目标，在学习与工作中得不到应有的发展，导致自身长期压抑、不开心，可以考虑修正和调整职业生涯规划；如果结婚后，职业给家庭带来诸多的不便，或者家人反对所从事的职业，可以考虑修正和调整职业生涯规划。

2. 职业生涯路径评估

当出现适合自身发展和职业生涯发展的机会或选择，而原定发展方向缺少发展前景时，应尝试调整发展方向。

3. 实施策略评估

如果在其他地方可以找到一份令自己和家人十分满意的工作，就前往该地；如果家人无法在自己工作的地方定居、工作，在征询家人意见后，可以考虑改变已定计划，前往他地；如果在已定区域和职业选择上得不到发展，可以考虑改变行动策略。

4. 其他因素评估

如果家庭需要更多的照顾，自己将把更多的精力放在家庭，甚至暂时放下工作；如果身体条件不允许，可以放低对自己的职业要求；如果还有其他意外，就必须调整职业生涯规划。

二、评估的标准

评估可以参照各类短期、中期预定目标和实际结果比照而行。一般来说，任何形式的评估都可以归结为自我素质和行为对现实环境的适应性判断，分析自己的现实，特别是针对变化的环境，找出偏差所在，并做出修正。

(1)抓住最重要的内容。猎人如果同时瞄准几只兔子，那么他可能一只兔子也打不到。同样，在我们的评估过程中也不必面面俱到，抓住一两个关键的目标和最主要的策略方案进行追踪即可。在职业生涯的某一阶段(一两年或者三五年内)总有一个最重要的目标，重点评估那些可能达到这个最重要目标的主要策略执行的效果。

(2)分离出最新的需求。对于变化了的内外环境，要善于发掘最新的趋势和影响。俗话说，“要跟得上形势”，对于新的变化和需求，要知道什么样的策略才是最有效而且最有新意的。

(3)找到突破方向。有时候，在某一点上取得突破性的进展能使整个局面发生意想不到的改变。想一想，先前职业生涯规划中的哪一条对目标的达成有突破性的影响？目标达成了吗？目标为什么没达成？如何才能接近目标？

(4)关注最弱点。管理学中有个著名的“木桶理论”，即一只沿口不齐的木桶，其容量的大小不取决于最长的那块木板，而取决于最短的那块木板。在反馈评估过程中，当然要肯定自己取得的成绩与长处，但更重要的是切合变化的环境，发现自己的素质与策略的“短木板”，然后想办法修正，或把这块木板换掉，或接补增长，唯有如此，你的职业生涯规划“这只桶”才能有更大的容量。

你可以回过头来看自己在制定实施策略前，通过SWOT分析发现的劣势点如今是否通过阶段行动的努力而有所改观。如果没有改观，要分析行而无效或行不通的原因。一般来说，个人可能存在的短板如表5-3所示。

表5-3　个人存在的短板

方　面	内　容
观念差距	观念陈旧往往会造成策略的失误，导致行动失效
知识差距	按照实施策略所积累的知识仍然不够或是学错方向
能力差距	环境在变化，对人的能力的要求也在不断变化
心理素质差距	一个人职业生涯的发展，首先是心理素质的成长过程

三、评估的方法

1. 反思法

反思法即对职业生涯规划实践的回顾，如职业生涯规划中计划的学习时间是否充足？学习有什么收获和问题？学习方法上有何体会？

2. 调查法

大学生要在职业生涯规划的每个近期目标实现后，对下一步的主客观环境、条件做些调查、分析，看看条件是否变化(哪些条件变好？哪些条件变坏？总体情况如何？)，在了解清楚后，根据变化了的情况，恰如其分地修改下一步拟订的计划。

3. 对比法

每个人有自己的方法，所以在修改、制定职业生涯规划时应多比、多思、多学，吸收别人科学的方法。对别人职业生涯规划的分析，往往有助于自己对职业生涯规划进行修改。

4. 求教法

大学生应把职业生涯规划、追求告诉知己，让他们监督自己。自我反思往往十分困难，但别人能从旁观者角度清楚地看到自己的弱点。虚心、主动、积极、经常地征求别人对自己计划的看法及修改意见，往往会受益匪浅。

案例故事

小芳想毕业后成为一名旅行社英语导游，于是她大一就给自己制定了学习目标：学习好英语，增强自己的语言表达能力和交际能力。大三暑假期间，小芳想参加社会实践一试锋

芒，第一家旅行社问她是不是取得了导游资格证，第二家旅行社又让小芳介绍自己家乡的风土人情，小芳无言以对，因为小芳平时并不关注这方面的事情。回家后，小芳重新制定了可行的学习目标：学好导游基础知识、导游业务等课程，考取英语导游资格证。

我们在目标执行的过程中发现自己与社会需要存在差距，要及时对自己的学习目标进行评估调整，让自己的学习目标更加有针对性。因此，一个人的职业生涯并非一帆风顺，在职业目标执行过程中，如果没有收到实际的成效，就要对职业目标重新评估，考虑改变行动策略，以真正实现自己的人生理想。

四、调整的目标与原则

大学生的职业生涯规划一次性成功的并不多，主要原因是受个体的年龄、经历、人格成熟程度等因素的制约，对职业的判断缺乏全面客观的分析和预测。在生涯规划执行过程中，我们对社会、组织环境和自己都有了清晰的认识与了解，回过头来审视当初所选择的职业、设计的路径、采取的措施，或许会发现各种问题。发现问题是生涯调整的基础，调整不是放弃，而是与时俱进。

1. 调整的目标

我们的职业生涯发展规划总是在行动中调整，在调整中完善。调整让我们能更好地把握职业发展的机会，促进个人素质提升，体现个人价值，为社会做出应有的贡献。在职业发展的各个阶段或每过一段时间，我们都要审视内在环境和外在环境的变化，对自己的职业生涯发展及规划做出相应的调整。职业生涯规划不是将职业目标定得越高越好，而应切合实际、可行。可以按计划一步步完成的规划才是最好的。

2. 调整的原则

(1)清晰性原则。调整后的目标、措施应清晰明确；实现目标的路径及各阶段的时间安排应具体可行；实施的步骤应直截了当。

(2)变动性原则。做调整时必须要考虑到自己的特质、社会环境、组织环境及其他相关的因素，清楚哪些因素可能带来变化，目标或措施是否有弹性或缓冲性及是否能依据社会、环境的变化而调整。

(3)一致性原则。应考虑主要目标与分目标是否一致，目标与措施是否一致，个人目标与组织发展目标是否一致，生涯目标与行业发展是否一致。

(4)激励性原则。应考虑目标与措施是否具有挑战性，是否符合自己的性格、兴趣和特长，是否对自己产生内在激励作用。

(5)可评量原则。调整方案的设计应有明确的时间限制或标准，易评估、检查，使自己随时掌握执行状况，并为下一次调整提供参考依据。

五、调整的方法

1. 重新剖析自我

加深对自己的认识，检验自己的职业素质是否适合所选择的职业，弄清楚“我能做什么”。在此基础上选择更适合自己的方向。

2. 重新进行职业选择

人的一生充满了选择,就职业选择而言,往往不是一次选择就能完成的。大学生职业生涯目标的设定要结合自身因素、环境因素和职业因素,要基于个人兴趣、价值观和专业技能来确定将来所从事的职业。在职业生涯目标的设定过程中,会出现各种原因使得对主、客观的评估不够恰当,导致职业选择错误的情况。个体从事某一种职业一段时间后,可能会发现所从事的工作难以发挥自己的特长,难以培养起职业兴趣,或者感到工作非常吃力,难以胜任。这时候,个体就要根据自身的能力和周围的环境,对职业生涯机会进行重新评估,并根据新评估结果来选择职业,避免做更多的无用功。

在重新选择职业时,要慎之又慎,因为重新选择职业意味着原来的努力大多白白浪费了。大学毕业生在重新选择职业时要做到以下几点:首先,在重新选择职业时要客观、全面地考虑自己的处境,不可以感情用事;其次,要重新审视自己,审视自己所从事的工作与自身的能力、兴趣、个性、价值观念等是否存在不可调和的矛盾;最后,要选准新职业生涯目标,做好重新选择的善后工作。

3. 修正职业生涯目标

从某种意义上讲,职业生涯规划的实施过程就是缩短现有能力水平与预期目标差距的过程。职业生涯目标设定后,有时会因为个人自身能力的改变和周围环境的变化而无法达到预期的效果。当职业生涯目标或者个人自身因素发生变化时,要根据变化了的形势调整个人的目标。进行职业生涯目标修正时,要注意修正职业生涯目标不宜过于频繁,应以实际需求为基础,根据外部环境和自身情况决定是否需要修正。在具体操作时,应在前期方案实施效果评估的基础上,充分考虑影响职业发展的各种因素,制订符合自身实际的修正方案。职业生涯目标的修正可以作为下一轮职业生涯设计的参考依据。

4. 修订措施与计划

任何职业生涯目标的完成都是逐步优化、完善的过程。在方案实施的过程中,工作的实际成效不理想或者与预定目标存在较大的差距时,应重新审视自己的实施措施是否恰当,改变目标实现方式。有时候后续阶段的计划要根据前期阶段的工作成果来安排,难以把一段时期以后的计划做得非常具体。所以,在制定实施措施和制订计划时,经常会在总体里程碑计划的框架下,分阶段地制订具体计划。在整个职业生涯规划的过程中,每一阶段计划的细化也是对整个计划所做的变更。通过变更手段,既能避免在职业规划初期信息不充分的情况下制订无谓的远期详细计划,又能在职业生涯目标实现过程中根据个人实际的进展情况及时修订出可行的详细计划。

案例故事

小黄毕业于某财经学院工商财务管理专业。早在大学期间,他就自学了很多有关职业生涯规划的理论知识,并给自己制定了详细的职业生涯规划,也一直在努力地朝着自己的职业生涯目标——财务总监迈进。大学毕业后,小黄的第一份工作是在一家中外合资企业从事财务工作,可是面对财务工作的枯燥乏味,小黄越来越觉得这份工作并不是自己真正想做

的职业。经过一段时间的迷惘后,小黄走进了一家专业的职业咨询机构,希望能够从职业规划师那里得到帮助。职业规划师仔细分析后发现,小黄性格开朗外向,喜欢与人交流沟通,于是建议小黄把职业方向放在既需要账务专业知识又需要经常外出与客户沟通的会计事务审计师工作上。小黄采纳了职业规划师的意见,重新调整了自己的职业生涯规划。经过一段时间的充电后,小黄顺利成为一名大型会计师事务所的审计师。目前,小黄精神焕发,对工作充满信心。

六、调整的策略

1. 尽量不动目标

成功的人可以无数次修改方法,但绝不放弃目标;不成功的人总是改变目标,却从不改变方法。职业生涯调整首先考虑的是修正计划,而不是修正目标。如果修止计划还无法达成目标,可以修正目标达成的时间;如果修正目标的时音还无法达成目标,则可以修正目标的量。不到万不得已,绝不能放弃原来的目标另起炉灶。但面对新的目标,切勿重复原来的行动,一定要修正调整行动计划,寻求新的路径,采取新的措施。

2. 随变化及时调整

变化无时不在,调整也无时不在,可以对主攻方向进行调整,在原定目标基础上进行调整,在获得信息反馈之中调整,从预测未来中进行调整,对具体阶段目标视情况进行调整。调整要讲究时效性。一旦发现职业生涯旅途有了问题,不管问题是大还是小,都应该及时进行调整和修订,或做出新选择,或拿出新方案,走出新的一步;绝不拖延调整的时间,以避免错过调整的最佳时机;绝不能把问题留到下一个环节,以避免出现更大的失误。

3. 选择好调整时机

大学毕业生职业生涯调整的最佳时期有两个:一是毕业前夕,在有了求职的实践后,根据新的就职信息和供需实际,在求职过程中进行调整;二是工作 3 年左右时,有了从业的实践后,根据从业过程对自身条件的检验、周围环境和自身素质的变化,及时予以调整。两次调整既可以是对近期目标即具体目标岗位的调整,也可以是对远期目标或职业生涯发展路线的调整。

目标只是为我们的前进指示一个方向,而我们才是它的创造者,可以在不同时间、不同环境下更改它,让它更符合自己的理想。只要我们能灵活地对自己的职业生涯设计与规划进行驾驭,就难以阻挡其前进的步伐。

项目小结

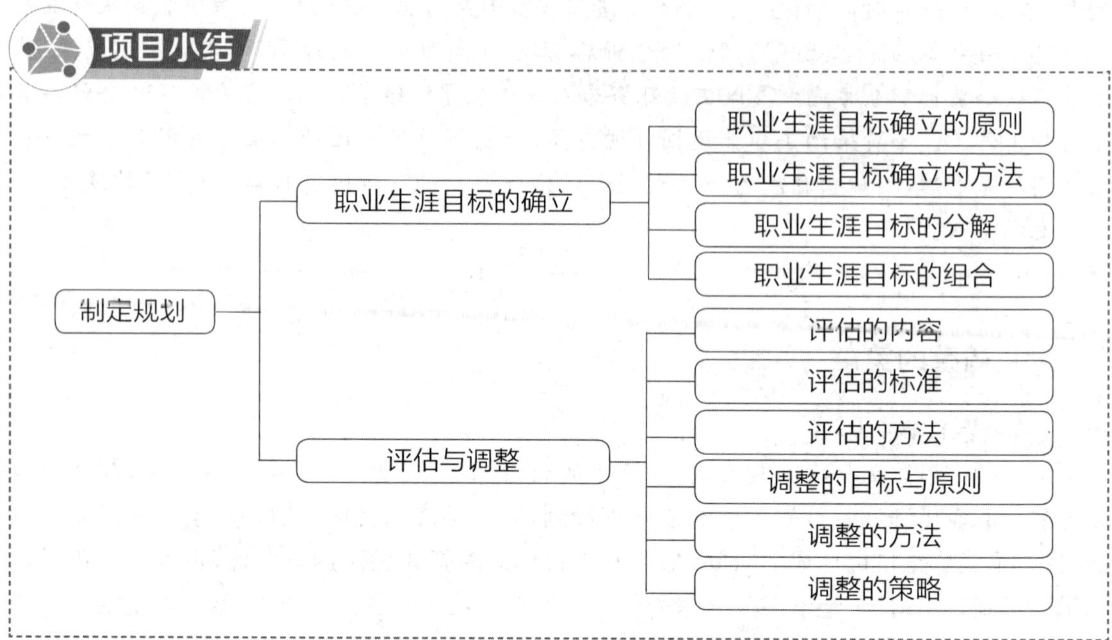

课后实践

画出自己的目标多叉树

【实训目的】

认识自己所学专业的行业前景与就业方向，积极进行自我探索，唤醒生涯规划的意识。

【实训目的】

步骤1：绘制目标多叉树。准备好彩笔，在纸上画出一棵大树，用树干表示你的职业理想的大目标，每个树枝代表小目标，叶子就是现在的目标或现在要做的事、要达到的结果。

步骤2：将学生分组，开展组内讨论。4人一组，可自由组合，将自己绘制的目标多叉树展示给同学看。小组成员应思考以下问题：

(1)你的大目标与小目标的组合是否合理？为什么？

____

____

(2)小组其他成员的大目标与小目标的组合是否合理？为什么？

____

____

步骤3：认真反思，修订目标多叉树。每个学生应认真听取其他同学的意见和建议，反复思考自己绘制的目标多叉树，找出不合理的地方，并进行修订。

步骤4：评选优秀作品。组织学生开展目标多叉树优秀作品评选，获奖的学生分享自己的绘制心得。

项目六　撰写规划书

学习任务

- **知识目标：**了解职业生涯规划书的写作要求及结构。
- **技能目标：**学会制定职业生涯规划方案。
- **素质目标：**了解制定职业生涯规划的重要性，树立全局意识。

案例导入

志不立，天下无可成之事

大学生A和B在学校的表现很优秀，毕业以后，分别进入不同的单位工作。三年之后，两个人的命运却产生了差异，A已经成为公司的骨干，担任部门的主管，每月的收入在6 000元之上；B还是公司的一般职员，收入只有3 500元，正准备寻找机会跳槽。在这三年期间，两个人都跳过槽，都换过3家公司，可是最后的结果却大相径庭。A毕业后进入一个电器卖场做销售代理，工作中勤学好问，很快掌握了销售技巧，成了卖场一名不错的销售员；一年之后，跳槽到规模更大的电器连锁店做组长；第三年，跳槽到国内知名的电器销售连锁店做部门的主管。B毕业后进了一家卖通信器材的公司做销售员；一年后跳槽到一家网络公司做网管；第三年，进了一家生产企业做办公室的文员。

认真分析两个人的经历，现在A一直在自己熟悉的电器销售行业工作，期间跳槽也是为了有更好的位置，B却没有找准自己的发展方向，在不同的行业跳来跳去，最后只能从事低层次岗位的工作。俗话说："志不立，天下无可成之事。"立志是人生的起跑点，反映着一个人的理想、胸怀、情趣和价值观，影响着一个人的奋斗目标及成就的大小。

职业规划需要遵循一定的原则，对自己的认识和定位是重要的。每个人都要发挥出自己的特长，从事热爱的工作才是最幸福和最快乐的，"知己"十分重要，"知彼"也是同等重要的。有目标的人能抗拒短期的诱惑，有目标的人会坚定地朝着自己的方向前进，有目标的人会感觉充实。每个人只有找准自己的角色定位，才能取得最大的成功，做自己喜欢的事情，做到极致，最容易成功。很多时候，失败的人不代表没有能力，而是角色定位的失败。个人生涯规划正是对个人角色的有效定位方式。所以，在确立职业目标后，应马上行动，撰写一份属于自己的职业生涯发展规划书。

任务一　职业生涯规划书的写作

一、撰写职业生涯规划书的基本依据

每个人的经历不同，成长的家庭背景与社会背景不同，个人性格差异等造就了形形色色的个体，量体裁衣寻找适合自己条件的社会工作就是职业生涯设计的依据。职业生涯设计是为了解决自身要求、能力在未来与环境匹配的问题。因此，要做好职业生涯设计，需要做到以下几方面。

1. 了解自己，科学评价自我

对职业自我进行充分的认识分析，从而保证在进行职业生涯设计时能够择己所爱，择己所长，在自己喜欢且擅长的方面进行职业发展。评价过高、不切合实际、过低都会造成遗憾。要根据社会需要，结合自己所学专业、学习成绩和特长来实事求是地选择职业，不要一味地选择那些经济效益好、社会竞争激烈的热门单位。关键是清楚自己能干什么，单位需要什么样的人才，找到最能发挥自己特长、实现自我价值的位置。

2. 了解职业，科学探索职业

要科学探索职业，把个人追求与社会发展有机结合，了解自己有哪些比较喜欢且擅长的方面，有哪些职业具有优势和竞争力或良好的发展潜力，尽量在有竞争优势或有较大把握形成竞争优势的方向发展职业。

3. 了解社会的发展趋势，科学定位职业发展前景

科学定位职业发展，就是定期将个人的职业发展放在社会发展的大环境中评估分析，确保职业不断处在良好的状态中。个人和职业都是在社会大环境中生存、发展，不断变化着的。保证做好眼前的事是应该的，但却是不够的。个人必须根据社会发展的大趋势，不断充实自己，调整自己，不断对职业的新变化、新要求有所了解、有所准备、有所适应。职业生涯设计的过程就是个体探索自我、科学决策、统筹规划的过程。正确的职业生涯设计能使一个人走向成功，不正确的职业生涯设计也会使一个人误入歧途。为了正确进行职业生涯设计，还必须遵循一些原则和方法，选择恰当的策略。

二、撰写职业生涯规划书的原则

一份好的大学生职业生涯规划书，既要考虑到自身因素，又要考虑到外部环境因素；既要目标远大，又不能好高骛远；既要具备职业规划的基本要求，又要充分体现大学生阶段的特征。所以，要制订出科学的职业生涯规划方案，就应遵循一定的原则，体现出职业生涯本身的特点。

1. 独特性——应针对自身实际情况量身定制

犹如世界上没有两片完全相同的叶子，世界上也没有两个完全相同的人，每个人高矮胖瘦各不同，内在的性格特征、知识结构、兴趣爱好、能力倾向等都有自己的特点，其家庭条件、所处的社会环境也都不相同，因而在制定职业生涯规划时不可能找到普适的路径，必须综合

考虑个人各个方面的实际情况而量身定制;条件相同或类似的人在一定条件下可以借鉴,但绝不能抄袭,否则就是抄袭了别人的人生,生活在别人的影子里。

2. 可行性——应以实际可操作作为前提,实现理想和现实的统一

每个人都有自己的职业理想,但理想是否能够实现,则有赖于用以实现生涯理想的规划方案是否可行。可行性体现在两个方面:一是是生涯目标的可行性,即目标的设定是否建立在现实条件的基础上;二是是职业行动计划的可行性,即行动计划是否可以做到并根据一定标准进行考核监督。

3. 阶段性——生涯规划应体现个人发展的阶段性

舒伯的生涯彩虹图显示,个人的职业发展具有阶段性,每个人在自己人生发展的不同阶段所承担的重点角色是不同的,并有着不同的发展任务。职业生涯规划也应该根据自己的年龄和所处的阶段设计不同的内容,以适应每个发展阶段的特点,使每个阶段都能充实度过,并逐步达成阶段性目标,确保人生发展目标的顺利实现。

4. 发展性——生涯规划书的内容不是一成不变的

职业生涯规划要求具有一定的超前性和预测性,而事物是不断发展变化的,职业生涯规划并不总能适应新情况的出现,所以应根据自我发展、社会变迁及其他不可预测的因素,主动适应各种变化,及时评估,灵活调整,不断修正、优化自己的职业生涯规划方案。在调整职业生涯规划方案的过程中,有可能需要调整短期目标,但短期目标的重新选择应和长远人生目标保持一致,使整个规划始终围绕自己的人生目标展开,确保过去、现在和未来发展目标的内在一致性与延续性。

三、撰写职业生涯规划书时的常见问题

1. 规划理想化,可操作性不强

有很多大学生相信"不想当将军的士兵就不是好士兵",他们为自己制定了一些不太切合实际的目标制定出的职业生涯规划过于理想化、好高骛远、可操作性经不起推敲。在他们真正到单位工作后,会因过高估计自己的能力,对现实的残酷性缺乏足够认识,没有从基层做起的心理准备而产生怀才不遇的失落感、挫败感,从此一蹶不振,变得消极颓废。大学生在制定职业生涯规划的时候,不能凭空想象,而应综合思考,多查阅相关资料,并多请教有经验的人士,真正做到知己知彼后再进行抉择。

2. 重理论学习,轻实践经验

大多数大学生特别注重理论学习,认为只要自己学习好,升职就是必然的,忽视了与职业相关的社会实践和经验的积累。事实上,社会经验对职场人士来说非常重要,文凭只是工作的基本要求,一个人要想在社会上成功,还要通过在实践中积累的经验增强自己的工作能力。当前,很多企业在招聘的时候,不是看应聘者有多少证书,而是看应聘者是否具有所应聘职位的工作经验。

3. 重视职业短期目标,忽视职业长期目标,急功近利,盲目跳槽

很多年轻人在制定职业生涯目标的时候,没有按照短期目标、中期目标和长期目标的顺序确定不同的努力方向。他们对自己的期望值过高,总想短期利益最大化。他们常常会因为高的薪水、更好的条件或者其他原因,频频产生跳槽的想法,认为自己要趁年轻多闯一闯,做出一番大事业来。这种想法体现了他们急功近利、急于求成的心态。他们总是希望能够

立竿见影，最好马上就达到自己事业的终极目标，但常常事与愿违，最后与最初制定的职业生涯目标南辕北辙。

4. 对职业生涯的几个不同阶段认识不明确

有些人虽然制定了职业生涯规划，但不了解自己所处的职业生涯阶段，在工作了一段时间以后，不知道自己现在想做什么、能做什么、应该做什么，结果在工作时很迷茫。一般来说，职业生涯可以分为四个发展阶段，即职业预备期、职业初期、职业中期和职业后期。只有在明确自己职业生涯的阶段及在每个阶段的不同任务和目标以后，才能避免失去对现有工作的兴趣，才能有的放矢地去有所作为。一个人的职业生涯贯穿一生，是一个漫长的过程，科学地将其划分为不同的阶段，明确每个阶段的特征和任务，做好规划，对更好地从事自己的职业、实现确立的人生目标非常重要。

任务二　职业生涯规划书的结构

大学生职业生涯规划书的格式一般有条例式、表格式、复合式和文本式（阐述式）等，我们这里主要讲解文本式和表格式。

一、文本式职业生涯规划书

文本式职业生涯规划书又称阐述式职业生涯规划书，它是对个人职业生涯进行全面、详细的分析和表述，是完整的职业生涯规划书，也是最常用的职业生涯规划书。其主要组成部分有封面、扉页、目录、前言（引言）、自我分析、职业环境分析、职业定位、职业生涯实施计划、评估与调整、结束语。

1. 封面、扉页和目录

封面上一般写规划书的名称和撰写的时间，也可以写上名言警句等；扉页上要写规划者的真实姓名、性别、班级、联系电话、电子邮箱，指导教师姓名等相关信息；目录可写也可不写，若写，则应将规划书的所有目录罗列清楚。

2. 前言

前言内容主要撰写职业生涯规划书的目的及自己对规划意义的认识。

3. 自我分析

撰写职业生涯规划书必须在充分且正确认识自身条件的基础上进行。要审视自己、认识自己、了解自己，做好自我分析，包括分析自己的兴趣、特长、性格、学识、技能、智商、思维方式等，即要弄清自己想干什么、自己应该干什么、在众多的职业面前自己会选择什么等问题。自我分析一般包括以下五个方面：

（1）我的职业倾向分析。

（2）我的职业价值观判断。

（3）我的性格评估。

（4）个人经历回放。

（5）自我分析与评估总结。

4. 职业环境分析

职业生涯规划书要充分认识与了解相关的环境，评估环境因素对自己职业生涯发展的影响，分析环境条件的特点和发展变化情况，把握环境因素的优势与限制，了解本专业、本行业的地位、形势及发展趋势。职业环境分析中可包括以下内容：

(1)社会环境分析。

(2)学校环境分析。

(3)家庭环境分析。

(4)行业环境分析。

(5)组织环境分析。

(6)职业分析。

(7)岗位分析。

(8)环境分析结论。

5. 职业定位

职业定位就是要为职业目标与自己的潜能、主客观条件谋求最佳匹配。良好的职业定位是以自己的最佳才能、最优性格、最大兴趣、最有利的环境等信息为依据的。这个规划环节包括确定职业方向、各阶段职业目标和总体目标、职业发展路径等内容。职业定位中可包括以下内容：

(1)明确可选的职业发展目标。

(2)职业评估与决策。

(3)职业生涯路径设计。

(4)职业定位结论。

6. 职业生涯实施计划

职业生涯实施计划是整个规划书的核心，既要制订周详的行动方案，以逐步缩小差距，实现各阶段目标，又要注意去落实这一行动方案。没有行动，职业目标只能是一种空想。职业生涯实施计划中可包括以下内容：

(1)长期、中期、短期职业生涯计划(对大学生而言，所制定的职业生涯规划主要以大学期间为主)。

(2)各阶段计划的子目标、计划内容(专业学习、职业技能、职业素养)。

(3)计划实施策略。

7. 评估与调整

职业生涯规划是一个动态的过程，必须根据实施结果的情况，以及变化进行及时的评估与调整。要在实践中检验整个职业生涯规划，观察效果如何，及时诊断生涯规划各个环节出现的问题，找出对策，对规划进行调整与完善。

8. 结束语

结束语一般是对自己执行职业生涯规划书的决心和鼓舞。

二、表格式职业生涯规划书

表格式职业生涯规划书主要包括三大部分内容，即规划者的基本信息、规划内容和备注栏。这种规划书其实是不完整的职业生涯规划书，只相当于一份完整的职业生涯规划书的计划实施方案表。一般大学生在撰写自己的职业生涯规划书时不采用这种类型，但可以制作这种表格式的规划书作为日常警示使用，具体如表 6-1 所示。

表 6-1　个人职业生涯规划书

姓名		性别		年龄	
学历		专业		政治面貌	
个人特长			职业选择		
个人经历	主要教育经历				
	主要工作经历				
	主要培训经历				
职业环境	经济环境				
	社会环境				
	职业发展环境				
职业生涯目标	人生目标				
	短期目标				
	中期目标				
	长期目标				
计划与实施	人生目标				
	短期目标				
	中期目标				
	长期目标				

评估与调整方案：

备注：

职业生涯规划制定人：　　　　　　　　　　　　　　制定时间：

项目小结

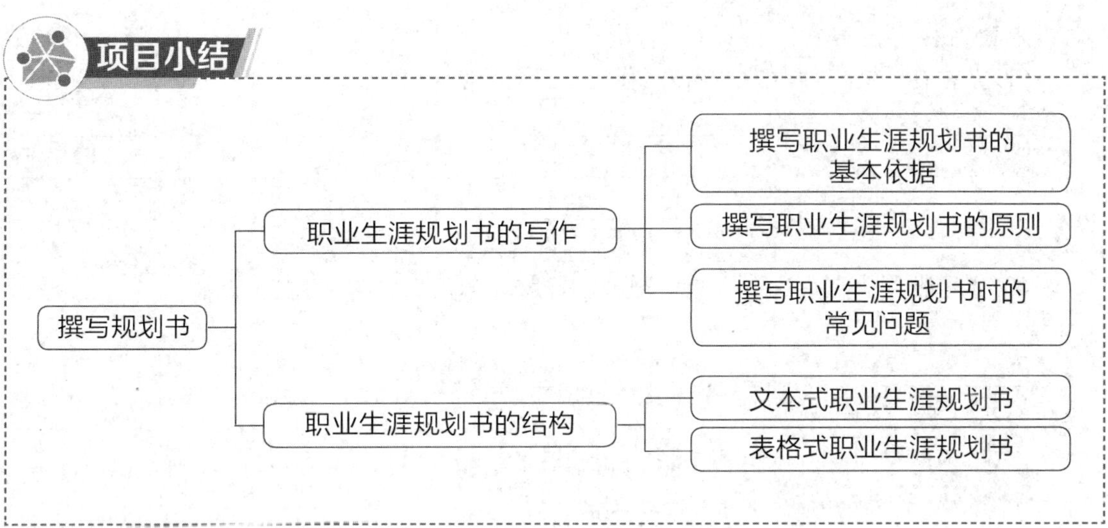

课后实践

学期规划书

【实训目的】

掌握制定学期规划的方法，分析现实与目标的差距。

【实训步骤】

步骤1：参考表6-2制定学期规划书。评估现实与目标的差距，制定、完善实施方案，逐步完成目标。

表6-2 学期规划书

起止时间	阶段目标	评估差距	实施方案	完成情况

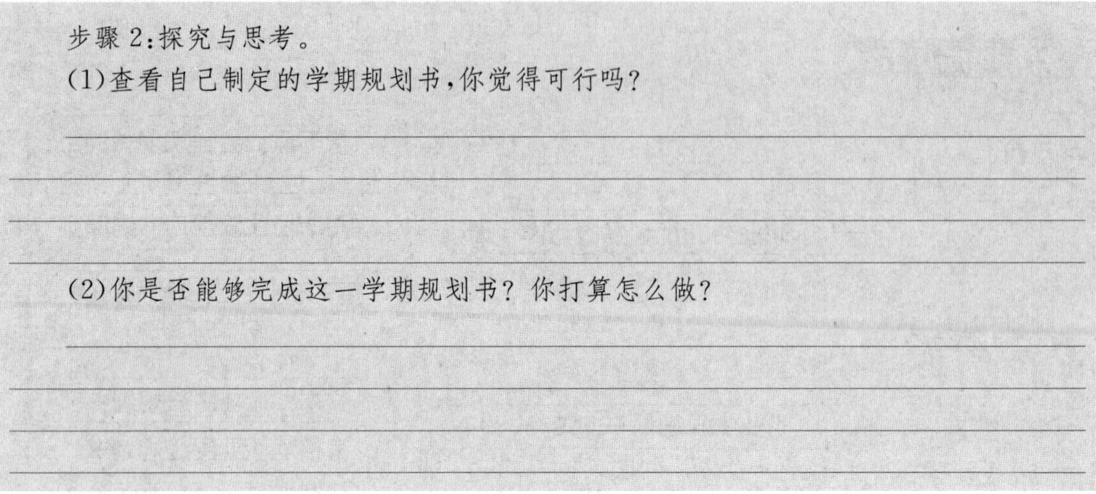

步骤 2:探究与思考。

(1)查看自己制定的学期规划书,你觉得可行吗?

(2)你是否能够完成这一学期规划书?你打算怎么做?

项目七　职业生涯管理

学习任务

- **知识目标:** 了解理解职业生涯不同阶段的特点,理解存在的问题和管理策略。
- **技能目标:** 认识生涯管理各个阶段的含义及特征,懂得个人在职业生涯管理中的主体地位,并能主动地发挥个人的主体性作用;学会珍惜和把握机遇以实现职业生涯的成功。
- **素质目标:** 意识到职业生涯管理的重要性,在不同的职业生涯阶段认清主要的发展任务,并采取适当的管理策略使职业生涯更好地发展。

做好职业规划管理

吴某就读于重庆一所高等职业院校,学的是电力系统继电保护与自动化专业。在大学期间,他一直有一个梦想,就是考研。很多同学和老师都很不理解,认为他就读的学校、使用的教材、师资及环境等都不适合考研,但他的理由是:在高中阶段,他的成绩非常好,由于个人发挥、家庭因素等原因,导致他在高考中发挥失常,不得已选择了该院校。所以,他想在学业上"更上一层楼"。大专毕业后,他进入国核电力规划设计研究院重庆有限公司工作,正好可以学以致用,而且工作条件还不错,让很多同学羡慕不已。但吴某一刻也没有放弃自己对梦想的追求,半工半学,通过两年的自学,他终于考上了某理工大学电气自动化专业的研究生。

人生的成功,就在于如何发挥你的优势,克服你的弱点。归根结底,就是要了解自我。吴某想用"考研"在学业上为自己"正名",用克服自身的弱点进行"自我挑战"。其实,作为职业院校的学生,他的优势不是理论,而是实践技能,对于自我认知,他缺乏足够的了解和科学的分析。

任务一　职业生涯早期管理

一、职业生涯早期管理阶段的含义

所谓职业生涯早期管理阶段是指个人经过学校系统的教育、培训之后步入社会、融入工作单位的过程。这一阶段一般指 19～30 岁。这是一个人从学校步入社会、由学生转为员工、由未成年人到成年人等一系列角色转变的过程,是个人在角色转变过程中与工作单位互相了解、接纳、协调、融合的过程。在这一阶段,个人和工作单位共同面临重要的职业生涯管理任务。

职业生涯早期管理阶段可以分为职业探索和职业发展两个阶段。个人离开学校步入社会,对职业的相关知识并不是十分了解,对职业规则、流程的想法和看法也较为青涩。此时,工作单位要从外在因素出发,如组织岗前培训、业务培训、加强员工之间合作交流、熟悉工作单位工作章程和价值理念等,帮助员工尽快适应工作岗位,做好职业人角色的转变、思维的转换,以便能够迅速融入工作单位的工作氛围中。同时,个人也需要通过自身的努力逐步适应、融入工作单位,胜任岗位,实现团队合作,最终学会如何在组织系统中工作。

在实现个人社会化以后,个人则需要从职业发展的持续性、灵活性等方面着手进行规划。此时,个人在较好地完成工作的同时,开始对职业生涯的前景有更清楚的认识,其所制定的职业生涯目标更具有现实性和可行性。工作单位也会为员工的职业发展提供科学合理的方法和策略,并尽可能提供公平和持续发展的机会和外部环境,使得员工在完成工作任务的同时,更好地实现自身专业以及综合素质的发展,实现个人发展目标和组织发展目标的有效结合。

在职业生涯早期管理阶段,个人对职业探索和职业发展之间的关系并没有明确的界定,其初涉职业之时所需的知识技能仅仅来源于学校所学,而工作单位所需要的知识还需要在社会实践中逐步积累。相对来讲,仍处于职业探索阶段的个人,只有在职业定位明确以后,才会进入职业发展阶段。这两个阶段针对不同人群所占的比重也不完全相同。

案例故事

1984 年,在东京国际马拉松邀请赛中,名不见经传的日本选手山田本一出人意外地获得了世界冠军。当记者问他凭借什么取得如此惊人的成绩时,他说了这么一句话:“凭借智慧战胜对手。”

马拉松赛是体力和耐力的运动,只要身体素质好又有耐力就有望夺冠。爆发力和速度都还在其次,说用智慧取胜确实有点牵强。因此,当时有很多人认为这个偶然跑到前面的矮个子选手是在故弄玄虚,报纸还登出文章对山田本一进行讽刺和挖苦。

两年后,意大利国际马拉松邀请赛在意大利北部城市米兰举行,山田本一代表日本参加比赛。这一次,他又获得了世界冠军。记者请他谈谈经验,山田本一回答说:“凭智慧战胜对手。”这一回记者没有再在报纸上挖苦他,但对这个矮个子选手说的所谓的智慧仍旧不解。

10 年后,山田本一在自传中写道,每次比赛之前,他都要乘车把整个比赛的路线仔细看一遍,并把沿途比较醒目的标志画下来,如第一个标志是银行,第二个标志是一棵树,第三个标志是一栋红房子……这样一直画到赛程的终点。比赛开始后,他就快速奋力地向第一个目标冲去,等到达第一个目标后,他又以同样的速度向第二个目标冲去。40 多千米的赛程就被我分解成这么几个小目标相对轻松地跑完了。起初,他并不懂得这样的道理,他把目标定在 40 千米以外的终点线上那面看不到的旗帜上,结果跑到十几千米时就疲惫不堪了,因为他被前面那段遥远的路程给吓倒了。后来他调整了心态,调整了战略,“凭借智慧去战胜对手”。

二、职业生涯早期管理阶段的特征

在职业生涯的早期阶段,个人要离开学校开始独立工作,寻找职业锚,完成由学生到职

员之间的角色转换。此阶段,个人的职业特征主要表现在以下几个方面:

(1)进取心强,具有乐观、积极、竞争的心态。进取心是一种内在的推动力量,它可以促使个人不断要求进步,以提升自身的发展空间,但是由于年龄、阅历等各方面的因素,会出现浮躁、冲动、过于武断地评判自己,不能给自己的实际水平做精准定位的现象。同时,由于争强好胜,也容易与同事产生不和谐的事端,影响与周边同事之间良好人际关系的建立。此外,由于初涉职场,在各种因素的干扰下,会对自身的最初职业选择产生动摇或怀疑。

(2)具有远大的职业理想和职业抱负。精力旺盛、充满朝气、因家庭负担较轻而洒脱是年轻人特有的气质。在刚刚步入职场之际,大部分人都会有满腔的工作热忱、宏伟的职业蓝图和强烈的成功欲望,这种内在的动力成为工作发展的内驱力。随着工作经验的积累、工作能力的提高、人际交往范围的扩大、工作业务的拓展,他们正一步步地走向成功。

(3)组建家庭,承担家庭责任,调适家庭与事业之间的关系。随着工作的稳定,个人开始考虑成家或者生子,此时或多或少会对工作造成影响,如何将家庭与事业调适至最佳的状态成为需要注意的问题。同时,家庭责任使得个人以自我为中心的意识让位于家庭观念,家庭责任感随之增强。

三、职业生涯早期管理阶段的主要问题

在职业生涯早期,个人面临的主要问题是步入职场,如何迅速适应工作环境,尽快实现个人与用人单位在工作等诸多方面的融合。个人对单位尚不十分了解,与上司、同事之间尚不熟悉,处于相互适应期,由于未能明晰彼此的需要和适应组织的特点,可能会引起某些矛盾和问题。矛盾和问题主要有以下几点。

1. 面临现实冲击

现实冲击是指个人对其工作期望与工作实际之间的差异所引起的心理冲击。现实冲击通常发生于个人开始职业生涯的最初时期,在这一时期,新雇员的较高工作期望面对的却是枯燥无味和毫无挑战性的工作现实。

2. 遭遇职业挫折

职业挫折,即个人从事职业活动和个人职业生涯发展方面的需求不能得到满足、行动受到阻碍、目标未能达到的失落状态。产生职业挫折的原因包括以下几种:个人专业与职业不匹配;才能得不到发挥;人际关系不佳;工作非人性化(如工作过于单调);职业的社会评价不高等。这些都可能造成人的工作不顺利和工作成果得不到承认,进而导致职业挫折感。

3. 不易得到信任和重用

个人刚刚进入单位,对单位的同事和环境都不了解,单位对其也缺乏全面的了解。在这种情况下,上司会认为只有等到新员工真正了解公司运作的实际情况后,才可分配其承担重要的工作,因此最初交给新雇员的工作往往过于简单或者是很乏味。这会压抑新员工的工作积极性和才能的发挥,直接影响其未来的职业生涯发展。

4. 受到单位成员的排斥

一种情况是,由于年龄的差别,代沟在新老员工之间是不可避免的。因而组织中的老员工常常会对新员工持有某种偏见和成见,认为新员工幼稚单纯、好高骛远、书生意气、经验不足、自视清高等。这种成见也许有其合理的、符合事实的一面,但具有很大的片面性。正是由于这种成见,使得上司或许多老员工不能平等对待新员工。另一种情况是,当有新员工进

入单位时，会引起部分上司和老员工的某种不快。他们可能会觉得新员工是个威胁，因为多数新员工比他们受过更好的教育和有着较高的起薪。

5. 忽视小节引发不满

很多用人单位对新员工要求专业技能的同时，还非常看重新员工的综合素质。有将近四成的用人单位对所聘用的新员工在小细节上的表现不太满意，尤其是为人处世等方面的问题更多。比如，有不少新员工诚信意识薄弱，动辄“跳槽”；也有不少新员工不能很好地与用人单位的老员工沟通，在工作中配合不主动，甚至产生矛盾。虽然都是小事，却在个人综合素质上打了折扣。

案例故事

一个身处逆境的年轻人来到海边想结束自己的一生。在海边，年轻人遇到了一位老渔夫。老渔夫对他讲：“大海上航行的船，有时升起风帆，有时收起风帆。升起风帆时，说明船航行在顺风中；收起风帆时，说明船航行在逆风中。”

老渔夫说：“船为什么有时在顺风中，有时又在逆风中呢？因为航行在大海中的船，是有目的地的，是有航向、有目标的；而风是变化不定的，东西南北风都有。所以，一条在航行中有目标的船，不可能是一帆风顺的，它必定会遭遇到逆风。只有那些没有目标的东西，才会随波逐流、随风飘荡，无所谓顺风，也无所谓逆风。一个人身处逆境，跟一条船遭遇逆风是一样的，是一种常态，是一种常事，又有什么想不通、过不去的呢？只有那些心怀目标的人，才不会一帆风顺啊！”

四、职业生涯早期管理阶段的措施

员工是用人单位的重要组成要素之一，其所具备的能力与技能会直接影响着用人单位的可持续发展。在职业生涯早期阶段，如何能够最大限度地发挥个人工作的积极性和创造性，实现个人与工作单位的互动共进，不仅需要个人进行职业生涯学习与规划，更需要高校和用人单位对个人进行早期职业生涯管理。

1. 高校在职业生涯早期阶段对学生个人的职业生涯管理

(1)建立完备的以职业生涯规划指导为中心的就业指导体系。为了缓解当前严峻的就业形势，有效实现高校毕业生就业的可持续发展，广大高校有必要实施系统的大学生职业生涯规划工程，为大学生正确、合理地规划未来的职业生涯提供明确、有针对性的专业指导。

然而，相比较美国、日本、加拿大等发达国家较为完备的就业指导体系而言，我国在此领域的发展有些滞后，高校还没有完全建立起一整套健全的职业生涯规划指导机制和与之相匹配的工作部门。因此，各高校有必要借鉴西方高等教育管理的先进理论和实践经验，并对其进行归纳和整合，形成具有中国特色的有成效的就业指导工作方法，即建立职业生涯规划研究办公室、职业生涯规划咨询测评室、职业生涯规划网络中心三位一体的工作部门设置模式。

具体而言，职业生涯规划教研室主要负责相关理论研究，制定指导大学生进行职业生涯

规划工作的方针政策，并将这些方针政策融入学校职业生涯规划课程中；根据学生职业生涯目标为学生设计个性化课程，进行分阶段教学。职业生涯规划咨询测评室主要由在心理学、人力资源管理学、教育学等方面有造诣的专业人士组成，针对人生定位、职业介绍与规划、用人信息、政策导向等内容提供专业的职业咨询；借助心理学测量科学的研究成果、已有经验和科学手段对大学生个性特征、气质类型、职业能力倾向等进行测评，以帮助学生客观、真实地了解自我，为其制定正确的职业规划战略、做出科学的职业决策提供理论依据。职业生涯规划网络中心是通过建立大学生就业信息网实现劳动力市场信息系统、各高等教育机构、各用人单位的联网，形成可共享的网络平台，并配以职业咨询人员开发测评、生涯设计等方面的专业软件实现网络在线调查、咨询和指导。

(2)开设分阶段、有重点的职业生涯规划课程。有调查数据显示，超过80%的大学生认为职业生涯规划重要或非常重要，70%以上的大学生表示需要或非常需要职业生涯规划指导。特别是在就业形势日益严峻及职业变换频率过快的时代背景下，学校分阶段、有重点地开设职业生涯规划课程对大学生就业具有非常重要的现实意义。

首先，开设职业生涯规划课程有助于学生认知自我，准确定位。由于个体对自身能力、个性、兴趣等各方面的认识往往带有主观色彩，科学地分析自我对明确地认知自我就非常重要。职业生涯规划教研室教师应运用科学的测试手段指导学生对自身的个性特征、气质类型、职业能力倾向、职业适应性等进行全面的评估，对自身及所适合职业进行充分认知，为学生自我定位和选择适合自身特性的职业生涯发展道路提供科学的理论指导。

其次，开设职业生涯规划课程有助于学生认知社会，明确目标。在认知自我的基础上，教师需指导学生了解当今社会的发展趋势，如了解社会政治、经济发展状况，社会各职业的发展前景及目前的需求状况、当前的就业政策及导向、劳动力市场上的供求形势等。在明确认知自我和社会的基础上，指导学生遵循“人职匹配”“职业锚”等原则和理论，按照“择己所爱、择己所长、择世所需”的原则，选择适合自己的职业发展定位和目标。

最后，开设职业生涯规划课程有助于学生坚定不移地实施计划。教师在学生明确职业生涯目标和职业生涯发展路线后，要根据各方面情况制订出教育培训及实践计划等切实有效的措施。具体而言，专业教师要针对学生特点依个性化指导模式指导学生规划好大学生活，确立早期职业生涯总目标，同时将总目标细化为多个具体可行的子目标，使每一名学生在每个阶段甚至每月、每周、每日、每时都有小目标，并真正落实到位。

2. 工作单位在职业生涯早期阶段对员工个人的职业生涯管理

(1)对新员工进行有效的岗前培训、上岗引导，缩短个人与组织融合的进程。新员工在步入职场的初期，往往对工作环境及模式不甚了解，缺乏实践经验，因此，需要用人单位提供岗前培训、上岗引导，包括企业文化、组织结构、战略规划、相关岗位业务知识和技能培训、人事制度、职业发展教育等，使员工尽快了解企业的基本情况，减少上岗初期紧张不安的情绪及可能感受的现实冲击。同时，应尽可能地主动关心、了解新员工，有针对性地引导、帮助他们取得较好的工作成绩和成功体验，建立良好融洽的关系，为以后更好地合作奠定良好的基础。

(2)指导员工明确职业生涯目标，做好职业生涯规划管理。每一名初入职场的员工都希望得到工作单位的关心和重视。而为员工提供充分必要的锻炼机会，提供在专业、业务上的辅导指引，关注员工的职业生涯发展，是对员工真正的重视和关心。

用人单位在指导员工确立职业生涯目标时，一方面要适当关注员工自身的特点，了解其兴趣、特长、性格、学识、技能、智商、情商、思维方式等个体因素，同时也要考虑其周边环境特征、发展变化情况、其在环境中所处地位等整体因素；另一方面更要注重考虑员工的绩效表现，根据员工的工作表现、工作技能、工作质量等标准考评测量员工的绩效水平，通过对员工工作内外的全面认识，更加科学、有效地对员工的职业生涯进行管理。针对个人职业特质并结合用人单位与个人经磋商制定出的科学合理的职业生涯规划，不仅能够对员工的发展产生强烈的激励作用，同时还有助于实现双赢。

(3)支持员工的职业探索。无论是专业技术人员抑或是管理人员，其对自我的认知在职业生涯早期阶段都有一个探索的过程。为了使工作岗位更加适合员工，用人单位应该提供和宣传各种职位空缺的信息，让有意向的员工参与职位竞争的角逐，从而发现有职业发展潜质的员工。同时，还应采取必要的措施加强新员工对其自身职业规划的参与，使其意识到规划职业生涯和完善职业决策的必要性。此外，还应尽可能多地举办职业咨询会议，通过了解每一名员工的职业目标来分别评价他们职业生涯的发展情况，同时确认他们还需要在哪些方面开展职业生涯开发活动，形成双方在职业生涯发展与管理方面的良性互动。

任务二　职业生涯中期管理

一、职业生涯中期管理阶段的含义

职业生涯中期管理阶段是指 30～50 岁这一阶段。这是一个时间跨度较长、富于变化，既有可能获得职业生涯成功(甚至达到顶峰)，又有可能出现职业生涯危机的一个职业生涯阶段。可以说，职业生涯中期阶段是一个人在事业发展道路上最为重要的阶段。在这一阶段，个人已经选定今后的职业发展方向和职业发展目标，并朝着这一方向持之以恒地努力工作，以保持其在领域中的稳固地位。这一阶段是职业发展变化最大的一个阶段，同时又与职业生涯早期发展阶段紧密衔接，如果职业生涯前期阶段发展并非一帆风顺，出现职业探索期过长，职业转换过于频繁等情况，40 岁左右仍然没有真正找到自己终生努力的职业方向和目标，那么，其中期职业生涯阶段就会推迟；如果发展基本顺利，可能在 30～50 岁之间如期甚至提前进入职业生涯中期发展阶段。总之，每个人的职业生涯中期阶段受内在和外在因素的影响，并非整齐划一地来临，加之这一时期个人的生命周期和心理素质都会发生明显的变化，因此，呈现出明显的阶段性特征。

二、职业生涯中期管理阶段的特征

1. 个人总体生命空间特征

个人到了职业生涯发展的中期阶段，其总体生命空间呈现新的变化，显示出这一阶段独有的特点。

(1)职业生涯发展中期处于三个生命周期的完全重叠时期。人的生物周期贯穿人的一生,家庭生命周期则从28岁左右开始贯穿人的后半生。职业生涯周期从20岁左右开始至60岁抑或更长时间结束,如果职业生涯中期阶段定位在30～50岁,那么三者重叠的时间长达20年。而在职业生涯的其他阶段,三者重叠的时间则相对较短。

(2)职业生涯中期阶段生命周期运行任务繁重。这一时期,个人不仅需要面对工作,还需要承担维系婚姻、赡养父母、教育子女等一系列家庭责任。因此,他需要更加客观地认识自我、审视工作、确立目标方向、寻找事业与家庭之间的平衡点。

(3)职业生涯中期的个人职业生涯运行和发展任务加重。在这一阶段,个人的职业能力趋于成熟,价值观、世界观基本成型,生活阅历、人际交往经验丰富,工作风格相对稳定。此时,个人希望确立或保持其在专业领域的领先地位,以自己的知识、经验、技能来获取更多的回报,然而由于可能会面临职业生涯中期危机,职业发展任务较职业生涯发展前期更加繁重。

(4)家庭生命周期在这一阶段发生显著变化,并产生相应的问题和任务。在此阶段,大部分个人已经成立家庭,由单身变为有配偶和子女,且子女逐渐长大成人,父母日渐衰老,家庭关系日益复杂,任务逐步加重。个人既要承担家庭责任,又要处理协调好与配偶、父母、子女之间的关系,即维系调整好与配偶之间的关系,抚育子女成长及做好子女成家立业的准备,同时承担起赡养父母的义务与责任。

个人在三个生命周期之间存在着相互影响和作用的关系,它们之间既有相互促进、相互推动的积极作用,也有相互制约、相互冲突的消极作用。随着职业生涯的发展与推进,三个生命周期之间的影响也逐步加大。职业生涯发展中期一般是一个人在事业上逐步走向顶峰的阶段,也是家庭关系最为复杂的一个阶段,因此,常常出现三个生命周期之间的矛盾与冲突。如何实现家庭与事业之间的和谐发展,成为个人在职业生涯发展中期尤其需要注意的问题。厚此薄彼、分配不均,不仅会影响个人生物周期的健康运行,还会影响和制约家庭生命周期与职业生涯周期的持续稳定运行。

2. 个人职业与社会心理特征

由于职业生涯中期跨度时间长,要历经青年和中年两个年龄段,故心理特质有所不同。进入职业生涯中期的初始阶段,从年龄段上讲,处于中青年时期,其突出的心理特质是:具有积极向上、努力进取的心态,具有干出一番事业的抱负和心理准备。他们希望能够学以致用,在和谐的工作环境中创造业绩,实现自我价值,提升应对挑战的工作能力,扩展职业提升空间,同时开始调适家庭关系,承担家庭责任,此时,无论是个人、家庭,还是工作环境均出现了变化,主要表现在以下几个方面:

(1)人到中年,客观职业工作环境和家庭环境逐渐变化,开始出现个人理想预期与实际成就之间不一致的现状。此时子女对其职业认同与否客观上会影响自己对最初做出的职业选择是否正确的判断。而年轻子女与自己在价值观认识上面的代沟进一步影响和加深了自身对职业生涯发展的怀疑和焦虑。而这些情感上的变化在某种程度上会给中年人的职业生涯发展带来一定影响,一部分人依然全神贯注于自我事务和自我发展,一部分人会依据自我价值观对自身进行重新评估,在重新评估中确立出新的成功标准和奋斗目标,如果个人的认同要求和需要从未得到满足,他们会毅然去寻找新的职业或某种业余爱好。

(2)当个体步入中年以后,子女成人、父母年迈,家庭结构发生变化。子女长大成人,个体抚养照顾子女的任务逐步减轻,同时教育费用负担的停止使得家庭负担大幅度减轻,日常的饮食、娱乐、休闲等活动也随之改变。此时,个体还需要注意处理与配偶、父母之间的关系。随着父母年龄不断增大,赡养老人的义务和责任也逐步加重,如何更好地让双方父母安享晚年成为个体与配偶需要共同解决的问题,如果不能得到很好的处理,会在很大程度上影响家庭成员之间的关系。

(3)在职业生涯早期阶段,人们往往未意识到时间的有限,而步入中年后,开始逐渐体会到生命的有限性。在反思过去的同时,要思考曾经制定的职业规划完成了多少,是否还有时间可以做未竟之业。当个人意识到学习能力逐步下降,已经没有足够的精力和机会去完成预想之事时,会出现焦虑、抑郁的心态,产生心理负担。此时,因难以做出职业选择而产生的焦虑心理,一般有两种情况:一是正在走向成功的人,如正在向企业组织的某高层位置攀登的人,或者其专业技术已经达到一定水平,欲达到更高的层次,由于金字塔式职位结构的存在,越向上职位越少、竞争压力越大而产生焦虑心理;另一种是平日工作稳定,因某种情况突然想调换职位的人,由于年龄上的劣势,使得调换岗位出现困难而产生的烦恼和焦虑心理。

3. 个人能力和职业生涯特征

职业生涯中期是一个持续时间较长的发展阶段,在这一阶段,大多数个体事业呈现由低到高向上发展的趋势,并逐步走向事业顶峰。尽管每个人的事业和能力发展的具体情况不同,但是存在某些共同特征,如人生观、世界观、价值观基本定型,生活阅历、人际交往经验丰富,个人职业能力稳步提升,形成相对稳定的工作作风,职业技术娴熟、职业工作经验丰富,成为所在工作岗位的业务骨干,已经具备创造一番业绩的潜在实力等。此阶段是个人工作卓有成效、不断创造业绩的时期,也是个人施展抱负、创造辉煌的黄金时期。

职业生涯的中期是个体职业生涯规划的重要阶段,这一阶段员工既有可能取得辉煌的成就,也有可能陷入职业生涯中期危机。如何避免中期危机,开创事业高峰呢?这需要强化个人在该阶段职业管理的任务,用人单位也要有效率地实施职业生涯中期阶段的职业生涯管理。

三、职业生涯中期管理阶段的主要问题

职业生涯中期阶段对职业生涯早期和后期起到了承上启下的关键作用。由于个人三个生命周期的相互影响,个人素质和周边环境出现较大变化,导致个人职业问题出现,即所谓的“职业生涯中期危机”。其主要表现为:员工个人刚刚步入职场时,工作热情高涨,业绩成果显著,从而晋升至某一层次的职位,之后一定时期停滞不前,个人无法继续升迁,个人的这种职业生涯发展的停滞状态即为职业生涯中期危机。此时,个人对自身职业的未来发展失去方向,在工作中表现冷漠,工作满意度低,工作效率不高。这种消极的工作态度还会渐渐蔓延到个人的其他方面,最终使个人的职业生涯受到极大的影响。这一阶段的主要问题如下。

1. 职业现实与预期理想产生冲突

职业生涯中期危机的影响是多层次多维度的,对员工个人来说,它会影响到工作、生活、心理等各个方面。由于处于危机状态,个人失去职业发展方向,看不到未来职业发展的希望,感到迷茫,在工作中表现为工作冷漠、没有激情、消极怠工。曾经有一位企业的高层主管

说："我不得不离开我曾经奋斗过的企业，因为我现在总是感觉自己不受重视，得不到应有的提拔，对自己以后的职业发展心里没底。"这位高层主管所面临的问题正是职业生涯中期危机所表现出来的长时间在原有工作位置上徘徊，使人处于消极怠工、不思进取的停滞状态。为了寻求个人的发展，改变目前的状态，一些人通过改变工作环境如跳槽等方式走出职业发展的危机阶段。

在职业生涯发展中期，特别是人到中年以后，每个人都不可避免地出现各种各样的矛盾和心理变化，不少人还面临工作不顺心、没有成就感、现实与理想相矛盾的困境，主要表现为以下几点：

(1)由于工作不再富有挑战性，也就不能感到兴奋，而且感到落入企业或职业陷阱。此时，往往产生失望、苦闷的情绪，感到心灰意冷，丧失信心和工作热情。

(2)对工作平淡应付，没有生机与活力，消沉抑郁，在心理上感到无奈，决定平平庸庸地结束自己的职业生涯。

(3)在条件允许的情况下，会考虑转换职业，发生"战略"转移，重估预期，重新设计自己的职业与生活，根据内在与外在因素的约束，重新设计职业方向或改变自己的发展计划。中年期可能成为个人发展的高成长阶段，由原来注重事业和工作，转向注重家庭与个性发展，包括个人业余爱好、兴趣、社会关系等方面。

2. 职业生涯发展受组织层次的制约

工作单位的岗位设置多为传统的金字塔式的结构形式，其典型特征是管理幅度小、管理层次多。从需求量的角度来看，随着层次的逐步升高，所需要的人员也逐步减少。在职位升迁方面，越往高层次发展，竞争越发激烈，晋升机会越小，大部分员工仍长时间地停留在中下层次，因而对工作的发展前景感到迷茫。

3. 工作与家庭冲突

职业生涯中期是家庭、工作、生命周期相互作用最强烈的时间段。处于职业生涯中期的人，基本有家庭、老人和孩子，照顾老人、教育孩子会占据一大部分的时间和精力，个人正处于事业的上升期，特别需要具有积极的工作状态。

工作与家庭的冲突有三种基本形式，即时间性冲突、紧张性冲突和行为性冲突。时间性冲突是指由于时间投入一个角色中而使执行另一角色提出的要求变得困难。每一个角色都会占据一部分时间，在时间有限的情况下，必然导致时间上的冲突。例如，一个员工的家人计划周末去郊游，而单位安排他在这个时间与外商谈判。紧张性冲突是指由一个角色产生的紧张使执行另一角色提出的要求变得困难。例如，一位员工在应付繁重的工作时，家庭产生了严重矛盾，就会使他筋疲力尽，感受到紧张性冲突。行为性冲突是指一个角色中要求的行为使执行另一角色提出的要求变得困难，一个角色中的行为模式可能与另一个角色中的行为期望不相容。例如，一方面，通常认为男性管理者在工作中应该情绪稳定，有自信心、判断力、独立性、攻击性和逻辑性；另一方面，家庭成员可能希望他是温和、体贴、情绪化的。假如个人不能调适自己的行为，使之符合不同角色的期望，就可能体会到角色之间的行为性冲突。

4. 精神压力过大与健康状况不佳

职业生涯中期阶段，往往是个人在各方面发展的一个相对顶点，通常人们可以暂时舒缓一下紧张的工作生活节奏，恢复自己的身体健康。然而，由于我国社会变革加剧，鼓励人们开拓进取，注重业绩表现，因此，经过了多年辛勤工作的中年人，仍然不能喘息，还要百尺竿头更进一步，特别是要应对年轻人的挑战，以巩固自己多年辛勤劳动换来的地位。这些人在追求事业成就、社会地位的同时，往往忽视必要的身体锻炼、户外活动和心理保障，结果身心都受到了伤害。

事实上，中年人的身体健康处于下降时期，但相对于探索阶段的员工来说，中年人在工作上已经较为熟练，因此，许多重要的工作就落在了他们身上，造成其工作负担相对比较重。而且，这一时期员工的子女在中小学阶段，升学压力比较大，为了孩子的未来，也需要投入一定的时间和精力。此外，中期职业生涯发展阶段的员工，一般还有年迈的父母需要照顾和赡养。

由此可见，中年是人生最劳累的阶段，事业发展、子女教育、父母赡养都需要付出大量的精力，而就在这一阶段，个人生理素质开始下降，如果不能妥善地处理这些事务，往往容易出现身体疾病。尽管身体健康状况不能直接决定职业生涯发展的道路，但健康却是职业生涯发展的坚强后盾，没有健康的体魄，再辉煌的事业前程也会像沙滩上的建筑，随时有坍塌的危险。

四、职业生涯中期管理阶段的措施

1. 用人单位管理

职业生涯中期是个人职业生涯发展中最重要的阶段，这一时期个人在度过早期的职业生涯后可能会出现职业高原现象，职业生涯中期阶段的职业特征、缺少职业素质培训、不公平的工资、岗位责权利不明等系列原因都可能产生职业心理危机。此时，个人会感到工作受阻或缺乏个人发展空间，因没有达到预期的职业目标而产生的受挫感可能会导致工作态度恶劣，工作绩效不佳，这种职业高原现象无论对工作单位还是对个人，都会产生一定的负面影响。对于单位来讲，要实现自身的发展，必须从各方面加强对员工职业生涯的有效管理，以防范和减少员工职业高原现象。要做到有效管理，就需要在管理的过程中遵循以下原则和方法：

(1)坚持以人为本，实现互利双赢。人才，特别是关键管理技术岗位的人才是一个单位的核心竞争力。当员工个人出现职业高原现象时，必然会对生产效率和经营效益产生不利影响。为此，用人单位可以通过加强职业生涯规划管理，如制定平等的晋升机制使员工个人相信，只要能力强、技术过硬，就能获得很好的发展前途，从而增强员工个人工作的内驱力；为员工提供职业素质培训机会，根据每个人的不同特点为员工制定专业培训方案，发展和为员工提高员工的专业知识和技能；针对个体自身知识结构老化，但仍然保持高度进取心的员工可以考虑给予其定期的专业提升培训；对于需要改变工作性质的员工实施转岗培训；对于希望进入管理层的员工，在符合条件的前提下给予相关培训；创造岗位轮换的机会，通过多元化的职业活动，保持对工作的敏感性和创造力，这不仅能够发挥个人工作潜能，而且能够增强工作适应力，提升个人价值。

(2)提倡成功标准多样化。一些员工会把职位的晋升作为其职业生涯成功的标准之一。然而，有限的职位只会提供给有限的员工，这使得大部分员工感到极大的心理压力。因此，企业应该提倡职业生涯成功标准多元化，让员工充分了解职位的晋升并不是职业生涯成功的唯一标准，工作本身所带来的快乐、丰富的工作经历以及自我价值的实现也是职业生涯成功不可或缺的因素。

(3)建立多重职业生涯发展阶梯,扩展、丰富工作形式。员工的职业锚除了管理型职业锚以外,还有技术性职业锚、业务性职业锚等,因此,在建立传统管理型阶梯外,还应搭建技术型阶梯、业务型阶梯等多重职业生涯发展阶梯。这种与员工职业发展意愿和需求相适应的多重职业生涯发展阶梯能使员工个人结合自身兴趣爱好,经过努力上升到更高的岗位,无形中使每一个员工有了更多的发展机会。这样既激发了从事非管理类岗位工作人员的竞争内驱力,又减小了管理岗位员工的竞争压力,同时还有利于员工在职业生涯阶梯之间进行转移,从而选择适合自身发展的职业阶梯。

2. 自我管理

在职业生涯中期阶段,如果用人单位提供了良好的外部环境,个人应更加注重内在专业素质和能力的提升。具体而言,可通过以下方式来稳固和扩展自身的综合实力:

(1)进一步掌握职业技能和专业前沿信息,不断进行学习和深造。个体只有不断提高自身的专业知识、技能与技巧,才能适应社会的快速发展,在今后的职业发展中获得更多的发展机会。

(2)确立明确的工作目标。在职业生涯中期阶段,个人应该有针对性地为自身的发展制定发展规划,并在工作中努力进取,使自己真正成为用人单位的重要一员,在职业发展中积极争取主动权。

(3)进一步实现文化理念的融合。员工在职业生涯中期阶段很容易出现职场疲惫的现象,而一个企业内在和外在的文化则会增强员工与企业之间的凝聚力,促使个人及时调整好心态,对工作更加有激情和活力。

(4)选择富有挑战性的工作。很多人工作都是在追求自我价值的实现,并期望能够得到组织和社会的认可。因此,个人可以选择能够激发自己兴趣的工作,并把在工作中出现的困难变为前进的动力,但发现目前状况已经不再适合自身的发展,或对现在的职业感到没有希望的情况下,可可以重新选择更有前途和更感兴趣的工作。

任务三 职业生涯后期管理

一、职业生涯后期管理阶段的含义

职业生涯后期管理阶段通常指 50～70 岁。此时,大多数人的事业已经达到顶峰,体能、学习能力均开始下降,个人对工作的参与度也逐渐降低,对职业发展的需求降低,开始考虑退休问题,并有意识地进行角色转换,从职业中期的中心、主导角色向后期的辅助、指导、咨询角色转变。

二、职业生涯后期管理阶段的特征

在职业生涯后期,特别是个人在经历了职业生涯中期阶段的辉煌以后,可能会心存疑惑:“接下来的岁月,我应该做些什么?”这一阶段的个人在身心及职业方面呈现出以下特征。

1. 生理及心理特征

在职业生涯发展后期阶段,由于职业性质及个体特征的不同,个体职业工作、生活和心理状态都发生了变化，并呈现出某些明显的负面反应，主要表现如下：

(1)产生经济危机感。由于退休等因素导致收入骤减，在社会保障体系不够健全完善的情况下，退休以后的生活来源成为个人心中的隐患。完善保险制度、按时足额发放退休金，使员工晚年衣食住行有保障等是减少这种担心的关键。

(2)心理孤独感增强。在职业生涯后期，随着子女日渐成人，因为发展事业的原因离开父母的怀抱独立在外生活，也有一些子女觉得老年人思想僵化，与他们在思维和观念上有代沟，而不愿意和老人在一起生活。于是个体家庭出现空巢老人，使其在晚年有孤寂感，而老年人自身害怕被社会、家庭、儿女子孙冷落歧视，在内心深处产生不安全感。与此同时，随着周边亲人好友的陆续去世，也会使个体感到恐惧和孤独。用人单位需要成为一个互助的机构，使得退休后的员工不会感到孤独，有人安慰，充实地度过晚年。此外，和谐的人际关系、老有所养的社会氛围也非常重要。

(3)不适应退休生活。员工是一个组织生存和发展的重要力量，一些员工专注于本职工作，牺牲了家庭和个人的休闲时间，业余爱好没有得到很好的培养，当他们从工作岗位中退离下来，一时无法适应，不知道下一步该做什么，产生空虚和失落感，甚至导致身体健康状况的恶化。

2. 职业特征

处于职业生涯发展后期的员工由于身体条件与工作能力发生变化，其职业也呈现出完全不同于早、中期职业生涯发展阶段的特征。

(1)进取心、竞争力和职业能力开始明显下降。在知识经济时代，科学技术发展迅猛，知识更新、技术升级速度快。处于职业生涯后期阶段的员工由于体能和精力的下降，学习能力和整体职业能力逐步减退，知识、技能明显过时和退化，而且无法更新和恢复，工作工作能力和竞争能力逐渐减弱以至丧失。

(2)权力、责任和中心地位下降，角色发生明显变化。在职业生涯的早期和中期阶段，员工个人精力充沛，饱含激情，凭借自身的努力达到事业的高峰。有的员工晋升到中、高层领导岗位，拥有相当大的权力，担负着重要责任；即便是一般员工也多为工作中的骨干分子，丰富的工作经验及过硬的专业技能使他们处于岗位的核心位置。但是，到了职业生涯后期，随着新人才的不断涌现，他们的高层领导、核心骨干地位逐步丧失。

(3)优势尚存，仍可发挥余热。在职业生涯后期阶段，尽管员工在体能、智能等方面已经发生明显的下降，在职场中的地位也不断降低，但是长期的职业生涯所练就的娴熟的专业技能，丰富的生产、业务实践知识，使他们在企业中仍占据一定位置。多年来的工作经历使年老的员工熟知企业发展历程及企业文化理念，加之丰富的人生阅历、较强的处理工作中各种复杂人际关系的能力和经验，使得他们完全有条件凭借自身优势扮演好良师益友的角色，继续在组织中发挥自己独有的作用。

三、职业生涯后期管理阶段的主要问题

在职业生涯发展后期阶段，个体与组织之间属于关系型心理契约(relational psychological contract)。尽管双方的关系维系时间已经很久，个体也形成了高度的组织成员身份感，但是由于各种因素，工作性质与工作责任的转换，竞争力和进取心的下降，员工开始准备调整其工作活动和非工作活动的时间比例，考虑与退休有关的问题。在此阶段，个体存在着以

下一些问题。

1. 职业生涯高原状态给个体造成了一定的负面影响

职业生涯高原状态的存在给处于职业生涯发展后期阶段的员工的工作绩效带来负面影响。一部分员工在进入职业生涯高原状态之后如不能及时调整，在职业生涯后期阶段可能会变得暮气沉沉。还有一部分员工即便走出职业生涯高原状态，也已经步入老龄，加之传统观念等各方面因素，往往不能再达到职业生涯中期的巅峰状态。

2. 社会变迁日益加快导致个体出现落伍的现象

社会变化日新月异，技术水平快速更新，组织也在发展壮大，此时对于组织中的老年员工而言，其教育和个人技能逐渐开始落伍，特别是在组织发展任务、技术力量发生变化，导致削减工作岗位，甚至取消组织的整体功能时，情况变得更加严重。

3. 组织管理的思维定式和传统观念在一定程度上阻碍个体发挥余热

传统观念中，老龄员工被错误地认为是企业的“鸡肋”，组织认为老龄员工在生产力、工作效率、压力下的工作能力、对于新观念的接受和适应能力以及学习新技能的能力等方面都已经和中青年员工产生了很大的差距。这种以否定的态度来看待老龄员工的思维定式和传统观念，对老龄员工的职业发展产生了很大的负面影响，主要表现为：组织认为老龄员工不能积极主动地与时俱进时，不愿意花费时间和资金来对他们进行专业技能培训；组织认为老龄员工缺少创造性和革新性时，不愿意把他们调到需要这些素质的岗位中去；组织认为老龄员工不能积极地配合组织的变革时，不愿意帮助他们提高工作绩效。这种不正确的管理方式使得老龄员工得不到发展和调动机会，影响了老龄员工在工作岗位上才能的发挥，同时也进一步加深了组织对老龄员工的偏见。

四、职业生涯后期管理阶段的措施

1. 用人单位管理

处于职业生涯后期的员工面临工作、家庭、财务等诸多实际问题，同时还需要进行在职人员与退休人员的角色转变和心理转换。此时，用人单位对其进行有效的管理不仅可以减少不必要的冲突和矛盾，甚至可以继续发挥老龄员工的余热。因此，应着重做好以下工作，帮助员工顺利度过职业生涯的后期阶段：

(1)帮助员工树立正确观念，从容面对退休。退休意味着员工职业生涯的结束，大部分人在面临退休时会产生失落感，此时如果能够及时发现问题，帮助员工做好退休准备，并为其结束职业生涯做好工作上、情感上和心理上的过渡，就可以减少员工因此而受到的伤害，保证工作正常顺利地开展。用人单位可以针对职业生涯后期员工的生理和心理特征举办退休咨询、召开退休座谈会、组织退休研讨会等来了解员工对退休的认识和想法，指导员工正确认识和对待退休，让老龄员工相互交流退休后的打算以及如何过好退休生活等，帮助员工减轻退休后产生的迷茫和失落感。

(2)做好退休员工的岗位衔接。老龄员工退休，而组织的日常工作却要正常运转。因此，需要有计划分批分次地安排适龄员工退休，切不可因为员工退休影响整体工作的正常进行。在退休计划中，选好退休员工岗位的接替人，及早进行接替人的培训工作是非常重要的，可采取多种形式对接替员工进行专门的职业岗位学习与培训，如让接替员工与即将退休的员工共同工作一段时间，进行实地学习，请老员工传、帮、带等。组织要帮助退休员工与接

替员工完成具体的交接，在新老员工更替之时衔接好工作，保证组织正常有序地运行。

(3)采取多种措施，做好员工退休后的生活安排。根据每一名老年员工自身的特点帮助其制订具体的退休计划，让他们尽可能地把退休生活安排得丰富多彩。例如，针对职业后期阶段的员工的生理和心理特征，允许他们从事非全日制工作；鼓励退休员工举办或进入老年大学，鼓励老龄员工发展多种兴趣与爱好，以丰富其退休后的生活，支持他们参加社会公益活动和老年群体的集体活动；也可以通过组建老年人团体，将已退休的员工组织在一起进行团队内部交流、鼓励他们以组织和社区服务等形式来满足情感需求和社会需要，以此达到增进身心健康的目的。

此外，还可以经常召开退休员工座谈会，通报本单位短期和长远的发展计划，征求和认真听取退休员工的意见和建议，增进彼此之间的良性互动。同时，更应以多种形式关心退休员工，如为退休员工办好养老保险和医药保健保险，关心退休员工生活疾苦，切实解决退休员工家庭的实际困难和问题；每逢节日之际，慰问拜访退休员工，召开退休员工联谊会；请退休员工做技术比赛评委及定期回企业参观指导等。通过这些活跃退休生活的措施，让退休员工切实感受到组织的关爱，减少因退休而产生的失落感，满足并提升其价值感，从而发挥余热，带动新员工。

对于处于职业生涯后期阶段的员工，虽然其工作状态较职业生涯中期阶段有很大的变化，但是由于经过多年的工作积淀，业务熟练、经验丰富、阅历广泛，此时用人单位可以采用兼职、顾问、咨询指导等方式聘用他们，这样既可以发挥他们的余热，也是对他们价值的一种认同。国外最近几年以蓝领和白领为对象的调查表明，55 岁以上的雇员中有一半以上都愿意在退休后继续从事兼职工作。因此，可以将这种做法吸收到对职业生涯后期阶段的员工的管理过程中。

2. 自我管理

在职业生涯后期阶段以积极健康向上的态度进行职业生涯的自我管理，其重要性不亚于职业生涯早、中期阶段的管理。此时，个体要积极应对年龄、传统的思维定式以及各方面的挑战，协调好个人与用人单位之间的关系，明确个人在此阶段的职业发展需求，制定适合自身的后期职业生涯阶段策略。具体做法可以从以下两方面着手：

(1)充分做好角色转换和职位更替的心理准备。处于职业生涯发展后期阶段的个体，更需要客观看待由于生理机能减退所带来的竞争力减弱等客观事实，此时，个体不应该消极低迷，而应该积极寻求适合自身发展的道路，发挥该阶段的专长和优势。在现实工作中，在职业生涯后期阶段，个体对组织所发挥的作用依然很大，如培养新员工，为新员工提供专业技能培训、提供咨询或从事力所能及的事务性工作等。

(2)回顾自己的职业生涯，为后人提供经验教训。在职业生涯结束之际，个体应该留出充裕的时间来回忆自己所走过的漫长的职业生涯道路，总结和评价自己的职业使命，为自己的职业人生画上圆满的句号，总结职业生涯道路上的成功经验和失败教训，为后人提供参考和借鉴。

项目小结

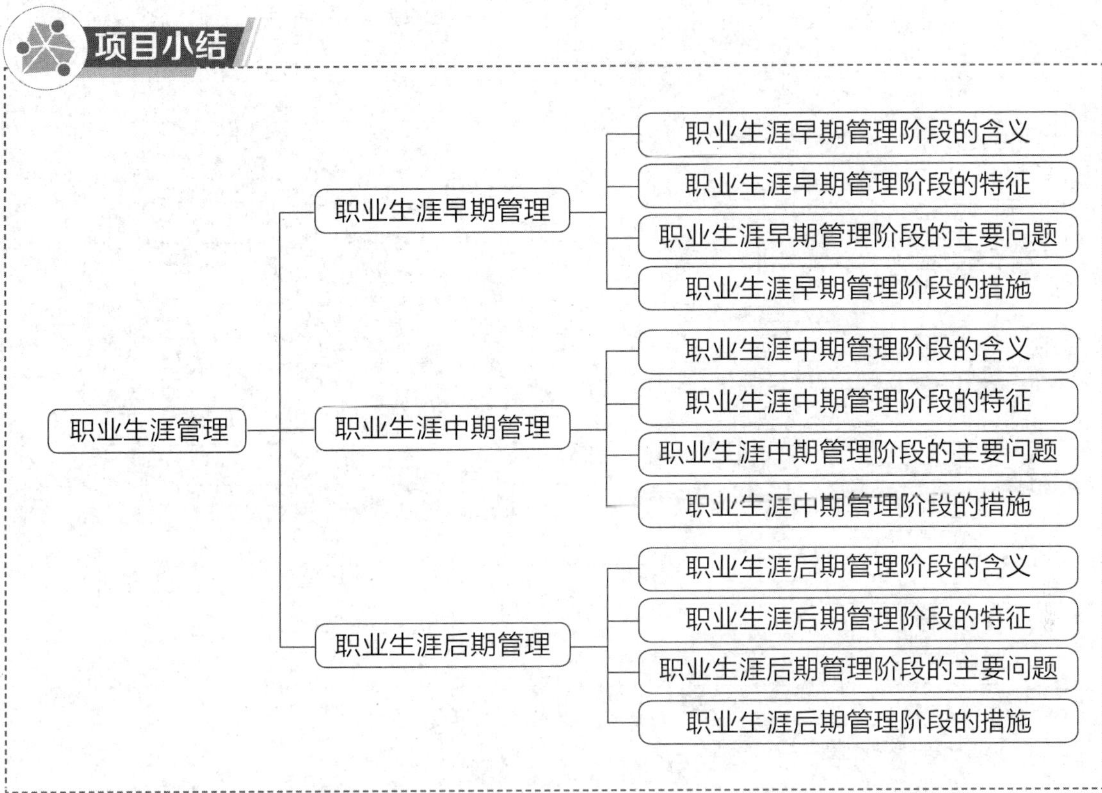

课后实践

职业大搜索

一、信息收集与填写

职业的种类是随人类社会发展而不断变化的。如果做一个形象的比喻，可以把职业分为曙光职业、朝阳职业、如日中天职业、夕阳职业、黄昏职业、流星职业、恒星职业、昨夜星辰职业等。曙光职业是指人们可体会到日益增长的社会需求，并且已有少数人开始探索的职业。朝阳职业就是刚刚兴起，正在发展阶段，而且有相当大的发展空间的职业。如日中天职业是指已经充分发展，并且在目前占据主流的职业。夕阳职业是指将近没落、隐退的职业。黄昏职业是指已经暮色环绕、从业人数急剧减少的职业。流星职业是指像流星般一闪而过的职业。恒星职业是指只要人类社会延续就一定会存在下去的职业。昨夜星辰职业是指曾经持续较长时间，现已完全消失的职业。

1. 头脑风暴

将学生分组，每人畅所欲言，尽可能多地找到处在不同阶段的标志性职业，将结果填写在下列横线处。

(1)曙光职业。

____

____

(2)朝阳职业。

(3)如日中天职业。

(4)夕阳职业。

(5)黄昏职业。

(6)流星职业。

(7)恒星职业。

(8)昨夜星辰职业。

2. 探究与思考

(1)我国职业发展变迁具有什么样的特点?

(2)影响我国职业变迁发展的因素有哪些?

二、“一带一路”背景下的行业发展

通过小组间的合作,了解我国在“一带一路”背景下的行业发展趋势,了解就业政策对行业发展、职业选择的影响。

1. 收集信息

学生分小组活动,通过多种渠道收集“一带一路”背景下发展趋势较好行业的信息。

2. 分享与讨论

结合发展前景较好的行业,想一想哪些职业是自己以后可以从事的。

项目八　求职前准备

学习任务

知识目标：了解就业材料制作的要求、方式与技巧，掌握毕业生就业推荐表的正确使用方法；熟悉个人简历、求职信相关的知识。

技能目标：将掌握的与就业信息相关的知识运用到自己的求职中；掌握合理的求职技巧。

素质目标：充分认识学会收集就业信息的重要性，提高统计能力，培养自己独立处理事情的能力。

赢在了起跑线上

在某大学毕业生宿舍里，小陈正通过计算机不停地搜索着各人才网站（如智联招聘、前程无忧等）的招聘信息，根据自己的专业和兴趣选择就业岗位。虽然现在是冬末春初，但仍有汗珠从他的额头上滚落下来。而他同宿舍的小李手中早就握着几个单位的就业意向书了，从国企到民企，小李虽然犹豫不决，但脸上有种灿烂的神情。

是什么原因让同一个专业、同一个宿舍的他们在就业的重要关头面临不同的情况呢？经过了解得知，主要原因是他们对就业信息的掌握情况不同。小陈只是单一地在各大人才网站收集就业信息，小李则有更多的想法，他说："我觉得自己能在就业上脱颖而出，主要是因为我手头有很多就业信息供选择，从学校就业指导中心提供的信息，到我自己去心仪企业网站上收集的招聘信息，我尽可能多地收集和利用就业信息，从而赢在了起跑线上。"

任务一　收集就业信息

视频
大学生应关注的就业信息

就业信息是指择业者事先不知道的，经过加工处理能被择业者接受并具有一定价值的有关就业的资料和情报，如就业政策、供需双方的情况等，它是毕业生择业所必须收集和掌握的材料。

一、就业信息的内容

1. 就业制度和就业政策

就业制度和就业政策包括国家的就业方针、原则和政策，也包括地方的用人政策，这些是大学生在就业时必须遵守的规章制度，不能违背。大学生只能在国家就业方针、原则和政策所规定的范围内根据个人的情况选择职业。

2. 就业法律法规

法律法规是国家用来管理、调节和规范组织及个人的活动，排除组织之间的纠纷，制裁违法行为的重要工具。法律法规不仅赋予了组织和个人进行各项活动的权利，也是其同一切侵犯自己合法权益的行为做斗争的有效手段。大学生必须清楚地了解就业法律法规，学会用法律来保护自己的合法权益。

3. 行业详情

大学生应提前了解本专业所在行业详情，包括本行业的工作内容、任职要求、职业瓶颈及应对策略、行业结构、社会就业制度与就业政策等。就业前充分了解社会职业情况，可以防止在就业中出现一窝蜂地将职业目标投向同一领域的状况，也可以避免因为不了解职业的特点和要求而盲目择业。因此，了解职业行业的详情，不论是对个人还是对社会，都是非常必要的。

4. 职业需求信息

即将走上工作岗位的大学生必须提前了解以下信息：本年度全国应届毕业生人数、本年度用人单位需求数量、当前紧俏专业、不同地区的就业形势、自己意向工作地区的人才需要情况等。也就是说，大学生要提前弄清楚所择行业是供大于求还是供不应求，弄清楚自己与职位之间的关系，以避免在择业中走弯路。

5. 目标单位情况

一些大学生在择业时存在盲目性，对目标单位和应聘岗位的情况均不了解，因此必须在择业前了解目标单位的一些基本信息，以便更好地为自己的择业提供依据，具体来说有“十了解”，具体如下：

(1)了解用人单位的准确全称、性质及隶属关系。

(2)了解用人单位的经营业务范围、产品或服务内容与类别。

(3)了解用人单位的组织结构、规模与行政结构。

(4)了解用人单位的发展历史与最新动态、客户类型与规模、竞争对手的类型与规模。

(5)了解用人单位的文化背景、工作环境、单位领导的有关信息、员工的办事方式和思维方式。

(6)了解用人单位的发展目标、实力、远景规划、在整个行业中的排名。

(7)了解用人单位的地点、总部及分支机构的业务范围与地理分布。

(8)了解用人单位的财务状况及绩效考核体系、培训体系和薪酬体系(含工资、福利、公积金、社会保险等)，以及为员工培训和发展所提供的空间等。

(9)了解用人单位需要的专业、具体工作岗位及对所需人才的具体要求。

(10)了解用人单位的联系办法，如人事主管部门的联系人、电话、通信地址、邮政编码等。

6. 就业程序

大学生应该了解基本的就业程序，如什么时候开始联系单位、签订就业协议书需要履行哪些手续、在学校规定的时间内没有同用人单位签订就业协议书时户口和档案将转到何处等，以免到了用档案时无从入手。

二、收集就业信息的方法

获得一定数量的与自己的择业方向和范围有关的人才需求信息，是正确地进行职业选

择的必要前提。收集就业信息常用的方法有以下几种。

1. 全方位收集法

全方位收集法就是把与自己专业有关的就业信息通通收集起来，按一定的标准进行整理和筛选，以备使用。这种方法获取的就业信息广泛，选择的余地大，但较浪费时间和精力。

2. 定方向收集法

定方向收集法就是根据自己选定的职业方向和求职的行业范围来收集相关的信息。这种方法以个人的专业方向、能力倾向和兴趣特长为依据，便于找到更适合自己特点、更能发挥自身特长的职业和单位。需要注意的是，当你选定的职业方向和求职范围过于狭窄时，有可能大大缩小你的选择余地，特别是你所选定的职业范围是竞争激烈的“热门”工作时，很可能给你下一步的择业带来较大的困难。

3. 定区域收集法

定区域收集法就是根据个人对某个或某几个地区的偏好来收集信息，而对职业方向和行业范围较少关注，这是一种重地区、轻专业方向的信息收集法。按这种方法收集信息和选择职业时，可能由于所面向地区狭小和“地区过热”（有较多择业者涌向该地区）而造成择业困难。所以，求职者应当根据自己的实际情况，综合运用上述几种方法收集就业信息。

三、就业信息的甄别

就业信息甄别的目的主要是辨别其真伪、权威性及适用性等，鉴别的对象主要是前一阶段加工整理得出的信息。要想弄清信息的真伪，就需要知道其来源于何处、是谁提供的、提供者的依据是什么等。要想辨别信息是否具有权威性，就需要了解其来源与质量，掌握信息提供者的背景，比较同类信息的深度。要鉴别信息是否具有适用性，就需要首先了解自身的需求和特征。

知识拓展

收集就业信息的原则

大学生想要收集到适合自己的高质量的就业信息，就必须遵循以下五个原则。

1. 准确性、真实性原则

准确、真实是对就业信息收集的首要要求，因为就业信息是否准确，是择业人员能否做出正确决策的关键。信息不准确，会给择业工作带来决策上的失误。大学生在收集就业信息时，必须做到准确无误。只有准确、真实地掌握用人单位对求职者专业、层次等的具体要求，才能知道该岗位是否适合自己，才能进行有针对性的准备，否则只会浪费时间、精力和财力。

2. 适用性、针对性原则

随着社会的进步、信息技术的普及和人才市场的逐步发展壮大，就业信息也越来越多、越来越丰富。如果收集信息时不注意适用性，就可能在众多的就业信息中把握不住方向，捕捉不到真实的、有价值的信息。为此，大学生应首先对自我进行充分认识，然后结合自己的专业、兴趣、需要等有针对性地收集信息。

3. 系统性、连续性原则

大多数情况下，大学生获得的就业信息来自不同的渠道，是零散的。而要对当前的就业

形势和就业市场有一个整体的认识，就必须对所获得的就业信息进行加工、提炼，形成能客观、系统地反映当前就业市场、就业政策、就业动向的就业信息。

4. 计划性、条理性原则

在收集就业信息的过程中应坚持计划性、条理性原则。在收集就业信息时，首先必须根据自己收集信息的目的制订计划，只有这样，才能在收集信息的过程中掌握主动权，避免盲目和混乱；其次，要明确自己所需的就业信息是有关就业政策的、就业动向的还是用人单位的，这样才能有的放矢，收集的信息也才能更具条理性。

5. 及时性、时效性原则

收集信息要突出及时性、时效性，越早下手，越容易掌握主动权。一般来说，大学生在毕业前一个学期就应着手收集信息，只有早做准备，收集到的信息才能全面、系统。另外，还应注意就业信息的时效性，即对收集到的信息及时进行处理。

任务二　求职材料的制作与投递

求职材料是毕业生在进入人才市场后向用人单位提供的一种介绍自己的应用性材料，主要包括求职信、个人简历、毕业生推荐表、附件。求职信侧重陈述自己的专业技能及与职位有关的个人品质等；简历侧重陈述事实，将自己的个人背景、工作经验和主要专长等罗列其中，让用人单位对自己有一个比较全面的了解；附件是用来补充说明求职信和简历内容的材料，如学历证明、获奖证书等。

视频
求职信六要素

一、求职信的撰写

自荐信的重点在于“荐”，在构思上一定要围绕“为何荐”“凭何荐”“怎么荐”的思路安排。其格式一般分为标题、称呼、正文、附件和落款五部分。

1. 标题

标题是自荐信的标志和称谓，要求醒目、简洁、庄雅；要用较大字体在用纸上方标注“自荐信”三个字要显得大方、美观。

2. 称呼

称呼是指对主送单位或收件人的呼语。自荐信应根据用人单位的性质，选择恰当得体的称呼，如用人单位是国有企业或事业单位的，称呼可写成“尊敬的领导”“尊敬的×主任”等；用人单位是三资企业或民营企业的，收件人可写成“尊敬的总经理先生”“尊敬的人事部部长先生”等，一般不直呼其名，也不宜称“先生、女士”；也可直接写单位或部门名称。

3. 正文

正文一般分为三层来写。

(1)写明自己是谁，从何处得到这一招聘信息，要应聘什么职位。

(2)简述自己对招聘公司的认识和理解；综合介绍自身能力，表明自己足以胜任所应聘职位；强调自己能为公司做出哪些贡献；个人的求职要求(职务、岗位、工种、待遇等)。

(3)表明自己非常希望得到面试机会，如希望得到对方肯定的答复，收到对方的面试通

知等;再次详细告知自己的联系方式。

在表达上,要简洁、得体,要善于运用事实来增强"自我推销"的说服力,做到条理清楚,详略得当。结语一般在正文之后按书信格式写上祝语或"此致、敬礼""恭候佳音"之类语名。

4. 落款

落款处要写上"自荐人×××"的字样,并标注规范体公元纪年和月日。署名处如打印,复制件则要留下空白,由求职人亲自签名,以示郑重和敬意。

5. 附件

求职信一般要随信附上有关文件和证件,如简历以及毕业证书、成绩单、获奖证书、任职证明、身份证等的复印件。

求职信写作虽有一定的自由度,但务必要注意文明礼貌,诚朴雅致,特别要注意突出才艺与专长的个体特征,注意展现经验、业绩和成果,精心设计装帧,讲求格式美观雅致、庄重秀美,使其像一只报春的轻燕,飞进千家万户,为你带来佳音。

二、简历的制作

求职简历是求职者用于应聘的书面交流材料,能向未来的雇主表明自己拥有能够满足特定工作要求的技能、态度、资质和资信。成功的简历就是一件营销武器,能向未来的雇主证明自己能够解决他的问题或者满足他的特定需要,确保自己得到面试的机会。在人才市场上,很长时间找不到工作的原因可能有很多种,但简历写得不好是其中一个因素。

简历一般采用时序型格式,有许多职业指导和招聘专家认定时序型格式是简历格式的当然选择,因为这种格式能够演示出持续和向上的职业成长全过程。它是通过强调工作经历实现这一点的。时序型格式以渐进的顺序罗列求职者曾就职的职位,从最近的职位开始,然后回溯。时序型格式与其他类型格式一个不同特点是罗列的每一项职位下要说明自己的责任、该职位所需要的技能以及关键的、突出的成就。关注的焦点在于时间、工作持续期、成长与进步以及成就。

求职简历主要包括个人基本信息、求职意向、教育和培训背景、社会实践经历、获奖情况、自我评价等六个方面。

1. 个人基本信息

简历内的个人基本信息一般放在简历的最上方,包括必备项目和可选项。

(1)必选项。必选项有姓名、性别、学校专业、联系电话、电子邮箱。姓名必须写上全名、这是招聘者区分你和其他应聘者的最明显标志;性别是个人的基本信息;学校专业是区分应聘者的重要信息;联系电话一定要留;留下电子邮箱,可以方便招聘者给你发送面试通知和面试须知等信息。

(2)可选项。可选项包括兴趣爱好、特长,应是健康积极向上,与求职岗位匹配度高;身高,有优势的填写,没优势的不要设计此栏目;政治面貌,国企和事业单位较看重政治面貌,私企、外企则不太看重;民族,少数民族加分或民族乡就业时可写;籍贯、户口所在地,一般来说,招聘单位对应聘者的户籍看得并不重要,除非招聘信息中特别指明要当地户口;体重、健康状况,招聘单位一般会安排体检,在简历初选阶段,不必加入此类信息;身份证号、家庭详细地址和固定电话是个人隐私,尽量不在简历中显示。

2. 求职意向

在求职简历中,一定要在首页个人概况之后,醒目地写清楚求职意向。因为大部分企业在招聘的时候，同时招聘的岗位不止一个，并且招聘者在看简历的时候，速度都非常快，如果不在醒目位置写清楚求职意向，就容易被其忽略。在书写求职意向时，应当尽可能明确和集中，并与自己的专长、兴趣等相一致；切忌空泛（如本人希望从事富有挑战性并能够发挥自己潜能和专长的工作，以实现自己的人生价值等）和太多太杂。整个简历的内容重点与经历素材的取舍，应以求职意向为中心进行，与求职意向无关的素材（知识技能、兴趣爱好、培训内容等）尽量省略。例如：

典型案例一：求职意向——金融类。（潜台词：我不是很清楚我能做什么）

典型案例二：求职意向——行政专员、招聘者和销售助理。（潜台词：什么都想尝试）

3. 教育和培训背景

写好教育和培训背景部分是非常重要的，尤其是对于应届毕业生来说。教育和培训背景部分应能证明你知识水平、所拥有技能和能力的一切相关信息，包括正规、非正规的成人教育和专业培训等，这些才是重要的有价值的信息。在写教育和培训背景时，应注意以下几个方面：

(1)时间顺序。每段教育经历都应标明起止日期，清晰的时间段，这可以让招聘者对你的毕业日期和你受教育的成长轨迹一目了然。在书写时，最近、最高的学历要放在最前面。研究生在描述本科就读时间时可以写“20××年9月—20××年7月”。有些人会把“20××年9月”至今“写成××年9月—今”，但这样的省略不符合语法，阅读起来也不便。此外，大学以前高中阶段、初中阶段经历一般不写，但如果有获得特别的奖励或者与众不同的经历，如全国中学生数学奥林匹克竞赛一等奖之类的，也可以写上。

(2)专业。假如你的专业刚好与应聘的岗位对口，那么，一定要用加粗字体显示“专业”。假如你是跨专业求职，有与岗位相关的辅修经历或有双学位，那么，一定要用加粗字体显示辅修的专业。例如，你辅修的是经济学双学位，而你的本专业是电子信息工程，然而你想从事经济管理方面的工作，那么，你应弱化电子信息工程专业的背景，重点突出经济学的双学位。

(3)相关课程。无论应聘什么职位，很多学生都会将大学中学到的所有课程列一遍，其实这是不正确的做法。一般来说，如果自己的专业符合应聘职位要求，就可以不列课程，如果要列，列三四门与职位相关的主干课程即可。如果自己的专业与应聘职位要求不符，但是有该专业的双学位或者选修过相关的课程，那么可以将相关的三、四门课程列出来；专业课程成绩优秀的，还可以标注上相应的成绩，但课程不宜列多，选择相关的核心课程即可。相关课程的成绩可以采用平均分来体现你的成绩，或者采用年级、班级排名的方式体现；如果相关课程成绩排名在班级或者院系的前10%以内，一般可以直接写上“排名：年级前5%”；如果相关课程成绩排名比较居中，但所在的班级或者年级人数比较多，那么可以写“排名：40/300”。

(4)国外研究或者交换生学习经历。对于部分有在国外做过交换生或者在国外做过项目研究经历的学生来说，建议在教育背景中写出来，这既可以体现你的外语水平，还可以吸引招聘者的注意力。

4. 社会实践经历

对于刚毕业的大学生来说，你的社会实践经历可以包括工作（兼职、暑假打工、实习或全职工作）、志愿者/社区工作以及学校社团活动。

在求职过程中，确实可以看到很多的大学生为了表现自己丰富的实践经验，把实践经历

一栏填得满满当当，但是在文字堆砌的背后，却暴露了很多问题：要么实践经验和所应聘职位没什么联系；要么描写“假、大、空”，没有业绩数据，少有亮点。最致命的是，这些文字在招聘者的头脑里没有留下丝毫印象。

大学生做简历可以选择一些有特色的经历进行润色，删减一些无用信息，突出重点，令人一目了然。简历中实践经历的表述应尽量翔实。应届大学毕业生可以采用“STAR”技巧，STAR 是 situation（背景）、task（任务）、action（行动）、result（结果）四个英文单词的首字母组合。根据这个技巧，大学生在撰写实践经历时，最好包括所从事工作的特点、环境，具体做了哪些工作，采取了哪些行动，这些行动是如何帮助你完成任务，结果是怎样等方面，并且对这些方面做详细说明。对企业来说，详细的实习经历往往是他们比较感兴趣的。

知识拓展

个人简历主要内容范例

• 2020.9—2021.6　福建××大学××学院外联部　部长　　福州

• 通过多次电话与面谈的方式，两周内为学校“一二·九”文艺演出拉到赞助 1 200 元和音响设备，为外联部两年内第一次拉到现金赞助。

• 组织部里 8 名干事为“艺术节”活动拉赞助，三周内通过 100 余个电话和 250 封邮件，拜访 15 家公司，最后与××公司签下合作合同，由其赞助 10 张会员卡和 200 张免费练歌卷。

• 成功组织多场讲座、师生联谊舞会等活动，组织干事协同其他部门有效开展工作，协助历时 1 个月的“读书月”取得圆满成功。

大学生社会实践经历除了描述工作内容以外，还要重点描述工作所取得的成果，并辅以具体数字来证明。

5. 获奖情况

证书/奖励的作用是表明曾经在某方面做过或学过的成绩，是一种经历，是一种能力，企业可以通过这些证书/奖励发现毕业生的潜在的素质和能力。证书/奖励贵在精不在多，罗列与你应聘岗位相关的证书/奖励即可，并标明获得证书/奖励的时间。如果你有很多的证书，建议进一步地细分类别，归为 IT 技能证书、语言能力证书、职业技能证书等。分等级的证书，如语言类的证书，有高级的就不要再写初级的了，如果考分高，建议标明考试分数。不要写与应聘岗位丝毫无关的奖项和证书。最好能够将所获奖励的难度以数字或者获奖范围表示出来，让招聘者明白所获奖励的含金量，从而增加简历通过筛选的概率。例如：

市级：××市奖学金（全校仅 10 人）、××市高等学校优秀学生（全校 1%）。

校级：××大学人民奖学金一等奖（前 2%）、××大学“优秀学生”称号。

在描述这则奖励情况时，应聘者使用了具体的数字“10 人”来描述上海市奖学金的奖励含金量，同时采用了粗体字格式来进行强调，其他奖励也分别用范围词前×%来进行表示。从视觉上来说，这样的数字描述很有吸引力。

6. 自我评价

企业负责招聘的人力资源专员在筛选简历的时候，最注重的是应聘者的素质是否与企业要求的岗位匹配。个人简历的自我评价恰恰能用最简洁、突出的方式展示应聘者的个人的职业特征，一般可以通过个人资历、工作技能与专长、工作风格、个人职业资格等四个方面来展开。简历的“自我评价”部分应遵循以下三条原则：

(1)实事求是。简历的真实性是招聘者一致的要求。在应聘者书写“自我评价”时，千万不要有虚假成分，如夸大自己的能力、优点或工作经验等。经验丰富的招聘者很容易通过应聘者的措辞判断应聘者是否中肯而踏实。一旦语句让人感觉到浮夸，招聘者就会把应聘者的简历淘汰出局。

(2)找到真正的闪光点。很多人的“自我评价”没有重点，或者过于大众化，难以让自己出挑。招聘者希望看到你的闪光之处，并且这些闪光之处和这份工作密切相关。例如，你应聘平面设计师，可以在自我评价中体现出：

熟练使用 CorelDraw、Photoshop、Illustrator、Flash、3D 软件；熟练操作 iOS 系统，熟悉包装材料及印前工艺。

擅长平面设计，有××作品发表在××上。

四年正规大学艺术设计教育本科毕业，年级成绩排名前 10；6 岁学习绘画，美术功底好……

这样契合职位要求的自我评价，既体现出了你的专业能力，也体现出了你的自信，这些才是招聘者想要看到和了解到的内容。

(3)语言需要简练。职业自我描述的语言风格也是一个值得应聘者考虑的问题。有些人喜欢用极感性的话来吸引招聘者的注意，这种做法很可能出奇制胜，但多数情况下是一种冒险。通常来说，语言尽量不要过于口语化，在描述自己的学习能力、团队合作精神等方面用语应严谨、平实，让招聘者在阅读简历时候能够充分感觉你对这份工作的诚恳态度。

此外，个人简历中的自我评价以 3～10 条为宜，过于冗长、格式化、无个性的自我评价会喧宾夺主，使招聘者分散注意，甚至忽视简历中工作资历的主要内容。

知识拓展

个人简历自我评价范例

学习成绩优秀，英语口语良好，有接待外宾经历。

工作认真细心，兢兢业业，与团队精心策划和组织过系里的辩论赛、迎新晚会、游园等活动。

有表演天赋，舞台经验丰富，是学院的文艺骨干。

点评：采用分句表达，条理清晰，而且加了着重号，让人阅读舒适，三个特点让人记忆深刻。

三、求职材料的投递

做好了求职材料的制作工作，就要将我们的求职材料投递给用人单位了。求职材料投递的方式主要有现场投递、传统邮递、网络投递。

1. 现场投递

现场投递是最有效的投递方式之一，主要在一些现场招聘会、企业宣讲会上使用这种投递方式，尤其是到本校办的宣讲会，现场投递更加有效。毕业生在现场投递求职材料时应注

意以下几个方面：

(1)对用人单位精挑细选。参加现场招聘会之前，你需要梳理并明确自己的求职范围，并做针对性准备。哪些职位需要具备哪些素质和经历，针对职位需求整理你的简历。如果除了专业相关相近的工作外，你还对非专业对口职位也有兴趣，那么同样需要分析那些职位需要的素质和要求，找出自己的优势所在，整理针对这一类职位的求职材料。

(2)要注意“观”“听”“问”“递”“记”。具体内容如表8-1所示。

表8-1 “观”“听”“问”“递”“记”的说明

内　容	说　明
观	如果你到达招聘会场时已经人头拥挤，就需要尽快找到你的几个目标职位所在摊位，锁定几家相对能够较快地投递简历的企业
听	求职者在排队等候投递简历时，可以一边等候一边观察其他求职者与招聘方的谈话，尽量从中得到对求职有用的提示
问	不要忽视受到表面上看起来受到冷落的摊位；如果你有时间，不妨到那些相对人不是太多、但有提供目标职位的摊位，投简历的同时和那里的招聘人员谈一谈，了解一下公司的前景和职位状况，这可能让你有意外收获。因为相近职位的岗位要求是有相通的，这样做即使你不到这家企业就业，对你接下来的求职也非常有帮助
递	在现场招聘会上，与招聘人员的沟通和交流也是一种面试，甚至有可能决定你是否能够获得面试机会。在招聘人员浏览简历时，应聘者也应不失时机、简明扼要地介绍自己，加深用人单位对自己的印象。在投放完简历后，要具体问问招聘人员面试通知的时间，然后说一句——“我十分期待和您的合作”或“期待和您的下次见面”，礼貌地说声“谢谢”再离开
记	离开后，记下所投简历企业的名称、应聘岗位、联系方式，以便追踪或更新求职信息。如果有幸接到该企业的面试电话，能很熟练地说出该公司的一些情况，也是对该企业的一种尊重，同时也能获得招聘者的好感

2. 传统邮递

传统投递也是一个很有效的投递方式。在同样情况下，传统投递的成功比网上投递的要高，但低于现场投递。原因很简单，现场投递可以跟考官面对面交流，容易给对方留下深刻印象，邮寄简历显然无法达到此效果。网上投递简历受各种过滤系统影响，导致你的简历可能因为各种原因很难被招聘者看到。而邮寄简历则不同，一般而言，招聘者收到你邮寄的快递都会打开看一眼，然后归档，这就保证了你的简历能够安全送达。所以，如果有邮寄简历和网上投递两种方式可供选择的话，建议通过邮寄投递。投递简历要本着“越快越好”的原则，在见到招聘信息后尽快投递。邮寄简历时需要注意以下几方面：

(1)保证邮寄项目齐全，简历、求职信、证书、成绩单等用人单位要求提交的资料不能少。

(2)信封书写美观。如果能将单位名称和地址写得漂亮大方，就很容易引起用人单位的重视，当然让人代书也是可以的。

(3)信封上最好写明自己应聘的职位，为用人单位带来方便。

3. 网络投递

网络投递又分为网申和网投，网申主要指求职者通过专业的人才网或者企业内部的网站直接申请求职岗位。网投主要指求职者通E-mail的方式将自己的求职材料发送到用人单位指定的邮箱。

(1)网申。网上申请职位是一种很便捷的简历投递方式。目前，几乎所有的人才网都在使用网申系统。有些用人单位开发了自己的网申系统，申请过程大同小异，就是按照招聘公司提供的版板，将求职者的信息填入相应板块，形成一份适合自己公司筛选的电子简历。网申的内容一般包括：个人信息、求职意向、学习经历、工作实习经历、家庭情况、获奖情况、兴趣爱好和开放性问题。

应届毕业生在进行网申申请职位之前，应注意以下几点：

① 应在信息的筛选、过滤上下功夫。网上的职位信息十分庞杂，应届毕业生要学会利用职位搜索器等工具过滤、筛选出自己的目标行业、目标职位。

② 要特别留心职位信息的有效期，滤去那些失效信息。

③ 要注意企业的要求。在找到合适的职位后，投递简历也要注意方法，最好按照企业要求的方式进行投递。例如，有些企业会在网上公布格式统一的职位申请表，要求填写后发送。严格按照企业要求在有效期限内投递简历，会较为顺利地进入筛选程序。

④ 要经常刷新简历。当招聘人员搜索人才时，符合条件的简历是按刷新的时间顺序排列，而招聘人员一般只会看前面一两页。很多求职者其实并不知道刷新简历可以获得更多面试机会。每次登录网站，最好都刷新简历，刷新以后，就能排在前面，以便被招聘人员看到。

(2)网投。网投是求职材料投递一种主要的投递方式，即给对方发 E-mail。毕业生通过 E-mail 投递简历时需要了解以下几点：目标公司的邮件系统可能会过滤某些邮箱；目标公司的邮件系统可能有最大邮件限制；收信人的邮箱可能一天会收到成百上千的邮件；收信人由于担心病毒可能不会打开附件。由于以上问题的存在，如果你不注意，你的简历将很难被招聘人员有效看到。网投简历的注意事项如表 8-2 所示。

表 8-2 网投简历的注意事项

注意事项	说　明
邮箱选择	为了防止邮件被目标公司的邮件系统过滤掉，选择稳定性、可靠性高的邮箱，尤其是免费邮箱的选择更要注意，如果不稳定，发送的简历对方没有收到，或者对方回邮的过程信件丢失，那太可惜了
附件大小	附件不要太大，以免被邮件系统过滤掉。有些单位可能要求附上学历学位证书、成绩单等扫描件，在这种情况下，要用图像处理工具把文件改小
邮件标题	一定要在邮件标题中包含尽可能多的信息，吸引招聘者打开你的邮件。这里面所说的信息包含两类。一类是表明你邮件目的的基本信息，包括你的身份(应届生)、目的(求职)、应聘岗位、姓名。另一类是表明你竞争优势的信息，如果你在目标公司的竞争对手那实习过半年，标题里可以加上“××公司半年实习经验”；如果你当过学生会主席，标题里可以加上“学生会主席”。所以，一般的典型邮件标题为“应聘××职位　张三　××大学 ××专业　其他信息”。有些单位会要求邮件标题按照规定的格式书写，那求职者就按要求书写；有些单位没有特殊要求，那就可以对邮件标题再做一些创新，加入更多的信息，或采用更吸引人的标题
邮件正文	一定不能在邮件正文中留空或者只是注明“附件是我的简历”等，一定要在正文中写上求职信，说明应聘的职位名称、为什么适合这个职位及自己的技能素质等优点，把简历中的主要优势以简短的文字高度概括性地写在邮件正文中，这样做的主要目的是减少招聘者的阅读量，在招聘作者没有下载附件简历前将自己的最大优势呈现出来。一些毕业生习惯于把简历直接粘贴在正文中，这种做法未尝不可。一些用人单位会明确要求在正文中粘贴简历，不附带任何附件，但这种做法很有可能会导致你的简历格式混乱，所以在发送之前一定要仔细检查一遍

邮件的标题和正文可以体现出你的优势。邮件标题要有足够的信息含量，邮件正文要包含简历中的主要信息，简明扼要，条理清晰，让招聘者在最短的时间内了解你。只有这样，你才能从数以千计的邮件中脱颖而出，获得笔试、面试的机会。

对于投递的时间，部分毕业生习惯在晚上或周末投递简历，认为星期一应该会接到铺天盖地的面试通知，事实上并非如此。毕业生如何争取让自己的求职材料排在其邮箱中靠前的位置，又要保证招聘者那时的工作情绪最高呢？建议求职者在星期二、星期三的上午进行简历投递，这样，招聘者开始处理上周积累的简历时，你的求职材料会刚好排在所有求职者的中靠前的位置，更容易被招聘者看到。

此外，不论是网申还是网投，建议在两个时间段投递求职材料，一个是 9:00 以前，一个是 14:00 以前。因为 9:00 和 14:00 一般是用人单位人力资源部工作的时间。企业的邮件处理系统是按照接收时间为邮件排序，如 1:55 发的邮件排在 1:30 发的邮件之前，负责筛选简历的招聘者当然是先处理 1:55 的邮件。

另外，一个毕业生向同一个单位同时申请多个职位，并不能表明他的能力超强，是个多面手。相反，用人单位会认为他在求职时非常盲目，没有自己的既定目标，也缺乏主见，甚至认为他根本就没有清楚地了解自己。因此，向一个单位同时申请多个职位的做法不可取。

四、大学生求职材料中存在的问题与制作注意事项

求职材料是一个求职者获取面试机会的敲门砖。如今求职的方式很多，但是求职材料会适用于每一种、每一阶段的面试，同时求职材料也是招聘方了解求职者的最直接的方式。在很多时候，招聘者对你的第一印象也是从求职材料中得知，因此，求职材料的好坏对于求职成功与否有着极为重要的影响。

1. 大学生求职材料中存在的问题

(1)追求封面华丽。封面往往是最先被人注意到的地方。但是注重封面的修饰，并不是说可以就封面上大做文章，有时展现封面的无比华丽精美往往会成为简历的败笔。如果简历内容写得十分精彩且具有强大的说服力，那封面的华丽还可被赞为锦上添花；如果简历的内容比较单调而且匮乏，那只会被封面的华丽比下去，显得寒碜干涩。

(2)求职材料内容过于自信或自卑。部分毕业生在写求职材料的时候经常会使用"因为一直在读书，没有工作经验，愿意从公司的最底层做起"之类的语言，这就是过分谦虚。过于谦虚将使人无法了解真实的你。求职者应当在信中强调自己的强项，应届毕业生虽然没有实际的工作经验，但可以通过企业实习、社会实践、在校社团活动来体现自己的潜在素质和能力。也有部分毕业生会在求职信中频繁地使用"我认为""我觉得""我看""我想"等字眼，语气过于主观，过分自信。对于用人单位来讲，他们大都喜欢为人处世比较客观与实际的人，因而求职者在信中要尽量避免使用这些字眼。

(3)求职宣言"表忠心"。很多毕业生为了"表忠心"，类似"给我一个机会，还您一个奇迹""今天公司给我一份职业，明天我为公司开创一片事业"这样的求职语常常出现在求职信中。用人单位希望招到的是务实踏实且有一定社会实践经验的人才，这种"表忠心"可能导致招聘者对你实际能力的否定，失去成功的机会。他们认为，此类语言显得不成熟且很

虚伪。

(4)万能的求职材料。求职材料缺乏个性化、针对性是导致求职效果不好的一个技术性问题。其实很多毕业生在求职时只准备了一份求职材料。当他在网上浏览招聘职位时或在招聘会现场时,根本不考虑发出的求职材料是否和所应聘的单位、公司的文化相吻合,是否和所应聘的职位要求相吻合,相中谁就给谁投一份。而且从用人单位的角度考虑,如果你能相对多地了解他们的公司文化、发展现状、未来前景,就很容易让用人单位将你的简历挑选出来,赢得下一轮竞聘的机会。如果将一份万能求职材料投递给所有的雇主,你遭遇到的大部分结果将是简历被招聘者筛掉。每一个管理者都希望你专门为他们准备一份求职材料,期望你明确无误的展现你适合他们招聘的职位的理由,以及你适应这个职位的方法。

(5)简历不"简"。大部分学生的简历模板都是从网上下载的,有的简历模板不错,有的简历模板却很一般,甚至包括一些不太重要的信息,身高、体重、籍贯、政治身份、身份证号码、家庭地址之类的。除非是某些职位限定要填写一些信息外,简历上个人信息太多,除了累赘外,更有可能造成个人隐私的泄漏。有的毕业生写简历像写论文那样准备厚厚的一本;有些学生把那些跟职位和工作无关的兴趣爱好,如旅游、看小说、唱歌、钢琴等一股脑地写进去;还有的学生把在学校的各科成绩单附上,而这不会给你加分。

(6)态度不端正。只要看一眼你的简历,招聘者立刻能判断出你对于这份工作的渴求度有多高。例如,你的个人信息残缺不全,使用的标点符号有明显的口语痕迹,添加的照片是大头贴或不规范的自拍,使用的简历有明显的网络复制嫌疑,如简历是由形形色色的招聘网站代为发出的,或者求职者使用网上现成的模板。这些求职者可能想不到他们的简历中、简历的右侧、简历的下侧都会出现广告。尤其是招聘网站代为发出的那种简历,除了广告之外,那些大大的 Logo。另外,部分毕业生的简历前后结构层次混乱,各项信息没有内在的逻辑性,错别字和语法错误很多,甚至在简历中表达出什么工作都能做,这都会暴露出你漫不经心的态度。

(7)简历"注水"。简历是较真实地反映自己学历、经历、技能和成就的重要自述,凭空捏造、与本人真实情况大相径庭的简历一旦被查出与事实不符,前"功"尽弃不说,还可能封闭其他的成功通道。学生中简历造假的问题主要表现在编造实习经历、延长实习时间、编造社会活动经历、夸大社会工作责任或者职责、夸大自我评价、编造获奖情况、修饰照片等。需要提醒的是,用人单位越来越重视求职者的职业道德和团队精神,很多用人单位认为,若简历作假,则表明求职者有道德和人格上的缺陷。技能和知识结构上的缺陷可以培训,人格上的缺陷却无法弥补。大学毕业生简历造假必然会影响自己的职业前途。

(8)求职目标不明确或过多。有的毕业生认为一份求职材料不表明求职目标,就可以应聘所有的岗位;有的毕业生简历上写着这样笼统的语言:希望找一份具有挑战性并能提供职业训练的职位;有的毕业生填写若干个求职目标,甚至是完全不相关的职业,这种心理可能是为了抓住尽可能多的机会。招聘者第一眼就会排除这些求职意愿不明确的求职者,招聘者有理由相信,一个不知道自己会做什么的求职者,一定不清楚自己擅长什么,也无法做好分配给他们的工作。招聘者同样相信,一个认为自己什么都能干的人实际上恰恰什么也干不好,更不敢录用。

2. 大学生制作求职材料的注意事项

(1)简历封面要适合。简历制作封面可采用简洁美观、符合职业的风格,内容简单明了、重要信息突出,如果自己的学校非常著名,可以在简历封面显要的位置写上自己学校的校名,或者放上学校的校徽等;也可以使用一些有创意的简历封面图,但对于大多数人而言,自己设计简历封面图是比较困难的。

(2)要不温不火,不卑不亢。求职材料中通常会涉及对自己的评价,评价应当力求客观公正,包括行文中所表现出的语气,要做到诚恳、谦虚、自信、礼貌,这样会令招聘者对你的人品和素质留下良好的印象。现在已经有越来越多的企业比重视技能和学历更加重视一个人的品行、开拓与合作精神等基本素质。倘若你在众多高学历的应聘者的激烈竞争中这方面的因素非常凸显,就很容易脱颖而出。总体来说,既不能妄自尊大,也不能妄自菲薄,这一点上,分寸的把握非常重要,特别要注意避免夸夸其谈。此外,在写求职材料的时候应以第三人称写,避免使用"我"这样的字眼。

(3)要端正态度。一份好的求职材料不仅能体现你清晰的思路和良好的表达能力,而且还能考察出你的性格特征和职业化程度。当你在进行求职材料制作时,要选一个可以静下心来的场所,梳理好自己的头绪:你要什么样的工作?你有什么样的优势?你有什么样的发展计划?而不是不经过思考简单将自己的经历和信息全部填进各种表格,让招聘者来判断你能做什么。你需要思考、提炼和总结,给出一个肯定和结论性的答案。如果像对待高考作文一样慎重对待你的简历,招聘者一定感受得到。在编排信息点时,要进行逻辑分类,从而体现出求职者的逻辑思维能力。另外,一定要注意措辞,写完之后要通读几遍,精雕细琢,切忌有错字、别字、病句及文理欠通顺的现象发生,否则就可能使求职信"黯然无光"或是带来更负面的影响。对于求职者来说,不应当求急求快匆忙发送求职材料。在这里,正确的做法是对具体内容的语法以及拼写情况进行认真而全面的检查。

(4)要凸显自己的优势。"给我一个机会,还您一个奇迹""做事认真,能吃苦耐劳,具有团队精神、创新精神"这些空洞的口号、缺乏事实和数字支持的求职材料根本就不能体现自己独特的优势,同时也是招聘者比较反感的。可以把求职材料看作一份广告,推销你自己。毕业生如何在短短的几十秒内有效地展现出独特的自我,吸引住招聘者的眼球?这需要发挥自己的才智。

① 关键词体现优势。招聘者浏览一份简历的平均时间为30秒,在这么短的时间内,招聘者主要是通过查看简历中是否有相关的关键词来进行判断。关键词的作用尤其在网申简历中更为明显。如果你应聘财务类职位,招聘者可能会对简历中的"会计""财务管理""财务软件"等关键词比较敏感。企业招聘信息中对于职位的职责描述及应聘要求就是确定关键词的最好来源,求职者要先解读招聘信息中出现的字面信息及隐藏在字面信息背后的关键词,再结合自己的经历,在简历中对应的部分呈现这些关键词。

② 行为词说话。在描述过去经历的时候,无论是实习兼职经历还是社会实践经历,都需要把自己做的事情用清楚详细的、表示动作的词语(行为词)叙述出来,形式上一般建议采用行为词开头的短句群。同样一段实习经历,是否掌握行为词的描述方法,其经历描述的效果也大相径庭。

例如,下面为某学生的一段校园销售代理的实习经历。

修改前：实习经历

2020.9—2021.1　福州大学城××电子购物网站 校园销售代理　福州

负责其××电子购物 在校内的推广与销售；

4 个月间帮助公司实现 20 000 元销售额，个人提成 3 000 元。

修改后：实习经历

2020.9—2021.1　福州大学城××电子购物网站 校园销售代理　福州

负责其××电子购物 在校内的推广与销售工作；

调研学生用户需求，分析学生网上购物产品消费行为习惯；

拜访 300 多间学生寝室近 2 000 名学生用户，上门宣传、推销网站产品；

4 个月间帮助公司实现 20 000 元销售额，个人提成 3 000 元。

修改后的经历描述中所增加的行为词“调研”“分析”“拜访”“宣传”“推销”更加全面地反映了其实际的销售工作内容，比修改之前的更加具体、更加专业。

③ 数字说话。在撰写求职材料时，一定要善于挖掘自己所有经历中能够用数字说话的部分，因为相对大段的文字描述，数字更能够凸显个人亮点，吸引招聘者眼球。所以，如果你的经历中有可以用数字来表示的部分，一定要用数字的形式来表达。你可以用百分数的数据来说明你的学术成绩优异，如“年级前 5%”等；也可以用来具体的实数来表示为某个组织或机构（如实习的公司、学校的学生会或者社团等）所做的贡献，如“拉到赞助 1 200 元”等。凡是能够用数字体现你的成就、亮点的部分，一定要大胆地使用数字来表达。

④ 结果说话。如果你的求职材料中只是泛泛而谈你做过什么，从这些经历中锻炼了什么，那么你的简历就没有亮点。而要想让一份简历达到优秀的水平，就必须在求职材料中学会用客观的结果说话。

我们不仅要在求职材料中告诉招聘者我们做过什么，而且通过描述我们做得怎么样来向招聘者证明我们具备相关的素质、能力、经验。一般说来。用结果说话的简历更能得到招聘者的青睐。所以，我们在写简历的时候，要贯彻“结果说话”的思想，尽可能多的通过客观的成绩、业绩、成就来向招聘者传递这样一个信号——我们是能够胜任所应聘的职位的。

(5)简约而不简单。简历重在“简”，并不是越长的简历就能说明个人经历越丰富、能力越强。招聘者面对的是成百上千的简历，没有时间来看冗长的简历。就如同广告一样，所用的词汇越多，消费者就越难记住。求职材料要重点写与应聘职位有关的工作经验或资历，每段写一个重点，但不能反复讲述同一论点。之前提到的针对性和凸显自己的优势，都是在为简历内容达到“简洁”而服务的，因此写作简历时要注意以上原则和描述方式的相互贯通，使用正确、清晰的简历规格及版式，做到简历的“外表”简洁，从而使简历最终达到“内涵丰富”和“外表简洁”的最佳状态，让招聘者对你的优势一目了然。简历最好不要超过两页，能够用一页纸表达清晰的，千万不要用两页纸；如果你使用两页的简历，千万要将第二页充满三分之二以上，否则就坚决选择一页的简历，而且简历中的重要信息一定要出现在第一页。

而且按习惯来说，简历靠上的 2/3 部分为招聘者重点浏览的部分，所以，要尽可能将自

己简历中与职位最相关的信息放在前 2/3 部分显示，而这无疑将减少招聘者搜索简历关键信息的时间，增大简历通过筛选的概率。

(6)客观真实。对求职者最基本的要求就是诚实。企业阅历丰富的人事经理对简历有敏锐的分析能力，遮遮掩掩或夸大其词终究会漏出破绽。其实任何一个有经验的招聘人员只要仔细阅读分析，鉴别履历的真实性并不难；过分渲染，天花乱坠的描述更令人反感。所以，只要有真才实学，总会有属于自己的机会。根据《中华人民共和国劳动合同法》(简称《劳动合同法》)的有关规定，如果用人单位一旦发现员工在求职简历中含有虚假、夸大的内容，就可不需支付任何赔偿将其辞退。因此，大学生在求职过程中一定要注重诚信，真实、客观地填写自己的求职简历。

(7)明确求职目标。求职意向可以成为整份求职材料的灵魂，求职材料的其他内容也都可以围绕求职意向展开，让招聘人员感觉到求职者的求职诚意，在同等条件下，增加求职成功的概率。在撰写求职意向时，建议围绕目标职位展开，尽量与目标职位相匹配。

求职意向应置于求职信的开头和简历上方比较显著的地方，让招聘人员迅速判断我们的求职意向与所应聘职位是否吻合。因此，求职意向应紧随基本信息，而不应置于简历的中后部。

有多个求职意向时要分开阐述，切勿在同一份简历中填写多个求职意向，尤其是毫不相关的求职意向会让招聘人员怀疑我们求职的诚意。若我们确实有多个求职意向，则应根据不同的求职意向分别撰写简历。

除非用人单位有明确的要求，一般不建议在简历中写上期望薪水，就算要写，也最好写一个范围，如 4 000～5 000 元/月，这样可以留给自己更多的回旋余地。

项目小结

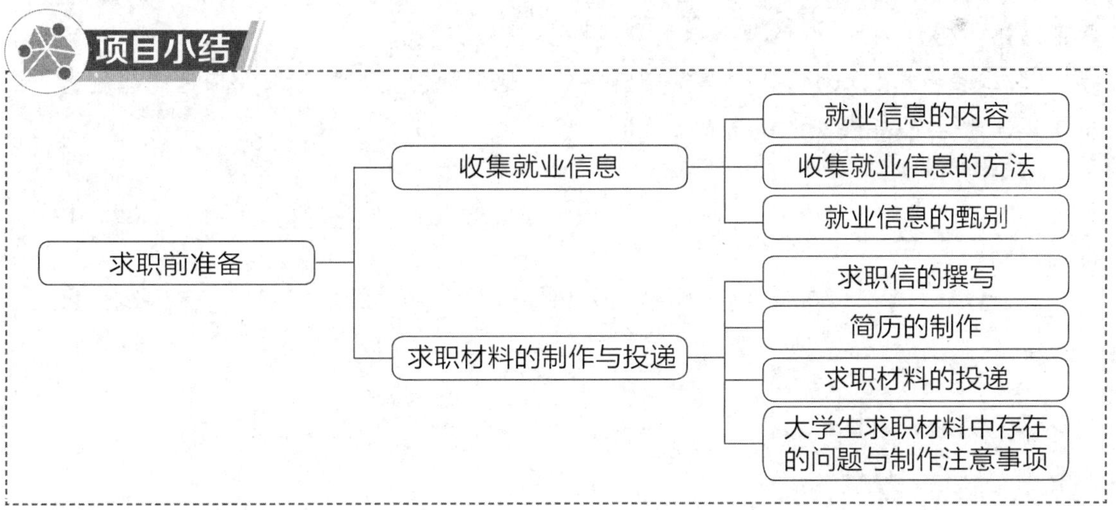

课后实践

小组案例讨论会

【实训目的】

通过案例分析与讨论，掌握当前就业形势，明确大学生应掌握的就业信息。

【案例分析】

即将大学毕业，辅导员组织经济学专业的学生召开了毕业座谈会。会上，王明、赵腾、刘明浩三名学生发表了自己的看法。

王明说："从地区看，北京、上海等东部发达地区人才需求量大，需求总量大于当地的生源数；中西部不少省区虽然有较大的用人需求，但面临的问题是工作条件和生活条件艰苦，往往招不到合格的人才，出现了'有地方没人去，有人没地方去'的现象；在一些西部经济不发达的地区，就业岗位相当有限，难以吸纳本地毕业生。我想去大城市，可是担心竞争太激烈，去西部吧，又觉得太吃苦了，想想我的未来，真是发愁啊！"

赵腾说："从院校类别看，教育部直属高校毕业生就业情况较好，初次就业率较高，部分高校次之，地方院校较差。我们学院只是普通的本科院校，找工作肯定难。"

刘明浩说："从专业看，一些热门专业，如通信、电子、医药等专业的毕业生需求旺盛，毕业生供不应求；而一些长线专业，如哲学、社会学、经济学等专业的毕业生需求较少，我学的是经济学，想想未来就觉得头疼。"

小组讨论：

(1)王明、赵腾、刘明浩三名毕业生对就业形势的分析是否有道理？就你所知，还有哪些可以补充？

(2)三名毕业生针对就业的态度是怎样的？他们的态度是否可取？请结合当前就业形势和自身实际，客观分析自身的处境。

项目九　求职礼仪

学习任务

知识目标：了解面试礼仪、网络面试礼仪相关的知识，当前主流的面试模式，求职面试的方法与技巧。

技能目标：将求职礼仪知识运用到自己的求职面试中，注意网络面试中的有关事项。

素质目标：充分认识面试礼仪的重要性，树立礼仪意识，提升个人人格魅力。

面试礼仪不可忽视

国内一家大型核电站到学校招聘企事业员工。一名综合素质很高、学电厂化学专业的女生前去应试。她穿着一身休闲装走进了应聘现场，背着的双肩包上挂满了各式小铃铛，颈部及手腕上的饰品闪闪发亮，每个耳朵戴了三只很流行的小耳环。招聘者是该企业人力资源部的负责人，是一位年老的长者。他对该女生的装扮颇有意见，认为一个敬业的员工不应太标新立异，因此，该女生在招聘中失败。

在面试中，除答题的内容外，应试者的表情、声音等其他因素对面试成绩的影响也不可小视。良好的气质风度、穿着打扮、发型设计能为求职者加分不少，可以更好地凸显求职者的个人魅力，让求职者在面试中发挥得更好。

任务一　面试礼仪

一、面试前的礼仪准备

面试时，着装的影响不容小视。穿着打扮和行为举止可反映出一个人的修养和生活风格。在面试前，除了准备可能被面试官问到的问题外，还需要在着装礼仪上做好充足准备。

1. 面试着装的基本原则

根据面试的公司性质和职位特点准备着装。大学生求职面试处于一个庄重的场合，在服饰方面要朴素大方、庄重整洁，着重突出职业特点。在应聘不同岗位时，应根据所应聘的工作性质和类型来确定穿着。不同职业对人的要求是有差异的，而这种差异同样体现在穿着上。尽管没有成文的规定来划分某种职业的穿着标准，但人们心理上存在着模式化的思维。例如，去金融、政府机关、外企面试时，穿着要保守庄重；去一些比较保守或者很看重权

威与资历的公司面试时，在穿着上要让自己显得成熟干练一些，这有助于提高自己的可信度，因此，利落大方的职业套装是较好的选择；去传媒、广告、艺术等行业面试时，在穿着上可以比较休闲，适当突出个性元素。

虽然面试着装不能随意，但也不能完全失去自己的风格，尤其是在比较重视艺术品位的行业中，遵循行规，以众人认同的和谐合拍为前提，以符合个人特殊气质的风格画龙点睛，获得经理、同事、客户的认同。若能善用小饰品，并灵活搭配不同的颜色，则可给面试官眼前一亮的效果。

2. 面试中女士的着装

一般来说，女士着装以整洁美观、稳重大方、格调高雅为总原则，服饰色彩、款式、大小应与自身的年龄、气质、肤色、体态、发型和应聘职业相协调。

(1)衣服。一般来说，不管什么年龄，剪裁得体、简单大方的西装套装、套裙，色彩相宜的衬衫和半截裙能使人显得稳重和自信，会给面试负责人留下较好的印象。但要注意的是，购买套装时一定要挑选以中性为主的颜色，避免夸张、刺眼的颜色。挑选时，最好是以自己的“肤色属性”为标准，选择适合自己皮肤色调的服饰色彩，让自己看起来精力充沛、容光焕发、神采奕奕。夏天去求职时，所穿的内衣(裤)颜色应与外套协调一致，避免透出颜色和轮廓。在面料上，应选择质料柔软的为宜。面试时，女士着装还是保守些为宜，不要穿太紧、太透、领口过低、露背的衣服。年轻活泼的女孩子如果想穿裙子，其裙长至少要盖住三分之二的大腿。

(2)衬衫。在挑选衬衣的时候，无论是颜色还是款式，都以保守为宜。白衬衣让人看上去显得睿智，且能提升一个人的气质。要选一件与你西装的领形相吻合的白衬衣，即便脱去西装，仍然能显示出你的干练、自信、高效率。注意不要挑选那些透明材质的上衣，也不要选蕾丝花边或者雪纺薄纱。在衬衣内可以再穿一件小背心，以防走光。

(3)鞋子。挑选的鞋子应与整体着装相协调，在颜色和款式上与服装相配。在面试时，不要穿长而尖的高跟鞋，中跟鞋是最佳的选择；如果想穿靴子，应注意裙子的下摆要长于靴端。注意天气再热，也不要穿露出脚趾的凉鞋，最好是穿素色素面的半包鞋，这样走起路来自然会抬头挺胸，精神饱满。当然了，鞋也要配相应的袜子，袜子不能有脱丝现象，袜子颜色要与鞋子、衣服的颜色相搭配，最好是同色系，但不能比鞋子颜色深，以肉色为宜。同时，要记住的是，最好在包里放一双袜子备用，以备脱丝时能及时更换。如果想穿靴子，就不要穿丝袜，要穿羊绒袜。

(4)首饰。在面试时，首饰要少戴。当身着衬衫或者小西装时，可以佩戴简约、精致的坠式项链。但不要戴假珍珠或华丽的人造珠宝；当身着高领毛衣时，可以佩戴项圈式的项链，注意不要佩戴夸张的耳环和镶嵌艳丽宝石的项链；当身着素色的风衣或西装时，最好佩戴一款小巧别致的胸针，但上面不要有大块宝石。手镯是可以佩戴的，但样式要简单，最好佩戴没有小饰物的手镯。总之，戴首饰的重要原则是少则美。

(5)发型。头发是仪容的重要组成部分。时尚发型固然很有冲击力，但对于面试官来说却毫无吸引力，反而会让他认为你是一个我行我素的人。要保证头发是干净清洁的，仔细梳理。如果是长发，就把它盘扎起来，不要让头发披在肩上。面试时的适宜发型当属干净整齐的直发，不管在什么场合，修剪得当的直发都会给人亲切、端庄的感觉。不太夸张的卷发也

是一个好的选择，给人成熟活泼的感觉，但是一定要事先打理好。

如果你的眼睛近视，可戴眼镜，最好是戴隐形眼镜；如果戴的是普通眼镜，尽量选择适合自己的镜框，式样宜新。另外，不可戴太阳镜（护目镜）、反光镜去面试。

（6）妆容。女生可以适当地化点淡妆，让自己更显靓丽。可以用薄而透明的粉底营造健康的肤色，用浅色口红增加自然美感，用棕色眉笔调整眉形，用睫毛膏让眼睛更加有神。但不能浓妆艳抹，过于妖娆、香气扑鼻，过分夸张，否则不符合大学生的形象与身份。妆容越淡雅自然、不露痕迹越好，切记一定不要将清纯美掩盖掉。

3. 面试中男士的着装

（1）西装。男性西装颜色最易被接受的是浅蓝、黑中带浅灰色，其次是褐色和米色；质地应是纯毛的，在视觉效果上，羊毛比任何其他衣料都要好。两件一套的西装是完全可以被他人接受的，但是在几年前，人们必须穿三件一套的西装去面试。

（2）大衣。大衣最实用的颜色是米色和蓝色，应坚持穿这两种颜色的大衣。当然，如果你能不穿就尽量不要穿（穿时显得累赘，脱下来显得零乱）。

（3）衬衫。单一色的白色衬衫传递着的诚实、聪明和稳重感觉，它应该是面试的首要选择。有的艺术家、作家、工程师和其他创造性专业人员抵触白色衬衫，对于他们来说，淡蓝色也许是最好的选择。衬衫颜色越淡，底色越精妙，给人留下的印象就越好。

（4）领带。纯真丝领带产生的职业效果最佳，既能体现优雅，也容易打好。亚麻领带太随便，最易起皱，只适合在较暖和的天气戴。毛料领带不仅外观随便，而且打结困难。人造纤维有发光的特点，颜色有些刺目，可能有损你的职业形象。一般是领带的宽度应大致和西装上衣延及胸前翻领的宽度相似。至今已经流行了十多年的标准是领带的宽度在 $2\frac{3}{4}$ 英寸（1 英寸＝2.54 厘米）和 $3\frac{1}{2}$ 英寸之间。

（5）鞋子。男士应穿黑色或棕色的皮鞋，其他材料和颜色都不太妥当。穿系鞋带的皮鞋是最保守的选择，但几乎广为接受；穿无带的鞋也较大方得体，但切勿把这种鞋与船鞋混为一谈。这种无带的皮鞋需朴素大方、鞋帮较浅，无论白天还是晚上，在正式场合中都较合适（系鞋带的皮鞋在晚宴场合中显得有点笨拙）。

（6）袜子。袜子应和衣服相协调，因此，颜色多为蓝色、黑色、灰色或棕色，袜子的长度应以跷腿时不露出太多的胫骨，在移动双脚时也不在脚踝部隆起为宜。总之，弹性较好的、裹及小腿处的袜子是你最好的选择。

（7）小饰物。戴的手表应该朴素大方，这意味着卡通型手表、运动型手表以及广告式样的手表都被排除在外。现在没有人再对数字式电子表感兴趣，你也不必为戴配有皮质表带的朴素手表而担心被别人嘲笑了。在任何情况下都应避免戴看似廉价的伪劣金质表带。

（8）包。男士应选择商务风格的包。一般选择黑色、棕色的皮拎包是不容易出错的；如果你是做 IT 工作的，选择电脑包也是可以的。

（9）皮带。皮带应和你选择的西装、鞋子相匹配。因此，黑皮带要和蓝色、黑色或灰色的西装、黑鞋子搭配，而棕色皮带要和棕色、棕褐色或米色的西装以及棕色的鞋子搭配。至于皮带的材料，应坚持使用皮质的。

（10）首饰。男士可以戴结婚戒指和一副小巧柔和的袖扣（如佩戴法国袖扣，当然可以）。

除此之外，男士佩戴任何其他的首饰都不妥当。手镯、项链或者纪念章都可能传递错误的信息。

着装是求职者留给面试官的第一印象，得体的穿着打扮能为自己加分，增加自信，让自己在面试中发挥更好。因此，去面试前，一定要注意装扮的细节。要达到这个目的，就需要研究着装风格，注意细节修饰，在适当进行形象设计，塑造职业形象后再去面试，这样成功的概率会更大些。

二、面试中的礼仪

好不容易获得一次面试机会，但部分学生却发现进入面试房间后，不知该站着还是坐下来，手脚不知如何放置，无法专心回答面试官的问话，与面试官交谈尤其是与多位面试官交谈时，会有莫名的紧张感。这些举动肯定都被面试官看在眼里，结果可想而知。下面介绍关于职场面试中的礼仪。

1. 求职面试入座姿势

(1)坐姿。如果面试官让你坐下，你不用故意客套地说："您先坐。"神态保持大方得体即可。入座时要轻而缓，不要发出任何嘈杂的声音。在面试过程中，身体不要随意扭动，双手不应有多余的动作，双腿不可反复抖动。有些人因为紧张，无意识地用手摸头发、耳朵，甚至捂嘴说话，虽然你是无心的，但面试官可能会因此而认为你没有用心交谈，怀疑你话语的真实性。

(2)男性面试就座。对于面试就座时的礼仪，不同性别的要求也不同。男性就座时，双脚踏地，双膝之间至少要有一拳的距离，双手可分别放在左右膝盖之上，若是面试时穿较正式的西装，应解开上衣纽扣。

(3)女性面试就座。女性在面试入座时，双腿应并拢并斜放一侧，双脚可稍有前后之差，若两腿斜向左方，则应右脚放在左脚之后；若两腿斜向右方，则应左脚放置右脚之后，这样对方从正面看双脚是交成一点的，腿部线条更显修长，也显得颇为娴雅。女性穿套裙时应收拢裙边再就座；坐下后，上身挺直，头部端正，目光平视面试官；坐稳后，身子一般占座位的2/3，两手掌心向下，自然放在两腿上，两脚自然放好，两膝并拢，面带微笑保持自然放松。

2. 面试交谈，距离礼仪

视频

面试口才五要素

面试交谈的目的是与别人沟通思想。要做到愉快地交谈，除了要注意说话的内容外，还应注意与主考官保持一定的距离，这样才能让对方听得清楚、明白。西欧一些国家从卫生角度研究显示，人说话时，可产生170个左右的飞沫，可飘扬1米远，最远达1.2米，咳嗽时能排出460个左右的飞沫，最远可喷出9米远，就更别说打喷嚏会带出多少病菌了。也就是说，保持适当距离交谈，是对别人的礼貌。

(1)保持距离合乎礼仪。从礼仪上说，说话时与对方离得太远，会使对方误认为你不愿向他表示友好和亲近，这显然是失礼的。但是如果离得太近交谈，一不小心就会把口沫溅在别人脸上，这是很尴尬的。因此，从礼仪角度来讲，一般与面试官保持一两人宽的距离最为适宜。这样做既让对方感到亲切，又能保持一定的"社交距离"，人们的主观感受也是最舒服的。

(2)保持距离交谈更有效。在求职面试中，人作为一个整体形象，双方交谈传递信息，不

仅凭借语言，而且还要依赖身体语言，如手部动作、表情变化等来发挥魅力。美学原理告诉我们，距离能产生美。在面试交谈时，无论是从卫生角度还是从文明礼貌角度来考虑，都应该与人保持一定的距离，这样有利于大家的身体健康。倘若交谈时忽然想打喷嚏、清喉咙，要转过身“行事”，最好是取出手帕或餐巾纸捂住口、鼻，做过之后要表示歉意。

3. 礼貌起身，离开有礼貌

在面试交谈完后，要礼貌起身。起立的动作要稳重、安静、自然，绝不能发出任何声音。入座通常由左边进入座位，起立时可由左边退出。一般我们坐椅子时，有上座的说法，进入房间可由左边开始坐，站立时也要站在椅子的左边，注意无论是就座还是起身，都不要发出任何声音。

4. 面试中的礼仪注意事项

(1)时间观。一旦和用人单位约好面试时间，一定要提前 5～10 分钟到达面试地点，以表示求职者的诚意，给对方以信任感，同时可调整自己的心态，做一些简单的仪表准备，以免仓促上阵，手忙脚乱。为了做到这一点，一定要牢记面试的时间地点，有条件的学生最好能提前去一趟，以免因一时找不到地方或途中延误而迟到，否则会给招聘者留下不好的印象，甚至会丧失面试的机会。

(2)注重细节。如房门关着，应先敲门，得到允许后再进去。开关门动作要轻，以从容、自然为好。见面时，要向面试官主动打招呼问好致意，称呼应当得体。在面试官没有请你坐下时，切勿急于落座。面试官请你坐下时，应道声“谢谢”。坐下后要保持良好体态，切忌大大咧咧、左顾右盼、满不在乎，以免引起对方反感。离去时，应询问“还有什么要问的吗”，在得到允许后微笑起立，道谢并说“再见”。

(3)认真倾听，坦诚回应。对方向你介绍情况时，要认真聆听。为了表示你已听懂并感兴趣，可以在适当的时候点头或适当提问、答话。回答面试官的问题时，口齿要清晰，声音要适度，答话要简练、完整。一般情况下不要打断面试官的问话或抢问抢答，否则会给人急躁、鲁莽、不礼貌的印象。当听不懂对方提问时，可要求重复。当不能回答某一问题时，应如实告诉对方，不能含糊其词和胡吹乱侃，否则会导致面试失败。对重复的问题也要有耐心，不要表现出不耐烦。

视频

面试时如何巧妙回答尴尬问题

(4)举止文雅大方，谈吐谦虚谨慎，态度积极热情。如果用人单位有两位以上面试官，回答谁的问题，你的目光就应注视谁，并适时地环顾其他面试官以表示对他们的尊重。谈话时，眼睛要适时地注意对方，保持不卑不亢的风度是有益的。不要东张西望，显得漫不经心；不要眼皮低望，显得缺乏自信；也不要激动地与用人单位争辩某个问题。有的面试官专门提一些无理的问题试探你的反应，如果处理不好，就容易乱了分寸，面试的效果显然不会理想。

三、面试后的礼仪

许多毕业生只注重应聘面试时的礼仪，而忽略了面试结束后的善后工作。其实，这些善后工作同样能加深主考官对求职者的印象，下面介绍面试后需要注意的礼仪。

1. 感谢

为了加深面试官对你的印象，增加求职成功的可能性，在面试后两日内，你最好给招聘人员打个电话或写封信表示谢意。感谢电话要简短，最好不要超过 5 分钟。

感谢信要简洁，最好不超过一页。感谢信的开头应先提及你的姓名及简单情况，再提及面试时间，并对招聘人员表示感谢。感谢信的中间部分要重申你对该公司、该职位的兴趣，增加些对求职成功有用的事实内容，尽量修正你可能留给招聘人员的不良印象。感谢信的结尾可以表达自己的素质符合公司要求的信心，主动提供更多的材料，或表示请给自己机会为公司的发展壮大做出贡献。

面试后表示感谢是十分重要的，因为这不仅是礼貌之举，也会加深面试官对你的印象。据调查，十个求职者往往有九个人不回感谢信，你如果没有忽略这个环节，则会显得格外突出，可能会使对方改变初衷。

2. 不要过早打听面试结果

在一般情况下，面试官每天面试结束后，要先进行讨论和投票，再送人事部门汇总，至确定录用人选，可能要等 3～5 日。求职者在这段时间内一定要耐心等候消息，不要过早打听面试结果。

3. 调整心情

在面试回来后，你已经完成一次面试，但这只是完成一个阶段。如果你向几家公司求职，则必须调整心情，全身心投入应对后面的面试。在收到入职通知书之前，你仍未算成功，不应放弃其他机会。

4. 查询结果

一般来说，你如果在面试两周后或在面试官许诺的通知时间到了，还没有收到对方的答复，就应该写信或打电话给用人单位，询问是否已做出了决定。

5. 做好再次冲刺的思想准备

面试不可能每次都成功，但竞争失败也不要气馁，要总结经验教训，找出失败的原因，为下次应聘成功做准备。

任务二　网络面试礼仪

网络面试是企业面试人才的重要方式。企业进行网络面试，方便又快捷，能大大节省人力成本。个人进行网络面试，也可以减少成本，节省时间。在进行网络面试时，应聘者的一举一动都会被放大，很容易出错，所以更需要注意一些礼仪方面的问题。

一、网络面试前的礼仪准备

1. 确认网络状况是否良好

一定要找一个信号比较好、比较稳定的地方进行视频面试。如果在面试过程中信号中断或者信号时好时坏，就会让人觉得你对这场面试不够重视，准备很不充分。

2. 确认硬件设备是否正常运转

一般建议面试者使用计算机，尽量不用手机来进行面试，以免在面试过程中有电话打进来而意外中断面试或有其他信息进来干扰面试者的注意力。在只能使用手机来进行网络面试时，要将手机开飞行模式，连接 Wi-Fi，尤其是微信面试，很容易被电话打断。另外，要提前

确认摄像头和麦克风功能可以正常使用，关闭任何会发出提示音的设备，避免面试中受到干扰。为了确保面试官听得清楚，建议使用带有麦克风的耳机来面试，这样不容易产生杂音；提前将手机调成静音状态。如果还担心会出问题，可以找朋友模拟一遍，检查是否有不妥的地方。

3. 确认面试软件

要查看面试通知，了解视频面试的时间和要求，了解采用的面试软件，提前在官网下载好软件。每个平台操作流程都不相同，有些远程面试会要求使用特定软件，请务必提前设置好账号，把账号名改成真实姓名，以便面试官能够找到你。在面试之前，务必要先熟悉平台的操作，以免在真正面试时因操作不当而出错，严重的可能会与工作失之交臂。

4. 确认周围环境足够安静

要找一个安静的地方，以保证面试不会被打扰或者让你分心。最好关好房间的门，提前告知家人你在进行很重要的面试，不要轻易打扰。若在学校宿舍进行网络面试，则可以提前告知舍友，舍友也可以提前做好时间安排。

5. 确认背景是否干净整洁

在网络面试时，最好找一面白墙作为背景墙，干干净净的，既让人看着舒服，也能显示出你是经过精心准备的，对本次面试很重视；如果没有，也可以用书架/书柜作为背景，但要提前检查一遍书柜上面，清理一下不合适的物品，使摄像头拍到的范围干净整洁，没有干扰面试官视线的杂物。也有部分软件可以设置虚拟背景，面试者可以根据具体情况选择设置。

6. 确认灯光是否足够亮

在面试之前，要预览一下画面，检查灯光是否足够亮，能不能看清人，但要尽量避免屏幕上的强光照射。

7. 确认妆容及着装是否得体

妆容和着装要得体大方。很多求职者认为用人单位在网络面试时的评判标准较平时的尺度松，这是一个误区。求职者必须提前进入“工作状态”，不论是男生还是女生，在进行网络面试时更应注意着装及妆容，保持“洗头、化妆、穿正装”的高级状态。一些学生在网络面试时，衣服、衬衫、内搭等上半身都会穿戴整齐，但往往不会在意裤子，总想着面试应该是坐着的，裤子不会出现在镜头内，随便穿什么都可以。甚至有的学生上半身穿着正式，下半身穿着睡裤。在这里特别提醒求职者，下半身的着装同样要重视，不能抱有侥幸心理。

8. 确认眼镜是否反光

有的人担心面试的时候忘词，特地做好小抄贴在电脑屏幕上，但因眼镜反光而被面试官发现，尤其是蓝光眼镜，反光特别强。因此，在网络面试开始前，要先试试调整灯光的角度、亮度，看看能不能解决；如果不能，要么选择戴隐形眼镜，要么就把眼镜摘掉。

9. 提前演练

有科学研究发现，视频面试有效的交流55%来自面部和身体语言，38%来自语音语调，7%来自说话内容。在面试过程中，受屏幕和摄像镜头的角度影响，如果你一直盯着屏幕，面试官就无法跟你进行眼神交流，容易产生距离感；如果你的身体一直不动，就容易显得自己很呆板；如果你的声调过尖或语速很快，对方可能会感到不适。因此，你可先试着练习盯着摄像头讲话，让对方有一种面谈的感觉；增加一些无伤大雅的微动作，如点头赞同对方；找到自己适合视频说话的语调和语速，这些将会缩小与面试官的心理距离。

二、网络面试中的礼仪

1. 面部表情恰到好处

不管是在面对面面试还是网络面试中，面带笑容都是很重要的。在网络面试中尤甚。紧张得不露一点微笑很容易让人觉得你在板着脸，面试气氛就会很严肃，带着笑容则能让气氛轻松一些。此外，网络面试时一定要记得盯着摄像头，而不是盯着屏幕。只有盯着摄像头讲话，面试官才会觉得你是在看他，你们才能有眼神交流。和面试官的眼神交流很重要，当面试官提问时，要和面试官进行对视，这是一种尊重。在讲到高潮部分时，可以稍微地微笑、轻轻点头，呈现出自我思考和与面试官交流的神态。自信大方很重要！有的学生存在翻白眼、东张西望、扭扭捏捏的问题，一定要多进行模拟练习，让听者指出你的问题所在，并改正。

2. 坐姿得体大方

面试者姿势越是端正，在镜头中呈现的效果越好。有的求职者在面试时往往会忽视坐姿，总想着只要自己能够出现在镜头的拍摄范围内就好了。但事实上，一些带转轮的电脑椅非常容易引起面试事故。有些求职者紧张的时候会不自觉地抠手指或者想要触碰一些东西，而有的求职者感到紧张焦虑的时候，就会不自觉地旋转椅子，而求职者的姿态改变非常容易出现从转椅上滑落、产生旋转的噪声等情况。因此，建议求职者在网络面试时使用普通的椅子，最好是不带有旋转功能的椅子。对于椅子的高度，求职者可以根据自己的情况进行调节，这里建议调试好高度后就不要改动。在面试的时候，要端正自己的坐姿，调整好椅子的高度，尽量保证上半身的身体不要随意转动，营造认真严谨的面试氛围。

3. 语言谦逊、语速适当

在网络面试时，要呈现出尊敬对方、低调好学的状态，多说礼貌用语；回答问题要发音准确，吐字清晰，语速适中，声音洪亮，谦虚真诚，自信大方。要耐心倾听对方讲话，不要随便打断。另外，要将自己的口头禅丢掉，不要频繁重复“然后”“但是”“嗯”“啊”等口头语，否则会显得你的回答很啰唆。如果因网络卡顿、信号不好等网络设备故障而导致没有听清楚对方的话，不要慌乱，要镇定地和对方说明原因，请求对方重复问题。在回答问题时，要落落大方，声音洪亮，吐字清晰，态度诚恳，语速不要忽快忽慢。

4. 适当地运用肢体语言

网络面试毕竟不是面对面交流，如果肢体动作配合语言表达能做到和谐得体，立即会给人一种职业化、高素质的感觉。在网络面试中，适量的手部动作既能对求职者的语言表达起到很好的强调作用，又能彰显自信；相反，如果你全程都十指紧握，那么面试官会觉得你缺乏自信。除了眼神交流外，在聆听对方发言时，时不时点头也是一个很好的姿态，这表示你在时刻关注，会无形中增加面试官对你的好感。

需要注意的是，求职者切记勿将生活中的习惯性小动作带到面试中去，肢体语言（如身体摇摆、抖脚、转笔、吐舌、挠头、捂嘴等）很有可能会变成你面试时的减分项。

三、网络面试结束后的礼仪

在面试结束后，应保持微笑向面试官和工作人员致谢，与其道别，并等待面试官先挂断视频，一定不要主动挂断视频。在一段时间后，可以给招聘者或面试官发送感谢信。要以平常心等待面试结果。

项目小结

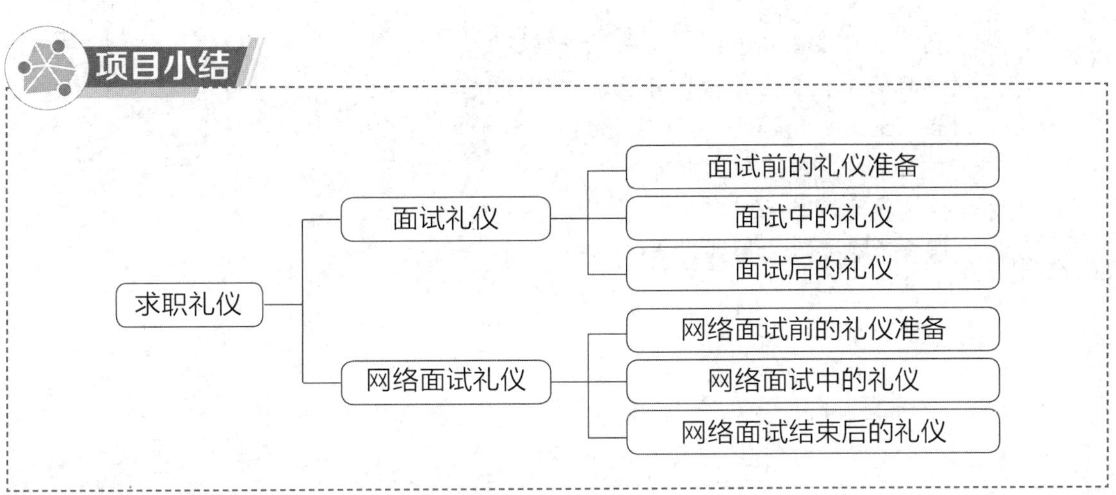

课后实践

面试前的自我了解

(1)请在表 9-1 空白处写上你最想了解的关于自己的 3 个问题,标上名字。

表 9-1 了解自己

我的名字:
希望下面 3 个问题能得到你真诚的回答! 问题 1: 回答:
问题 2: 回答:
问题 3: 回答:

(2)将自己的表格在组内按照一定的顺序传递。
(3)拿到表格的学生要真诚地回答上面的问题。
(4)回收自己的表格,认真思考下列问题:
① 你认同同学对这些问题的回答吗?
② 你觉得这些问题对了解自己有帮助吗?
③ 你觉得自己有哪些方面的潜力?

项目十　求职面试

学习任务

- **知识目标：**了解面试的一般程序、面试的类型，知道面试过程的注意事项。
- **技能目标：**将求职面试方面的理论知识运用到自己的求职面试中，掌握面试中表达的要求与技巧、常见的面试问题及回答技巧。
- **素质目标：**充分认识求职面试的重要性，勇敢进行求职面试，培养自己的自信心。

主动争取机会

重庆某学院2021级的一名学生到某广播电视台面试，由于紧张，面试效果不好，未被录取。但是他没有放弃，没有言败，而是主动找到面试负责人，再次交流。他说："因为我不太熟悉面试流程，加上紧张，导致表现欠佳。我进贵单位的愿望非常强烈，我非常想得到这份工作，这个岗位也非常适合我，请您再给我一次机会吧！"最后他感动了面试官，经过交谈，被录用了。

求职者成功地完成面试是向成功录用迈出了一大步，然而这并不是求职的结束，也就是说，面试完毕并不是求职的结束，既不是大功告成，也不能听天由命等待结果。你一定要采取面试后的跟踪措施，这样可以使你在众多的竞争中脱颖而出。

任务一　面试的程序

一、面试的一般程序

面试往往包括向招聘单位递交自荐书、认真填写岗位招聘申请表或履历表、初次面试、再次面试和面试后的跟踪措施五个阶段。如果每个阶段你都能说服面试官，那么你就是他最需要招聘的员工。

1. 向招聘单位递交自荐书

自荐书在你的求职过程中起着很大的作用。招聘单位可以先通过自荐书对求职者有一个大概的了解，再在面试中通过各种途径对求职者做进一步的了解。

求职者首先要向招聘单位递交制作完备的、能全方位介绍求职者的自荐书。递交自荐书是在面试前几天或面试前1～2个小时进行，根据公司的要求，有的交到招聘公司的人事部，有的直接交到面试官的手里，有的通过电子邮件直接发送到公司人事部的邮箱。招聘单位根据求职者提供的个人自荐书，结合所招聘的岗位和要求，主要从硬性指标上对求职者进行选择。例如，学历、所学专业、身高等，对选定的人通知参加面试。国内招聘企业一般只要求面试者递交中文自荐书，合资企业、独资企业、三资企业一般会要求面试者递交中英文自荐书。

2. 认真填写岗位招聘申请表或履历表

大部分用人单位，特别是大型企业，除要个人自荐书以外，在招聘会上或面试的第一个阶段还需要求职者填写招聘岗位申请表或履历表。履历表填写得好坏，对应聘成功起着关键作用，如西方有句名言说得好："一份履历自传资料是求职者通往面试成功的最有效的护照。"因此，在现场填写这类表格一定要注意按照规范填写，如用黑色签字笔、不涂改、随身携带证件照片等。

3. 初次面试

通常初次面试由公司的人力资源部主管主持进行。通过双向沟通，公司方面对有关求职者的目前情况及未来期望有个大致的了解。初次面试结束后，人力资源部对每位求职者进行评价，以确定再次面试人员的名单。初次面试的形式有电话初试和结构化面试两种。

(1)电话初试。因为求职者越来越多，用人单位的选择也越来越多，有时甚至是上百个人在争取一个职位，这就有必要在面试前先对求职者做一轮筛选，所以用人单位往往选择先在电话中和求职者谈话，对求职者各方面的情况有一个初步的掌握，再决定是否给他直接面试的机会。另外，随着大学毕业生在制作简历等方面的"求职技巧"越来越丰富，他们简历里的"水分"也开始增大，这使得用人单位难以从简历和求职信上了解一个人。为了"挤"去"水分"，找到合适的人参加面试，用人单位也乐于先采用电话初谈的手段。

在电话里，用人单位的人事部门主要谈话的内容是对求职者求职信和简历上的内容进行重新确认，看看是否有漏洞，是否有不符合事实的地方。在接听电话的时候，可以把自己的简历和求职信放在面前，这样可以对用人单位的问题有一个提前的准备。在简历内容上进行了确认以后，用人单位还会在电话里问一些关于工作的问题。例如，你的专业技能，你对应聘职位的个人看法，有的时候用人单位会问得更详细一些，问题会涉及求职者的人品、阅读、视野等。

"知己知彼，百战不殆。"要想从容面对电话面试，就得先了解电话那头的"对手"是谁。对应届毕业生进行电话面试，除非你是特别吸引公司的"牛人"，否则公司的人事主管是不会亲自电话面试一个应届毕业生的。打电话给毕业生的一般是人事助理。毕业生要当心的是，打电话的人有可能会因个人的好恶而决定是否把你推荐给上级。少数大学生是不懂得基本的礼仪，更不要说什么亲和力了，接电话的时候不知道说"你好"，而是一个"冲头冲脑"的"喂"字，这很可能就给打电话的人事助理一个先入为主的印象，"印象分"差了，接下来电话谈话的效果就可想而知了。

安静是接听电话面试最重要的条件。如果是事先与单位约好，那么在约好的时间段，求职者要确保自己处在一个不被打扰的环境，这样你就不会被别的事情弄得心绪不宁。例如，不要一面接电话一面上网，避免微信或 QQ 的提示音响个不停，或者让"你有未读邮件"这样的信息跳出来影响你们的会谈；不要在闹哄哄的马路边或娱乐场所接电话，这样一来听不清对方的提问，二来嘈杂的环境也容易让人焦躁。

如果求职者在接到对方电话时不方便回答，那么应该及时说明"不好意思，我现在不方

便接电话，我们是否可以重新约一个时间”等，用人单位一般会通情达理地同意你的要求。还要注意不要横躺在椅子里进行电话面试，这样的姿势一定会影响到你的声音和态度。

(2)结构化面试。面试是人员素质测评中的一种非常重要的方法，它有着其他测评形式不可替代的特点，是人员素质测评有别于其他领域测评的主要方法。随着面试的发展，面试逐步呈现以下趋势：形式多样化，内容全面化，试题顺应化，程序规范化，面试官内行化，结果标准化。因此，顺应其发展的结构化面试逐渐形成并完善。

4. 复试

通过上面的环节后，人事经理才会邀请求职者未来的上级领导一起参与面试。这时求职者可以与他们交流对公司业务、岗位名称与描述的具体理解等意见。

上级领导希望得到下列信息：求职者精通什么？曾经做过什么？成绩如何？需要什么样的待遇？这些答案都隐含在求职者的回答中，如果求职者的能力、提出的条件与公司要求相差太大的话(包括太优秀和不合适两种情况)，上级领导可能会直截了当地说我们公司的业务和岗位可能和你所理解的有所偏差，你还是去选择一个更适合你的公司吧！而人事经理则不希望看到你被拒绝时的尴尬，所以会先和你聊一些与招聘毫不关联或莫名其妙的问题，如“你们学校食堂的伙食好吗?”“同学里面有多少老乡?”等，然后非常委婉地告诉你：“你的情况我们已经了解了，我们再研究一下，一有消息，会在第一时间通知你的。”

上级领导一旦对求职者的能力和工作经历等表示满意，便会对求职者工作实习经历中的细节问题(特别是业务方面的)进行追问，甚至是质疑，以判断求职者的真实能力。这时求职者需要实事求是地展示自己的专业水准，赢得上级领导认可。一旦通过了上述两方面问题的“拷问”，求职者差不多就是合适的人选了。这时上级领导会说：“这样吧，我给你一些资料看看，先熟悉情况”“我给你引见一下其他的同事”“关于岗位和薪水的问题，你回去后考虑考虑，改天我们再聊”等。如果这样的话，求职者被公司聘用的概率在70%以上。

考虑到岗位安排、薪水标准及相应手续的办理等问题，公司还会对求职者进行最后一次面试加以确认，一旦有更高级别的领导在面试中来“顺便看看”的话，应聘就基本成功了。

5. 面试后的跟踪措施

面试后的跟踪措施有以下几点：

(1)总结经验，再寻良机。面试结束，求职者不能认为万事大吉。求职者要积极采取善后行动，设法让用人单位记住你，抓住时机，趁热打铁，真正把握成功和机会。面试结束后，应及时总结面试表现，或向同去的同学询问，或向有经验的师长求教。你在面试中给对方留下的印象如何？回答提问时还存在什么问题？有哪些重要的情况遗漏了或没说清楚？要回忆一下还有哪些失误，拿出对策，找出弥补的办法，尽快行动，争取成功。

(2)保持联系，建立交情。面试结束后，求职者不能坐享其成，静候佳音，一定要积极主动地与用人单位及时取得联系，建立交情。即使这次不能录取，下次还可以给你机会。联系的方法很多，可以通过写信、打电话或登门拜访表示感谢，询问情况以加深印象。在用人单位难以取舍之际，这些努力的结果是很有效的。要想办法同面试人员、人事部主管等关键人物建立个人交情，用询问、请教、执着来打动面试人员，不管对方态度是积极还是冷淡，不到最后决不放弃。

对于远道而来的招聘单位，你一定要记住单位的详细地址、电话号码、招聘部门及主试者的姓名。采用写感谢信或打电话的方式进行联系，把你在面试时遗漏的问题和对单位的期盼态度很婉转地加以表明。

(3)加深印象，强化优势。应设法让自己“引人注目”，让对方难以取舍，能关注你、重视你、记住你，把面试时没有准备到的信息、资料、个人情况加以补充说明。向对方反复强调对你有用的信息，消除用人单位对你可能有的疑虑，挽回面试的失误。要诚恳表达你的敬业精神；你对单位所具有价值的认识；要明确向对方表示，若你得到这份工作，会加以珍惜、努力干好工作。

(4)实地考察，争取试用。要利用多种渠道参观现场，调查研究，参加岗位实习。在实习中展示自我，不仅能得到了解用人单位、熟悉工作岗位的有利机会，而且有利于用人单位进一步了解你。

总之，在你参加完第一次面试后，不管成败，都还可能有第二次面试的机会，“一试定乾坤”的用人单位甚少，请记住：下次面试在等着你，你一定要胸有成竹，让人刮目相看。

二、面试的类型

面试可有不同的分类，概括起来，常见的有以下四种。

1. 单独面试与集体面试

根据面试对象的多少，面试可分为单独面试和集体面试。

(1)单独面试。单独面试是指招聘者逐个地与求职者单独面谈，这是最普遍、最基本的一种面试方式。单独面试的优点是能够提供一个面对面交流的机会，让面试双方较深入地交流。单独面试有两种类型：一是只有一个招聘者负责整个面试过程，这种面试大多在较小规模的单位录用较低职位人员时采用；二是多名招聘者同时参加整个面试过程，但每次均只与一位求职者交谈，公务员面试大多属于这种形式。

(2)集体面试。集体面试又称小组面试，指多位求职者同时面对招聘者的情况。在集体面试中，通常要求求职者做小组讨论、相互协作解决某一问题，或让求职者轮流担任领导主持会议、发表演说等。这种面试方法主要用于考查求职者的人际沟通能力、洞察与把握环境的能力、领导能力等。无领导小组讨论是较常见的一种集体面试的方法。

知识拓展

无领导小组的基础知识

无领导小组讨论是常用的面试方式之一。总体来看，不同公司的面试题目、面试考核侧重点可能不同，但大多数无领导小组讨论的目的都是快速筛选出有效对象。无领导小组讨论能在短时间内排除掉绝对不符合本公司和本岗位的人选，节省公司在后续面试时的人力成本。

一般来说，无领导小组讨论最忌讳的表现通常有：全程极少发言甚至一言不发；提出的观点皆为无效观点；自我意识特别强，不顾及团队；与该职位所需潜质严重相左；等等。相反，那些在无领导小组讨论中具有较强时间意识、能展现团队领导力、能够提出有理有据的新观点、完整记录全场发言贡献并最终展示出来的人更受面试官的青睐。因此，在无领导小组讨论过程中争取有利角色，适度表现自己是十分必要的。

2. 常规面试与情境面试

(1)常规面试。常规面试就是常见的招聘者和求职者面对面以问答形式为主的面试。在这种面试中,招聘者处于积极主动的位置,求职者处于被动地位。招聘者提出问题,求职者根据招聘者的提问做出回答,展示自己的知识、能力、素质和经验。招聘者根据求职者对问题的回答及仪表仪态、肢体语言、情绪反应等对求职者的综合素质状况做出评价。

(2)情境面试。情境面试突破了常规面试即招聘者和求职者一问一答的模式,引入了无领导小组讨论、公文处理、角色扮演、演讲、答辩、案例分析等人员甄选中的情境模拟方法。在这种面试中,面试的具体方法灵活多样,面试的模拟性、逼真性强,求职者的才华能得到更充分、更全面的展现,招聘者对求职者的素质也能做出更全面、更深入、更准确的评价。在情境面试中,求职者应落落大方,自然和谐地进入情境中,消除不安和焦灼的心理,只有这样,才能发挥出最佳效果。

3. 一次性面试与分阶段面试

(1)一次性面试。一次性面试是指用人单位对求职者的面试集中于一次进行。在一次性面试中,招聘者的阵容一般比较"强大",通常由用人单位人事部门负责人、业务部门负责人及人事测评专家组成。在一次性面试中,求职者是否能面试过关甚至是否被最终录用,都取决于面试表现。面对这类面试,求职者必须集中所长,认真准备,全力以赴。

(2)分阶段面试。分阶段面试可分为两种类型,即依序面试和逐步面试。

① 依序面试。依序面试一般分为初试、复试和综合评定三个阶段。初试的目的在于从众多求职者中筛选出合格的人选。初试主要考查求职者的仪表风度、工作态度、上进心、进取精神等,把明显不合格者淘汰,初试合格者则进入复试。复试以考查求职者的专业知识和业务技能为主,衡量求职者对拟任工作岗位是否适合。复试结束后,由人事部门会同用人部门综合评定每位求职者的成绩,确定最终的合格人选。

② 逐步面试。逐步面试一般由用人单位的主管领导、处(科)长及一般工作人员组成面试小组,小组成员按照层次(由低到高),依次对求职者进行面试。面试的内容依小组成员的层次各有侧重:低层次的,一般以考查专业知识及业务知识为主;中层次的,以考查能力为主;高层次的,则实施全面考查与最终把关。求职者要对各层次的面试要求做到胸中有数,力争在每个层次的面试中均给招聘者留下好印象。对于低层次的面试,不可轻视;对于高层次的面试,也不必拘谨。

4. 结构化面试与非结构化面试

根据面试的结构化(标准化)程度,面试一般分为结构化面试和非结构化面试。结构化面试是指面试题目、面试实施程序、面试评价、招聘者构成等方面都有统一明确规范的面试;非结构化面试是对与面试有关的因素不做任何限定的面试,即没有任何规范的随意性面试。

正规的面试一般为结构化面试,如公务员录用面试即为结构化面试。所谓的结构化,包括三个方面的含义:一是面试过程(面试实施程序)的结构化,二是面试试题的结构化,三是面试结果评定的结构化。

在非结构化面试中,面试的组织非常"随意",关于面试过程的把握、面试中要提的问题、面试的评分角度与面试结果的处理办法等,招聘者事前都没有精心准备与系统设计。非结构化面试类似于人们日常的非正式的交谈,除非招聘者的个人素质极高,否则很难保证非结构化面试的效果。目前,非结构化面试越来越少。

任务二　面试中的注意事项

一、掌握面试中表达的要求与技巧

1. 谈话技巧

与朋友间的谈话不同，在面试中，交谈需要掌握以下三个技巧：

(1)谈话应顺其自然。不要误解话题，不要过于固执，不要独占话题，不要插话，不要说奉承话，不要浪费口舌。

(2)留意对方反应。交谈中很重要的一点是把握谈话的气氛和时机，这就需要随时观察对方的反应；如果对方的眼神或表情显示对你的某个话题已失去了兴趣，应该尽快找一两句话将话题收住。

(3)有良好的语言习惯。求职者不仅要表达流利，用词得当，还要发音清晰、语调得体、声音自然、音量适中、语速适宜等。

2. 摆正交谈心态的技巧

应届毕业生初次参加招聘，如何摆正自己的心态在很大程度上关系着应聘的成败。

(1)展示真实的自己。面试时切忌伪装和掩饰，一定要展现自己的真正实力和真正的性格。有些毕业生在面试时故意把自己塑造一番，明明很内向、不善言谈，却拼命表现得很外向、健谈，这样既不真实，也很难逃过有经验招聘者的眼睛，不利于自身的成功应聘。

(2)以平等的心态面对招聘者。在面试时，如果能够以平等的心态对待招聘者，就能够避免紧张情绪。特别是在回答案例分析问题时，一定要抱着“我是在和招聘者一起讨论这个问题”的心态，而不是感觉他在考查自己，这样就会做出很多精彩的论述。

(3)态度要坦诚。招聘者一般认为做人优于做事，因此，求职者面试时一定要诚实地回答问题。一位企业的人事主管说：“以前曾经面试过一个女孩，面试时她说自己有男友，进入公司后又说没有男友。问她原因，她说曾在一些书里看到，如果说有男朋友就会给人稳重、有责任感的印象。实际上这样做非常不好，面试时的欺骗行为是不利于以后发展的。”

3. 把握交谈原则

求职者与招聘者交谈应该把握“四个度”原则。

(1)体现高度，在交谈中展示自己的水平。在交谈中，既要展示自己政治思想水平和强烈的敬业精神，又要展示自己的专业水平；对问题的回答不能满足于“知其然”，还要答出“所以然”。

(2)增强诚信度，在交谈中展示自己的真诚。在交谈时，态度要诚恳，不要心不在焉；表达要准确，少用“可能”“也许”“大概”等模棱两可的词语；内容要真实，尤其对于自己的优缺点要一分为二，实事求是。

(3)表现风度，在交谈中展示自己的气质。在交谈时，既要体现自身的外在美，又要体现自己的内在气质。言语是一个人内在气质、涵养的外在体现，要注意用自己的语言魅力展示自己。

(4)保持热度，在交谈中，要展示自己的热情，要注意做到精神饱满，用心聆听。

4. 面试结束时的告别技巧

在面试接近尾声时，求职者仍要做到以下两点：

(1)适时告辞。面试不是闲聊，也不是谈判。从某种意义上讲，面试是陌生人之间的沟通。谈话时间的长短要视面试内容而定。招聘者认为该结束面试时，往往会说一些暗示的话语，如"我很感激你对我们公司这项工作的关注""谢谢你对我们招聘工作的关心，我们一做出决定就会立即通知你"。求职者听了诸如此类的暗示语之后，就应主动告辞。

(2)礼貌再见。面试结束时的礼节也是公司招聘录用的一个环节。在招聘者结束谈话前，不要表现出浮躁不安、急欲离去的样子。在告辞时，应感谢对方同自己面谈；如果有秘书或接待员接待过你或招待过你，也应向他们致谢告辞。

5. 面试结束后的处理技巧

在面试结束后，求职者应回顾总结和向招聘者致谢。

(1)回顾总结。面试一结束，就应该对自己在面试时遇到的难题进行回顾，思考该如何更好地回答这些问题，并尽量记下参加面试的所有细节。一定要记下面试时与自己交谈的人的姓名和职位，这样，在通知自己未被录用时，就可以虚心地向其请教自己有哪些欠缺，以便今后改进。一般来说，能得到这样的反馈不容易，求职者应该好好抓住机会。

(2)向招聘者致谢。在面试后的一两天内，求职者可以给某个具体负责人写一封短信，感谢他花费精力和时间与自己面谈，感谢他提供的各种信息。如果在一个星期内，或者依据他们做决策所需的一段合理时间内没有得到任何音讯，则可以联系负责人，问他"是否已经做出决定"，这个电话不仅可以体现出求职者的兴趣和热情，还可以从对方的口气中听出自己是否有希望得到那份工作。

二、面试中的自我介绍

无论什么样的面试，都需要进行自我介绍。自我介绍作为在面试中求职者给面试官的第一印象，其重要性不言而喻。求职者在进行自我介绍时有以下几点需要注意。

1. 与求职岗位无关的信息不提

有的大学生在面试的过程中为了显示自己多方面的优势，会把自己所有的优点一股脑儿都说出来。其中当然也包括很多与求职岗位无关的一些信息。一些无关信息的加入会冲淡面试的主题。例如，一些面试技术岗位的求职者在自我介绍中长篇大论自己文体方面的特长，而讲到和岗位相关的内容时却是一句带过。这种喧宾夺主的自我介绍，一般都不会成功。

2. 与求职岗位相关的"激情"表达

虽然很多求职者在面试中进行自我介绍时，多数是背诵，但是背诵水平也是有高低的。试想一下，一个面试官一天听了几十个人的自我介绍，每一个都是单调的背诵，在极端乏味的情况下，听到一个和岗位相关的、很有"激情"的自我介绍，会是一种怎么样的心情？并且稍微"激情"的表达也能彰显求职者的自信。当然这里的表达"激情"，并不是一种表演或者朗诵，而是能表现自信的一种情感表达方式。

3. 自我介绍时表达要简洁

自我介绍只有1～2分钟，时间是十分宝贵的。因此，自我介绍的内容及表达方式一定要简洁干脆，内容不用涉及过多的细节，说话要干脆、不拖拉。如果一个求职者连自我介绍都支支吾吾、拖泥带水，面试官是不会对你有过多期望的。

4. 要选择恰当的自我介绍方法

(1)积极主动。自荐应是求职者主动将自荐信、个人简历等自荐材料及时地呈交、寄送给用人单位。为了让用人单位更全面地了解自己的情况，事先应做好各种自荐材料的准备：不等对方索要，主动呈交；不等对方提问，主动向对方介绍；不消极等待回音，主动询问。这样往往给人一种"态度积极、求职心切、胸有成竹"的感觉。

(2)重点突出。在介绍自己的情况时，要重点突出自己的能力和知识，可以详细介绍自己的专长、经验、兴趣等；而本人家庭情况简单介绍即可。为了取得对方的信任，有时还要举例说明。例如，在大学期间发表过的论文，获得的奖励，承担的社会工作或某些工作经验、社会阅历等，要突出自己的优势和闪光点。与众不同的东西，才是魅力所在。平铺直叙，过分谦虚，有碍用人单位对自己的全面了解和全面评价，更易失去求职的机会。

(3)如实全面。在介绍自己各方面情况时一定要实事求是，优点不谦虚，缺点不掩饰，有一说一，有二说二，客观全面，不能虚假或夸大。尤其是在介绍自己以往学习、工作上所取得的成果时，一定要恰如其分。同时，自我介绍材料要全面完善，切勿丢三落四，个人基本情况、社会关系、工作简历、学习成绩、业务特长及爱好不能缺少其中任何一项，否则会有不全面的感觉。自荐信、推荐表、个人简历、证明材料一应俱全，才能给用人单位以系统全面的整体印象。

(4)有的放矢。针对用人单位的具体要求，强调自己的社会经验和专业所长，这样才能使招聘者相信自己是理想的求职者。例如，用人单位招聘文秘人员，求职者应介绍自己文、史、哲知识及写作才能；用人单位招聘科研人员，求职者应该介绍学习成绩和科研成果；用人单位招聘管理人员，求职者应介绍做学生干部和工作期间当领导的经验及组织管理能力。强调针对性的同时，当然不能抹杀相关知识才能的作用，专业特长加上广泛的知识面和兴趣爱好，会更受用人单位的青睐。

(5)自荐要出新。求职者应认真地设计一段精彩的自荐词，自荐词要突出个人的风格。风格是个人的经验和感受的结晶，是引起用人单位注意和重视的捷径。

(6)谦虚谨慎。向用人单位推荐自己时，切忌过分抬高自己、"我"字当头、自视清高、处处炫耀自己、对用人单位评头论足会导致招聘者的反感。一个善于尊重别人的人，才会受到用人单位的尊重；一个对别人有好感的人才会得到别人的好感。即使自己有过人之处，也应以谦恭的态度向对方展示；即使自己有好的建议，也应以委婉的言辞提出。一般前来招聘的人不是单位领导，就是专业骨干或人事经理，他们多年从事本职工作，对相关专业比较了解，求职者倘若在他们面前班门弄斧，显然不会得到对方的好感。

(7)自信大方。极端的羞涩、懦弱，过于自卑的做法亦不足取。试想：一个用人单位会用一个对自己都感到信心不足的求职者吗？具体来说，自荐时洪亮的声音、洒脱的态度、从容的举止，都能体现自己的自信心。

(8)礼仪周到。有些求职者在面试官面前做出了许多不合常规的行为。姗姗来迟，边走边喝牛奶；大言不惭地告诉面试官，我未来的目标就是取代你现在的位置；在面试官面前眼光游离，东看西看，很不专注；在回答面试官的提问时很不耐烦，认为问的问题太多，说出很不礼貌的语言……这些都是不礼貌的言行，是导致面试失败的致命之点。

三、常见的面试问题及回答技巧

1. 应答技巧

面试中的应答是有一定技巧的，归纳起来有以下四点：

(1)有问必答。不管是什么问题，都要做出回答，这是最基本的原则。招聘者的问题有的虽然刁钻，但可能是测试你的应对技巧、反应能力，不管你的反应能力如何，总得有一个答案；如果拒绝回答，或者说："这个问题很难回答……"那么，你面试成功的机会就可能不大了。切记不要答非所问。

(2)"大题小做"。招聘者有时会问一些"很大"的题目，如让你介绍一下你自己的情况，至于说自己的什么情况并没有限定。其实招聘者要的答案并不是你事无巨细的全部，因此，你必须"小"做，不要没选择、没目的地说出来。一般来说，"大"题目"小"做的技巧是，围绕你应聘的职位来谈，以"说说你自己"为例，"小"到与应聘岗位相关的知识、经验、技能方面即可。招聘者如果有兴趣了解你的另外一些情况，他会发问的。这样的问题往往出现在面试开始时，这等于让你先打开话匣子，因此，你必须有意识地把话题拉到你的能力、性格、优点、学识、经验等方面来，把握好这样的好机会。

(3)坦率不掩饰。在涉及专业性很强的问题，而你确实不懂时，就坦率承认，千万别说"我想想"，再怎么想也没有结果，反而会给招聘者留下不懂装懂的印象。有时招聘者出这一类的问题纯粹是想验证一下你是否诚实，如果你坦率承认自己不懂，就正好通过了招聘者对你这方面的测评。

(4)侧面回答。有些问题正面回答等于否定自己，因此要设法将可能否定自己的话转化成肯定自己的话。例如，对于"你有没有工作经验"这类的问题，如果你作为应届毕业生据实回答这个问题，答案只能是"没有"。但是，你可以这样回答："我虽然没有工作经验，但是我在校期间学习了本专业的实践课程，并且利用寒暑假参加过社会实践，得到了很多锻炼。"这等于变否定回答为肯定回答。

2. 提问技巧

通常在面试即将结束时，招聘者会说类似"我们的问题都问完了，请问你对我们有没有什么问题要问"这样的话，众多毕业生对此常常茫然不知所措。其实，用人单位此举一是给毕业生了解企业的机会，二是借此进一步考查毕业生。此时毕业生应抓住机会，通过向用人单位提问，获取自己所需的信息，同时也可进一步表现自己。毕业生在提问时需注意以下五个方面：

(1)提出的问题要视招聘者的身份而定。面试前，你最好弄清招聘者的职务，要知道招聘者是一般工作人员还是负责人，是哪一级的负责人。要视招聘者的职务来提问题，不要见到任何招聘者什么问题都问，让招聘者无法回答，从而引起招聘者的反感。如果你想了解求职单位共有多少人、组织结构、主要业务方面的问题，就不要向一般工作人员提问，而要向单位负责人提问。

(2)求职者通常可以提的问题。一般情况下，求职者可向招聘者提出以下三个方面的问题：一是单位性质、上级部门、组织结构、人员结构、成立时间、产品和经营状况等，二是单位在同行业中的地位、发展前景、所需人员的专业及文化层次和素质要求，三是单位的用工方式、内部分配制度、管理状况、经济效益和社会效益等。还可以就如果被公司录用，可能会接受的培训、工作的主要职责等问题进行提问。但不要问类似"请问你们在我们学校要招几个人"这样的问题,大部分单位都会回答你"不一定,要看毕业生的素质情况"。

(3)要注意提问的时间。要把不同的问题安排在谈话进程的不同阶段提出来。有的问题可以在谈话一开始就提出,有的可以在谈话进程中提出,有的则要放在快结束时提出。不要毫无目的地乱提,更不可颠三倒四、反反复复提那么几个问题。因此,在谈话之前,要将所要提的问题一一列出来,按照谈话进程编出序号,反复看几遍,以便在谈话时头脑清醒,遵循提问的顺序。

(4)要注意提问的方式、语气。有些问题可以直截了当地提出来,如了解单位的人员结构、岗位设置等问题。有些问题则不可以直截了当地提出来,而要婉转、含蓄一点,如了解求职单位职工的收入情况和自己进入公司以后每月的收入情况等问题,可婉转地问"贵单位有什么奖惩条例、规定""贵单位实行什么样的分配制度"等。因为这些问题清楚了,自己对照一下可能就会知道自己会有多少收入。另外在询问时,要注意语气,要给人一种诚挚、谦逊的感觉;千万不要用质问的语气向对方提问,这样会引起对方的反感。

(5)不提模棱两可、似是而非的问题。在提与职业、专业有关的问题时,一定要确切,不要不懂装懂,提出不切实际的问题。因为从提问中可以看出提问者的知识水平、思维方式和个人价值观等。

由于面试的对象、时间、地点、目的不同,提问题应注意的事项不可能一一列举。总之,求职者要重视提问技巧的学习和运用,这对选择职业影响极大,不可马虎。

要注意的是,成功的面试有时间限制,谈短了不行,谈长了对求职者不利。谈话时间的长短要视面试内容而定,一般宜掌握在半小时至 45 分钟。那么,怎么才能把握好面试的时间呢? 一般来说,在高潮话题结束之后或者在招聘者暗示之后就应该主动告辞。一般情况下,招聘者认为该结束面试时,往往会说出以下暗示的话语:"我很感激你对我们公司这项工作的关注。""谢谢你对我们招聘工作的关心,我们做出决定后就会立即通知你。""你的情况我们已经了解了,在做出最后决定之前我们还要面试其他的申请人。"求职者听了诸如此类的暗示语后,应该主动站起身来,露出微笑,和招聘者握手告辞并致谢,然后有礼貌地退出面试室。面试后表示感谢是十分重要的。

项目小结

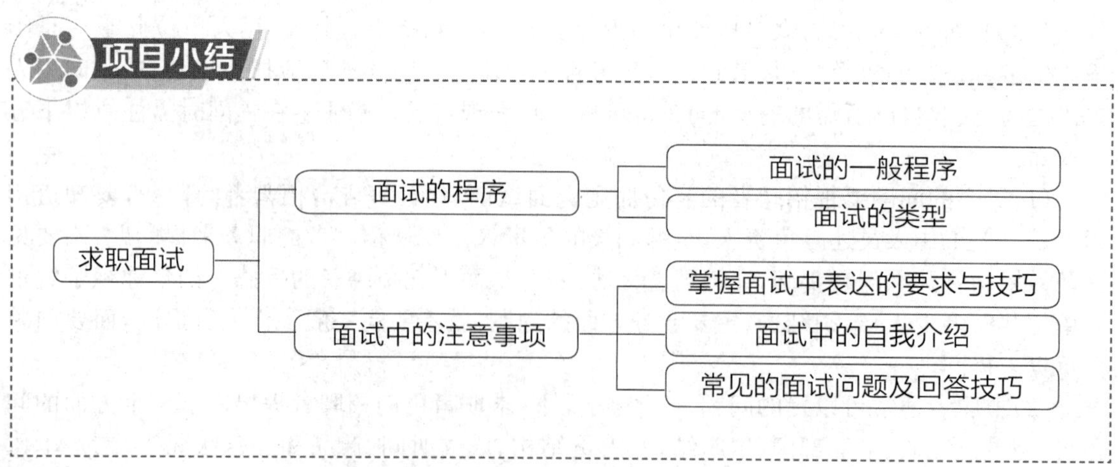

课后实践

模拟面试

【实训目的】

通过模拟面试活动，学生亲身感受面试的情境，发掘自身不足之处，更好地充实自己，有意识地提升自己的综合能力和素质。

【活动流程】

(1)进行分组，并分配任务。班委成员为一组，负责设计和制作招聘广告，向班级同学介绍公司的基本情况，公布招聘职位，并发放制作好的应聘申请表。

(2)班级其余学生均填写应聘申请表，班委成员统一回收填写完成的应聘申请表。

(3)现场模拟面试。班委成员确定面试的时间和地点，设计并布置好场地，邀请至少2名教师担任面试官。

(4)安排面试官就座，做好后勤工作，面试官随机选取应聘申请表，候场的应聘学生听到名字后进入面试场地进行模拟面试，面试官同时写面试成绩评定表(参考下表)。面试结束后，面试官进行点评。

面试成绩评定表

姓名		性别			年龄	
毕业院校		专业			学历	
应聘职位						
评价项目		优	良	好	一般	差	备注
仪表、仪态(仪容、礼貌、精神、态度、整洁、衣着等方面)							
专业知识水平(是否具有所应聘岗位所要求的专业知识和技能，知识技能是否健全等)							
工作经验与职位的匹配度(工作经验与所应聘的岗位的吻合程度等)							
语言表达能力(能够将自己的思想观点、意见看法等准确流程有逻辑地表达出来)							
分析判断能力(认识问题并获得有效信息，根据获得的信息提出解决问题可行方案的能力)							

（续表）

应变能力（面对外界环境或事物发生改变，能否及时、快速地做出反应，冷静对待的能力）						
自我认知能力（能够客观、正确地评价自己的优势和不足）						
综合得分						
面试官点评						

项目十一　就 业 保 障

学习任务

- **知识目标**：了解就业相关政策，熟悉劳动法，掌握签订劳动合同的相关事宜。
- **技能目标**：将就业保障方面的知识运用到自己的求职择业中，并学会维护自己的劳动权益。
- **素质目标**：充分认识劳动法的重要性，树立法治意识，勇敢维护自己的劳动权益，培养自己独立性格。

及时关注就业相关政策

2019 届毕业生小赵，生源地为江西省××地区，毕业时在广东省落实了一家民营企业就业，由于广东这家民营企业不接收他的档案、户口关系，他的报到证、档案、户口均派遣回江西省××地区。小赵从学校领了报到证、户口迁移证等相关材料后，直接放回家里，然后就赶到广东省这家民营企业上班去了。2021 年年底，工作单位要求所有员工人事档案迁移到当地人才交流机构统一托管。他马上要结婚，需办结婚证，急忙将报到证拿到生源地人力资源和社会保障局报到，拿着户口迁移证到派出所落户。当地相关部门说："报到日期过了太长时间了，不能办理了。"小赵又急忙跑到学校所在地派出所，希望更改户口迁移日期，该派出所答复他："要么回生源地办，要么将报到证日期改派后，我们再改日期。"他又找到学校就业部门，就业部门给他的答复："超过两年，报到证不能再给予更改。"

报到证、户口、档案这些就业材料与每名毕业生息息相关，重要性不言而喻。毕业生除了了解自己择业前和择业中相关注意事项外，择业后的相关材料及政策法规也应重点关注，以免误事。

任务一　就业相关政策

一、大学生基层就业政策

1. 选聘高校毕业生到村任职政策

(1)选聘对象、条件和程序。

① 选聘对象为 30 岁以下应届和往届毕业的全日制普通高校专科以上学历的毕业生，重点是应届毕业和毕业 1～2 年的本科生、研究生，原则上为中共党员(含预备党员)，非中共

党员的优秀团干部、优秀学生干部也可以选聘。选聘的基本条件如下：

· 思想政治素质好，作风踏实，吃苦耐劳，组织纪律观念强。

· 学习成绩良好，具备一定的组织协调能力。

· 自愿到农村基层工作。

· 身体健康。

② 参加人力资源和社会保障部、团中央等部门组织的到农村基层服务的“三支一扶”“志愿服务西部计划”等活动期满的高校毕业生，本人自愿且具备选聘条件的，经组织推荐可作为选聘对象。对于各省（区、市）此前已经选聘到村任职的高校毕业生，本人自愿，通过组织考察推荐，可转为选聘对象。

③ 选聘工作要坚持公开、平等、竞争、择优和德才兼备的原则，一般通过个人报名、资格审查、组织考察、体检、公示、决定聘用、培训上岗等程序进行。

（2）选聘任职。选聘的高校毕业生是中共正式党员的，一般安排担任村党委组织书记助理职务；是中共预备党员的或非中共党员的，一般安排担任村委会主任助理职务；是共青团员的，可安排兼任村团组织书记、副书记职务。经过一段时间的实际工作、被大多数党员和群众认可的，可通过推荐参加选举担任村党组织书记、副书记等职务。

（3）待遇和保障政策。选聘到村任职的高校毕业生，享受以下政策待遇：

① 比照本地乡镇从高校毕业生中新录用公务员试用期满后工资水平确定工作、生活补贴标准，在艰苦边远地区工作的，按规定发放艰苦边远地区津贴，补贴、津贴按月发放；参加养老社会保险。

② 在村任职期间，办理医疗、人身意外伤害商业保险。

③ 符合国家助学贷款代偿政策规定、聘期考核合格的，其在校期间的国家助学贷款本息由国家代为偿还。

④ 在村任职2年以上、具备“选调生”条件和资格的，经组织推荐，可参加选调生统一招考。

⑤ 在村任职2年后报考党政机关公务员的，享受放宽报名条件、增加分数等优惠政策，同等条件下优先录用。县乡机关公务员应重点从选聘到村任职的高校毕业生中招录。

⑥ 聘期工作表现良好、考核合格的，报考研究生享受增加分数等优惠政策，在同等条件下优先录取。

⑦ 被党政机关或企事业单位正式录用（聘用）后，在村任职工作时间可计算工龄、社会保险缴费年限。

⑧ 到西部和艰苦地区农村任职的，户口可留在现户籍所在地。

2. 大学生“三支一扶”政策

大学生“三支一扶”是指大学生在毕业后到农村基层从事支农、支教、支医和扶贫工作。政策的依据是《关于统筹实施引导高校毕业生到农村基层服务项目工作的通知》（人社部〔2009〕42号），其目的是为高校毕业生向基层单位落实就业问题提供具体的指导和保障。

（1）落实方式。公开招募、自愿报名、组织选拔、统一派遣，主要安排到乡镇从事支教、支农、支医和扶贫工作。

（2）实施过程。每年4月底前，各地收集、汇总、上报乡镇一级教育、农业、卫生等基层岗位需求信息；5月底前，各地根据下达的招募计划，采取考核或者考试的方式公开招募；7月

底前，派遣“三支一扶”大学生到服务单位报到。

(3)服务时限。服务时限一般为2～3年，工作期间给予一定的生活补贴。工作期满后，自主择业，择业期间享受一定的优惠政策。

(4)就业服务及优惠政策。

① 期满后，如原基层服务单位有工作空缺，要优先考虑“三支一扶”人员，所在县、乡的企事业单位如有职务空缺，也要拿出部分职务吸纳该部分毕业生。

② 准备自主创业的人员，可享受行政事业性收费减免、小额贷款担保和贴息等有关政策。

③ 期满且考核合格的“三支一扶”毕业生可以享受一定的政策加分或同等条件优先录用。

④ 西部地区和艰苦边远地区服务2年以上，服务期满后3年内报考硕士研究生，初试总分加分10分，同等条件下优先录取。

⑤ 期满考核合格的“三支一扶”大学生，根据本人意愿可以回到原籍或到其他地区工作，凡落实了接收单位的，接收单位所在地区应准予落户。

⑥ 国有企事业单位的，由接收单位按照所任职务比照同等条件人员确定其职务工资标准，其服务期限计算为工龄，在今后晋升中高级职称时，同等条件下优先评定等。

(5)经费保障。“三支一扶”计划所需各项经费由财政安排专项经费予以解决。其中，到30个经济欠发达县服务的生活、交通补贴和保险费用，由省、市、县(市、区)财政按5∶3∶2的比例负担；到其他市、县(市、区)服务的生活、交通补贴和保险费用，由所在市、县(市、区)财政负担，省财政将通过不断加大转移支付力度对财政困难县予以支持。“三支一扶”大学生的体检和培训费用由省财政负担，工作经费由各级财政负担。

知识拓展

“特岗计划”常识

“特岗计划”是中央实施的一项针对西部地区农村义务教育的特殊政策，通过公开招聘高校毕业生到西部地区“两基”攻坚县、县以下农村学校任教，引导和鼓励高校毕业生从事农村义务教育工作，创新农村学校教师的补充机制，逐步解决农村学校师资总量不足和结构不合理等问题，提高农村教师队伍的整体素质，促进城乡教育均衡发展。特岗教师在聘任期间，执行国家统一的事业单位工资制度和标准，津贴、补贴由各地根据当地同等条件公办教师年收入水平综合确定。参加“特岗计划”的教师年收入水平原则上不低于当地同等条件公办教师年收入水平。“特岗计划”涉及的地区主要包括河北、山西、内蒙古、吉林、黑龙江、安徽、江西、河南、湖北、湖南、广西、海南、重庆、四川、贵州、云南、陕西、甘肃、宁夏、青海、新疆。

3. 大学生志愿服务西部计划

“大学生志愿服务西部计划”是由共青团中央、教育部、组织部门、人事部门于2003年根据国务院有关要求共同组织实施的。计划从2003年开始，按照公开招募、自愿报名、组织选拔、集中派遣的方式每年招募一定数量的普通高等院校应届毕业生，以志愿服务的方式到西部贫困县的乡镇从事为期1～2年的教育、卫生、农技、扶贫及青年中心建设和管理等方面的工作。西部计划的服务地主要是内蒙古、广西、重庆、四川、贵州、云南、西藏、陕西、甘肃、青海、宁夏、新疆12个省(区、市)加海南省、新疆生产建设兵团及湖南湘西州、湖北恩施州、吉林延边州部分地区贫困县的乡镇。

就业服务及优惠政策主要包括以下几个方面:

(1)志愿者服务期间中央财政给予一定补贴。服务单位为志愿者提供住宿等必要的生活条件。

(2)服务期间计算工龄,党团关系转至服务单位。本人要求户口和档案保留在学校的,按规定保留两年,在此期间,档案管理机构对保管其档案免收服务费用;本人要求将户口转回入学前户籍所在地的,公安机关按照规定为其办理落户手续。人事、教育部门所属人才交流机构负责办理相关手续,人事部门所属人才交流服务机构免费提供人事代理服务。服务期满落实工作单位后,公安机关按有关规定办理户口迁移手续。

(3)服务期间可兼职或专职担任所在乡镇团委副书记、学校及其他服务单位的管理职务。

(4)服务期满考核合格的,报考研究生给予加分,在同等条件下,优先录用,具体规定在当年的研究生招生政策中予以明确。

(5)服务期满考核合格后报考党政机关公务员的,可适当加分,同等条件下,优先录用,具体规定由省级公务员考试录用主管机关在当年招考中予以明确。

二、大学生应征入伍政策

大学生应征入伍是指部队每年从在校大学生和大学毕业生中招收义务兵,报名流程一般为网上登记、初审初检、体检政审、走访调查、预定新兵、张榜公示、批准入伍。

服役期间的有关就学政策如下:

(1)妥善安排学业。在校大学生入伍前,学校应安排他们参加所学课程的考试,也可以根据平时的学习情况,对所学课程免试,直接确定成绩和学分,并保留学籍至退役后1年内。对已经修完规定课程或已修满规定学分,符合毕业条件的,学校可准予毕业,发给其毕业证书。在校大学生入伍后,有条件的可以参加原学校组织的函授或自学专业课程,经部队团级单位批准可以参加学校组织的考试。2008年后入学的学生入伍后,原就读学校保留学籍,退伍后准其复学。

(2)适当减免学费。在校大学生被批准入伍后,已交学杂费的剩余部分,根据本人自愿,由学校退还本人,或由学校负责管理。退出现役后复学,其家庭经济困难的,由学校酌情减免学费;入伍前享受优秀学生奖学金的,复学后提高一个奖学金等级(不含一等奖学金);对荣立一次三等功奖励的,复学后按不低于50%的标准减免学费;荣立两次三等功或荣立二等功、被授予荣誉称号的,复学后免交全部学费。

(3)退役后的复学。对原就读学校撤销的,由省(自治区、直辖市)教育行政部门安排转入同等学力相关专业高等学校复学;原所学专业撤销的,由学校安排转入其他专业复学;个别学习有困难的,可以申请延长学习时间;对专科升本科、本科报考研究生的,在同等条件下应优先录取。在部队荣立三等功以上奖励的,原是本科生的可申请转到本校其他专业学习,原是专科生的可以免试进入本校同专业或相近专业的本科学习,属独立设置的专科学校的专科生,由学校报所在省教育行政部门负责安排;荣立二等功以上奖励的,所学本科专业毕

业后，可免试保送所学专业研究生。

三、有关大学生就业的最新政策

现行的高校毕业生就业制度和政策为高校毕业生开辟了更为广泛的就业渠道和形式，深化了高校毕业生就业制度的改革，使之更加适应社会主义市场经济体制的需求。我国大学生就业的最新政策主要有以下几个方面：

(1)鼓励高校毕业生到基层和艰苦地区工作。各级政府要为高校毕业生创造工作条件，主要充实城市社区和农村乡镇基层单位，鼓励毕业生从事教育、卫生、公安、农技、扶贫和其他社会公益事业，在艰苦地区工作 2 年或 2 年以上者，报考研究生的，应优先予以推荐、录取；报考党政机关和应聘国有企事业单位的，同等条件下，应优先录用。对到农村基层和城市社区公益性岗位就业的，给予社会保险补贴和公益性岗位补贴；对到农村基层与城市社区其他社会管理和公共服务岗位就业的，给予薪酬或生活补贴。

(2)党政机关录用公务员和国有企事业单位新增专业技术人员与管理人员，应主要面向高校毕业生公开招考或招聘，择优录用。

(3)鼓励各类企事业单位特别是中小企业和民营企事业单位聘用高校毕业生，政府有关部门要为其提供便利条件和相应服务。对企业跨地区聘用高校毕业生，省会及省会以下城市要认真落实有关政策，取消落户限制。对选择到非公有制单位就业的高校毕业生，公安机关要积极放宽建立集体户口的审批条件，及时、便捷地办理落户手续。

(4)为高校毕业生办理户口和人事档案手续提供便利。全国范围内于 2016 年 1 月 1 日起停收“人事关系及档案保管费”，这意味着高校毕业生等群体将不用再交档案保管费。“人事关系及档案保管费”的取消，将使大部分非国有企业、机关、事业单位的人员及刚走出校门的高校毕业生受惠。

对毕业离校时未落实工作单位的高校毕业生，本人要求将户口转回入学前户籍所在地的，公安机关应当按照户籍管理规定为其办理落户手续，人事、教育部门所属的人才交流服务机构负责办理相关手续，人事部门所属人才交流服务机构免费提供人事代理服务。本人落实工作单位后，公安机关按有关规定办理户口迁移手续。

(5)毕业半年以上未能就业并要求就业的高校毕业生，可持学校证明到入学前户籍所在城市或县劳动保障部门办理失业登记。劳动保障部门所属的公共职业介绍机构和街道劳动保障机构应免费为其提供就业服务。对已进行失业登记的高校毕业生，有条件的城市、社区可组织其参加临时性的社会工作、社会公益活动，或到用人单位见习，给予一定报酬。对于因患病等原因短期无法工作并确无生活经济来源者，由民政部门参照当地城市低保标准，给予临时救助，此项费用由地方财政列支。

(6)鼓励中小企业和民营企事业单位聘用高等职业学校(大专)毕业生，对就业困难的应届高职(大专)毕业生，由劳动保障、人事和教育部门共同实施“高职(大专)毕业生职业资格培训工程”，对需要培训的应届高职(大专)毕业生进行职业技能培训和职业技能鉴定。培训费由教育部门承担，职业技能鉴定费由劳动保障部门适当减免。

(7)强化对困难家庭高校毕业生的就业援助。就业困难和零就业家庭的高校毕业生，可享受公益性岗位安置、社会保险补贴、公益性岗位补贴等就业援助政策。对于这类毕业生，机关、事业单位免收招聘报名费和体检费；高校可根据实际情况给予适当的求职补贴。离校后未就业回到原籍的高校毕业生，由各地公共就业服务机构免费提供就业服务并组织就业见习和职业技能培训。

案例故事

吴某，某高等专科学校2018届高压输配电线路施工运行与维护专业毕业生，于2018年7月加入某供电公司。从第一天到该供电公司报到开始，吴某一直在为自己的职业梦想奋斗着。在某技术学院进行的为期4个月的岗前培训中，吴某荣获了"优秀学员""优秀学院干部""技能大赛二等奖"等奖项。随后通过半年的努力学习，具备了较强的业务和实操能力，因表现突出，于2019年被任命为配电检修班班长；2019年兼任配电党小组组长，被评为2018—2019年该电力公司"优秀共产党员"。2020年参加公司岗位公开竞聘，被聘为运维检修部配电运检室技术主管，成为全公司最年轻的技术中层干部；2021年在省公司配电带电作业比武竞赛中，不畏艰难又喜获省公司团体作业项目第四、个人技能比武第六的佳绩。

吴某仅仅从业3年就成了公司中层干部和技术标兵。毕业生到基层去是放飞梦想、增长才干的一种务实选择。

四、大学生就业政策展望

作为教育改革重要组成部分的毕业生就业制度改革，其目标是探索并建立一种新的就业机制，使其适应社会主义市场经济体制的要求。发展市场经济需要政策方针的不断完善，同样与之配套的就业政策必须逐步调整。

1. 继续加大毕业生就业宏观调控的力度

鼓励建立提供人才需求信息、就业咨询指导或职业介绍等的社会中介组织，通过发布社会就业率及国家各行业和各地区的人才需求信息等，指导大学毕业生做出正确的职业选择，为大学毕业生就业提供服务。

2. 实行完全自主择业的就业方式

就业市场化是大学毕业生就业不可逆转的趋势。就业市场化即指由原来单一的计划派遣方式，转向用人单位与大学毕业生之间"双向选择、供需见面"，使大学毕业生通过多种方式就业，如录用、聘用、自谋职业等。只有这样，才有利于人力资源配置的市场化。

3. 建立、发展和健全人才劳务市场

只有建立健全人才劳务市场，运用市场机制来调节大学毕业生与用人单位的供求关系，才能实现人才资源的优化配置。

4. 进一步完善人事代理制度，建立健全社会保障机制

随着国家人事制度改革的不断深化，"自主择业""双向选择"的用人机制及全员劳动合同制、全员聘任制的实行，劳动者从"企业人""单位人"变为"社会人"，这就要求认识人事代理制度完善的重要性。只有更好地完善人事代理制度，才能更有效地为这种转变提供社会保障服务。

5. 加强就业政策和就业法规建设

如今，大学毕业生择业期延长，就业难现象更加明显，就业市场化与保障国家重点建设

单位需要之间的矛盾更加突出了。上述问题的解决要求不断加强和完善国家的就业政策。同时,通过稳定的大学毕业生就业法规,可明确就业工作的基本原则,明确劳动人事部门的职责、用人单位及毕业生的权利和义务,使就业程序真正做到公平、公正、公开。通过条例法规的形式能更好地规范大学毕业生就业市场、就业行为,使得政府有法可依。

6. 以创业带动就业

促进创业政策发布后,“大众创业,万众创新”(“双创”)的浪潮涌动,全国上下多方合力、多措并举,全面、持续推动“创业带动就业”,从中迸发的就业潜力和出现的就业前景都呈现出一片利好形势。

政府、高校加强“双创”号召,力争让大学生更好地就业,减少创业阻力,从而使其迸发出激情和活力,破除“就业难”的坚冰。在措施上,政府、高校联合加强创业培训和创业服务,完善创业担保贷款制度,完善创业服务体系建设,推进创业型城市建设。国务院完成了“五证合一”的登记制度改革,通过“一口受理、并联审批、信息共享、结果互认”,实现了由一个部门核发加载统一社会信用代码的营业执照。在政策导向上,科技部印发《发展众创空间工作指引》,各地纷纷出台政策支持众创空间、孵化器等建设,并且发放创业中可能需要的各项补贴。人力资源和社会保障部等相关部门也出台了一系列相关政策鼓励大学毕业生创业,力图通过高校、政府、社会三方建立有效机制,支持大学毕业生进行创业实践。对于有自主创业意愿的大学毕业生,实施弹性学制,放宽学生修业年限,允许调整学业进程、保留学籍休学创业。

综上,大学毕业生就业事关广大学生及其家庭的切身利益,事关社会主义现代化建设,事关社会和谐稳定。面对复杂严峻的就业形势,要唱响基层就业“主旋律”,落实立德树人的根本任务,积极引导大学毕业生到基层一线就业创业;认真落实基层就业学费补偿代偿等政策;继续组织实施“特岗计划”等中央基层项目;推动大学毕业生服务乡村振兴战略。

任务二 劳动法相关内容

一、劳动合同的主体

劳动合同的主体即劳动法律关系当事人,具体指劳动者和用人单位。劳动合同的主体与其他合同关系的主体主要存在以下不同:

(1)劳动合同的主体是由法律规定的,具有特定性:一方是劳动者,另一方是用人单位。只有劳动者和用人单位都具备法律规定的劳动合同主体条件,才能签订劳动合同。不具有法定资格的公民与不具有用工权的组织和个人都不能签订劳动合同。

(2)劳动合同签订后,主体之间具有行政隶属性,即劳动者必须依法服从用人单位的行政管理。

二、劳动合同的内容

劳动合同的内容可分为两个:一是必备条款;二是协商约定条款。

1. 必备条款

《中华人民共和国劳动法》(以下简称《劳动法》)第十九条规定了劳动合同的法定形式是书面形式,其必备条款有以下七项:

(1)劳动合同期限。法律规定合同期限分为三种:一是有固定期限,如1年期限、3年期限等;二是无固定期限,合同期限没有具体的时间约定,只约定终止合同的条件,若无特殊情况,这种期限的合同应存续到劳动者到达退休年龄;三是以完成一定的工作为期限,如劳务公司外派一名员工到另外一个公司工作,两个公司签订了劳务合同,劳务公司与外派员工签订的劳动合同以劳务合同的解除或终止为终结,这种合同期限就属于以完成一定工作为期限的种类。用人单位与劳动者在协商选择合同期限时,应根据双方的实际情况和需要来约定。

(2)工作内容。在这一必备条款中,双方可以约定工作数量、质量及劳动者的工作岗位等内容。在约定工作岗位时,可以约定较宽泛的岗位概念,也可以另外签订一个短期的岗位协议作为劳动合同的附件,还可以约定在何种条件下可以变更岗位条款,等等。掌握这种签订劳动合同的技巧,可以避免将工作岗位约定得过死,因变更岗位条款协商不一致而发生争议。

(3)劳动保护和劳动条件。双方在这方面可以约定工作时间和休息、休假的规定,各项劳动安全与卫生的措施,对女员工的劳动保护措施与制度,以及用人单位为不同岗位劳动者提供的劳动、工作的必要条件等。

(4)劳动报酬。此必备条款可以约定劳动者的标准工资、加班加点工资、奖金、津贴、补贴的数额及其支付时间、支付方式等。

(5)劳动纪律。此条款应将用人单位制定的规章制度约定进来,将内部规章制度印制成册,作为合同附件的形式加以简要约定。

(6)劳动合同终止的条件。这一必备条款一般是在无固定期限的劳动合同中约定的,其他期限种类的合同也可以做此约定。需注意的是,双方当事人不得将法律规定的、可以解除合同的条件约定为终止合同的条件,以避免出现用人单位将解除合同支付经济补偿金改为终止合同不予支付经济补偿金的情况。

(7)违反劳动合同的责任。违反劳动合同的责任是一种违约责任,它是指合同订立以后,劳动合同当事人因自己的过错造成劳动合同没有履行或没有完全履行,依照法律规定或当事人约定所承担的法律责任。承担责任的形式主要有赔偿损失、支付违约金或继续履行合同等,其中赔偿损失的形式多样,除直接支付赔偿费用外,还包括补发工资、奖金等形式。

2. 协商约定条款

用人单位与劳动者签订的劳动合同除上述必备条款以外,还可以协商约定其他内容。协商约定的其他内容一般简称为协商条款或约定条款,实际上称为随机条款更准确,因为必备条款的内容也是需要双方当事人协商、约定的。协商条款是当国家法律规定不明确,或者国家尚无相关法律规定的情况下,用人单位与劳动者根据双方的实际情况协商约定的一些随机性条款。劳动行政部门印制的劳动合同样本一般都将必备条款写得很具体,同时留出一定的空白由双方随机约定一些内容。例如,可以约定试用期、保守用人单位商业秘密的事项、用人单位内部的一些福利待遇等内容。随着劳动合同制度的完善,人们的法律意识、合同观念越来越强,劳动合同中约定条款的内容越来越多。这是改变劳动合同千篇一律的状况、提高合同质量的一个重要体现。

三、签订劳动合同的原则

签订劳动合同是指劳动者和用人单位经过相互选择和平等协商，就劳动合同条款达成协议，从而确立劳动关系和明确相互权利义务的法律行为。

《劳动法》第十七条规定："订立和变更劳动合同，应当遵循平等自愿、协商一致的原则，不得违反法律、行政法规的规定。"这一规定明确了劳动者与用人单位签订劳动合同必须遵循的三项基本原则。

1. 平等自愿原则

平等指双方当事人法律地位平等，双方都有权选择并就合同内容表达各自独立的意志。自愿是指劳动者与用人单位自由表达各自的意志，主张自己的权益和志愿，任何一方都不得强迫对方接受自己的意志。凡采取欺诈、胁迫等手段把自己的意愿强加给对方的，均不符合自愿的原则。对于双方当事人来讲，平等是自愿的基础和条件，自愿是平等的表现，两者相辅相成、不可分割。平等自愿原则是劳动合同签订的基础和基本条件。

2. 协商一致原则

在签订劳动合同的过程中，劳动者与用人单位双方应对劳动合同的内容、期限等条款进行充分协商，使双方对劳动权利、义务意思表示一致。只有协商一致，合同才能成立。

3. 合法原则

合法原则是指遵守国家法律、行政法规的原则。劳动者和用人单位在签订劳动合同时，不能违反国家法律、行政法规的规定，这是劳动合同得以有效落实并受法律保护的前提条件。签订的劳动合同必须符合以下五项要求：

(1)签订劳动合同的目的必须合法。当事人不得以签订劳动合同的合法形式掩盖非法意图和违法行为，以达到不良企图。

(2)签订劳动合同的主体必须合法。这是指双方当事人必须具备法律、法规规定的主体资格。用人单位应是依法成立的企业、个体经济组织、国家机关、事业组织、社会团体等。劳动者必须具有劳动权利能力和劳动行为能力，即应是年满16周岁、具有劳动行为能力的中国人、外国人和无国籍人。双方主体在签约时，主体资格必须合法。

(3)签订劳动合同的内容必须合法。双方当事人在劳动合同中设定的权利义务条款必须符合法律、法规和有关政策的规定。例如，有的劳动合同规定"发生工伤事故，单位概不负责""旷工3天予以除名""不享受星期天休假"等，这些规定均属于内容违法而无效的条款，对此，用人单位应承担由此而产生的法律责任。

(4)签订劳动合同的程序必须合法。有的地方性法规除了要求当事人签订书面合同并签字盖章以外，还规定劳动合同须由劳动行政主管部门的劳动合同管理机构进行鉴证，方能生效。

(5)签订劳动合同的行为必须合法。签订劳动合同的行为是合同合法的前提之一，行为不合法，合同自然不能保证合法。

四、签订劳动合同的要求

(1)劳动合同的双方当事人，一方是劳动者，另一方是用人单位。

(2)用人单位招用劳动者时，应当如实告知劳动者工作内容、工作条件、工作地点、职业危害、安全生产状况、劳动报酬，以及劳动者要求了解的其他情况；用人单位有权了解劳动者与劳动合同直接相关的基本情况，劳动者应当如实说明。用人单位招用劳动者，不得扣押劳动者的居民身份证和其他证件，不得要求劳动者提供担保或者以其他名义向劳动者收取财物。

(3)用人单位自用工之日起即与劳动者建立劳动关系。用人单位应当建立职工名册备查，建立劳动关系应当签订书面劳动合同。已建立劳动关系，未同时签订书面劳动合同的，应当自用工之日起1个月内签订书面劳动合同。用人单位与劳动者在用工前订立劳动合同的，劳动关系自用工之日起建立。

(4)劳动合同由用人单位与劳动者协商一致，并经用人单位与劳动者在劳动合同文本上签字或者盖章生效。劳动合同由用人单位和劳动者各执一份。

(5)用人单位自用工之日起满1年不与劳动者签订书面劳动合同的，视为用人单位与劳动者已签订无固定期限劳动合同。

五、劳动合同和就业协议书的区别

视频

就业协议书与劳动合同的区别

劳动合同和就业协议书都是毕业生就业时与用人单位签订的书面协议，都具有法律效力，但是两者签订于就业过程中的两个不同阶段，有着不同的签订时间、时效性、内容、主体及适用的法律。

1. 签订时间不同

一般而言，就业协议书签订在先，劳动合同签订在后。毕业生在与用人单位达成就业意向时签订就业协议书，通常发生在毕业前；劳动合同一般在到用人单位报到并建立劳动关系时签订。

2. 时效性不同

就业协议书的效力始于签订之日，终止于毕业生与用人单位签订劳动合同之时。也就是说，劳动合同一旦签订，先前签订的就业协议书就不再具有法律效力，一切以劳动合同为准，就业协议书中的约定只有在写入劳动合同之后才继续有效，这一点毕业生应特别注意。劳动合同的有效期是劳动者与用人单位以合同方式确定的，除法律规定的情形外，双方不得随意变更、中止。

3. 内容不同

就业协议书的内容主要包括毕业生情况及意见(毕业生如实介绍自己的情况，并表示愿意到用人单位工作)、用人单位情况及意见(用人单位如实介绍单位的情况，并表示愿意接收该毕业生)、学校意见(学校同意派遣)、备注(备注栏中可补充一些其他约定)四个部分。劳动合同的内容则更加翔实，包括必备条款和协商约定条款，双方还可以就法定条款及试用期、培训、保守秘密、补充保险和福利待遇等其他事项进行约定。

4. 主体不同

就业协议书俗称三方协议，是毕业生与用人单位达成就业意向时签订的协议，它明确了毕业生、用人单位和学校在毕业生就业工作中的权利与义务。就业协议书的签订者是毕业生、用人单位和学校三方，缺少任何一方，协议均无效。学校在毕业生与用人单位之间起着指导推荐、就业监督和就业派遣的作用。劳动合同是毕业生与用人单位确定劳动关系时签订的书面协议，与就业协议书不同，劳动合同签订主体只有毕业生和用人单位，学校并不在其中。

5. 适用的法律不同

就业协议书适用于《中华人民共和国民法典》和国家有关毕业生就业分配的法律法规及其他相关政策规定，一经签订，各方应严格履行。劳动合同依据的是《劳动合同法》，受《劳动合同法》的约束。

六、劳动合同的变更和解除

1. 劳动合同的变更

劳动合同的变更是指在合同签订以后、尚未履行或未完全履行以前，当事人就合同的内容达成的修改和补充。《劳动合同法》第三十五条规定："用人单位与劳动者协商一致，可以变更劳动合同约定的内容。变更劳动合同，应当采用书面形式。"这一规定包括以下内容：

(1)劳动合同的变更必须经当事人协商一致，是在原来劳动合同的基础上达成的变更协议。

(2)劳动合同内容的变更是指劳动合同内容的局部变化，不是劳动合同内容的全部变更。

(3)劳动合同变更后，原劳动合同变更的部分依变更后的内容履行，原劳动合同没有变更的部分依然有效，即劳动合同的变更并没有取消原劳动合同关系，只是对原劳动合同的内容进行了部分修改。

2. 劳动合同的解除

劳动合同的解除是指当事人双方提前终止劳动合同的法律效力，解除双方的权利和义务关系。通常来讲，解除劳动合同有以下三种情况：

(1)双方协商解除劳动合同。用人单位与劳动者协商一致可以解除劳动合同。协商解除劳动合同没有规定实体、程序上的限定条件，只要双方达成一致，内容、形式、程序不违反法律的禁止性、强制性规定即可。

(2)用人单位单方面解除劳动合同。用人单位单方面解除劳动合同是指当具备法律规定的条件时，用人单位享有单方解除权，无须双方协商达成一致意见，其主要包括过错性辞退、非过错性辞退和经济性裁员三种情形。

① 过错性辞退。过错性辞退是指在劳动者有过错时，用人单位有权单方解除劳动合同。过错性辞退在程序上没有严格限制。用人单位无须向劳动者支付解除劳动合同的经济补偿金。若规定了符合法律规定的违约金条款，劳动者须支付违约金。过错性辞退适用的情形主要有：劳动者在试用期被证明不符合录用条件的；劳动者严重违反用人单位的规章制度的；劳动者严重失职，营私舞弊，给用人单位造成重大损害的；劳动者同时与其他用人单位建立劳动关系，对完成工作任务造成严重影响，或者经用人单位提出，拒不改正的；因劳动者以欺诈、胁迫的手段或乘人之危，使对方在违背真实意思的情况下签订或者变更劳动合同致使劳动合同无效的；劳动者被依法追究刑事责任的。

② 非过错性辞退。非过错性辞退是指劳动者本人无过错，但由于主客观原因致使劳动合同无法履行，用人单位在符合法律规定的情形下，履行法律规定的程序后有权单方解除劳动合同。非过错性辞退在程序上具有严格的限制，具体是指用人单位应提前 30 日以书面形式通知劳动者本人或者额外支付劳动者 1 个月工资后，才可以解除劳动合同；用人单位选择额外支付劳动者 1 个月工资解除劳动合同的，其额外支付的工资应当按照该劳动者上一个

月的工资标准确定。此外，用人单位应当支付劳动者经济补偿。非过错性辞退适用的情形主要有(注意以下每个条件之间的先后顺序关系)：劳动者患病或非因工负伤，在规定的医疗期满后仍不能从事原工作，也不能从事用人单位另行安排的工作的；劳动者不能胜任工作，经过培训或者调整工作岗位，仍不能胜任工作的；劳动合同签订时所依据的客观情况发生重大变化，导致劳动合同无法继续履行，经用人单位与劳动者协商，仍未能就变更劳动合同内容达成协议的。

③ 经济性裁员。经济性裁员是指用人单位为降低劳动成本、改善经营管理，因经济或技术等原因一次裁减 20 人以上，或不足 20 人但占企业职工总数 10%以上的劳动者。经济性裁员具有严格的条件和程序限制，用人单位裁员时必须遵守规定，并支付劳动者经济补偿金。应注意的是，用人单位进行经济性裁员时，劳动者有以下情形之一的，企业不得依据非过错性辞退和经济性裁员的规定单方解除劳动合同：从事接触职业病危害作业的劳动者未进行离岗前职业健康检查，或者疑似职业病病人在诊断或者医学观察期间的；在本单位患职业病或者因工负伤并被确认丧失或部分丧失劳动能力的；患病或非因工负伤，在规定的医疗期内的；女职工在孕期、产期、哺乳期的；在本单位连续工作满 15 年，且距法定退休年龄不足 5 年的；法律、行政法规规定的其他情形。

(3)劳动者单方解除劳动合同。劳动者单方解除劳动合同是指劳动者享有单方解除权，无须双方协商达成一致意见，也无须征得用人单位的同意。其有预告解除和即时解除两种情况。

① 预告解除。预告解除即劳动者履行预告程序后单方解除劳动合同。预告解除有两种情形：劳动者提前 30 日以书面形式通知用人单位，可以解除劳动合同；劳动者在试用期内提前 3 日通知用人单位，可以解除劳动合同。

② 即时解除。即时解除是指不用履行预告程序而单方解除劳动合同。用人单位有下列情形之一的，劳动者可以即时解除劳动合同：未按照劳动合同的约定提供劳动保护或者劳动条件的；未及时足额支付劳动报酬的；未依法为劳动者缴纳社会保险费的；用人单位的规章制度违反法律、法规的规定，损害劳动者权益的；因《劳动合同法》第二十六条第一款规定的情形致使劳动合同无效的；法律、行政法规规定劳动者可以解除劳动合同的其他情形。

此外，用人单位以暴力、威胁或者非法限制人身自由的手段强迫劳动者劳动的，或者用人单位违章指挥、强令冒险作业甚至危及劳动者人身安全的，劳动者可以立刻解除劳动合同，无须事先告知用人单位。

对于劳动者可即时解除劳动合同的上述情形，劳动者无须支付违约金，用人单位应当支付经济补偿。

七、违反劳动合同的法律责任

违反劳动合同的法律责任是指一方当事人违反劳动合同给对方造成损失时应承担的法律后果。

1. *劳动者的赔偿责任*

《劳动合同法》第九十条规定："劳动者违反本法规定解除劳动合同，或者违反劳动合同中约定的保密义务或竞业限制，给用人单位造成损失的，应当承担赔偿责任。"劳动者承担赔偿责任的情况主要有以下四种：

(1)劳动合同被确认无效，给用人单位造成损失的，有过错的劳动者应当承担赔偿责任。

(2)劳动者违反劳动合同中约定的保密义务或者竞业限制,劳动者应当按照劳动合同的约定向用人单位支付违约金。给用人单位造成损失的,劳动者应当承担赔偿责任。

(3)劳动者违反《劳动合同法》的规定解除劳动合同,给用人单位造成损失的,应当承担赔偿责任。

(4)劳动者违反培训协议,未满服务期解除或者终止劳动合同的,或者因劳动者严重违纪,用人单位与劳动者解除约定服务期的劳动合同的,劳动者应当按照劳动合同的约定,向用人单位支付违约金。

2. 用人单位的赔偿责任

用人单位对劳动者的赔偿责任主要体现在以下三个方面:

(1)用人单位签订劳动合同违法的法律责任。

① 用人单位自用工之日起超过1个月不满1年未与劳动者签订书面劳动合同的,应当向劳动者每月支付2倍的工资。

② 用人单位违反规定不与劳动者签订无固定期限劳动合同的,自应当签订无固定期限劳动合同之日起向劳动者每月支付2倍的工资。

③ 用人单位违反规定,以担保或者其他名义向劳动者收取财物的,由劳动行政部门责令其限期将财物退还劳动者本人,并以每人500元以上2 000元以下的标准处以罚款;给劳动者造成损害的,应当承担赔偿责任。

(2)用人单位履行劳动合同违法的法律责任。用人单位有下列情形之一的,由劳动行政部门责令其限期向劳动者支付劳动报酬、加班费或经济补偿;劳动报酬低于当地最低工资标准的,应当支付其差额部分,逾期不支付的,责令用人单位按应付金额50%以上100%以下的标准向劳动者加付赔偿金。

① 未按照劳动合同的约定或国家规定及时足额支付劳动者劳动报酬的。

② 低于当地最低工资标准支付劳动者工资的。

③ 安排加班不支付加班费的。

④ 解除或者终止劳动合同,未依照法律规定向劳动者支付经济补偿的。

(3)用人单位违法解除和终止劳动合同的法律责任。

① 用人单位违反《劳动合同法》的规定解除或终止劳动合同的,应当依照《劳动合同法》规定的经济补偿标准的2倍向劳动者支付赔偿金。

② 劳动者依法解除或终止劳动合同,用人单位扣押劳动者档案或其他物品的,由劳动行政部门责令其限期将档案或物品退还劳动者本人,并以每人500元以上2 000元以下的标准处以罚款;给劳动者造成损害的,应当承担赔偿责任。

案例故事

毕业生小赵是一位性格较内向的女孩子,在求职过程中曾多次碰壁,终于有一天,某单位表示同意录用她,这令她兴奋不已,不过该单位要求先试用3个月再签约,小赵欣然同意。转眼试用期就结束了,小赵与该单位如期签订了就业协议书,但该单位在就业协议书上备注了以下条款:"试用期为6个月;服务期为5年,若5年内提出调动、考研等要求,需向本单位交纳每年2 000元的违约金;其他未尽事宜按本单位有关规定执行。"小赵当时一心只想赶紧把工作定下来,根本没有仔细推敲就业协议书,想当然地认为该单位是一家国有单位,肯定会按正规程序办事，应该不会有问题。因此，她毫不犹豫地在就业协议书上“毕业生本人应聘意见”一栏签上了“同意”二字。殊不知，正是这种仓促的决定使她的合法权益受到了侵害。《劳动合同法》规定，试用期不能约定两次，约定两次的，后面的试用期约定无效；除了专项培训服务期和保密义务单位可以约定违约金外，其他让劳动者承担违约金的条款无效。

项目小结

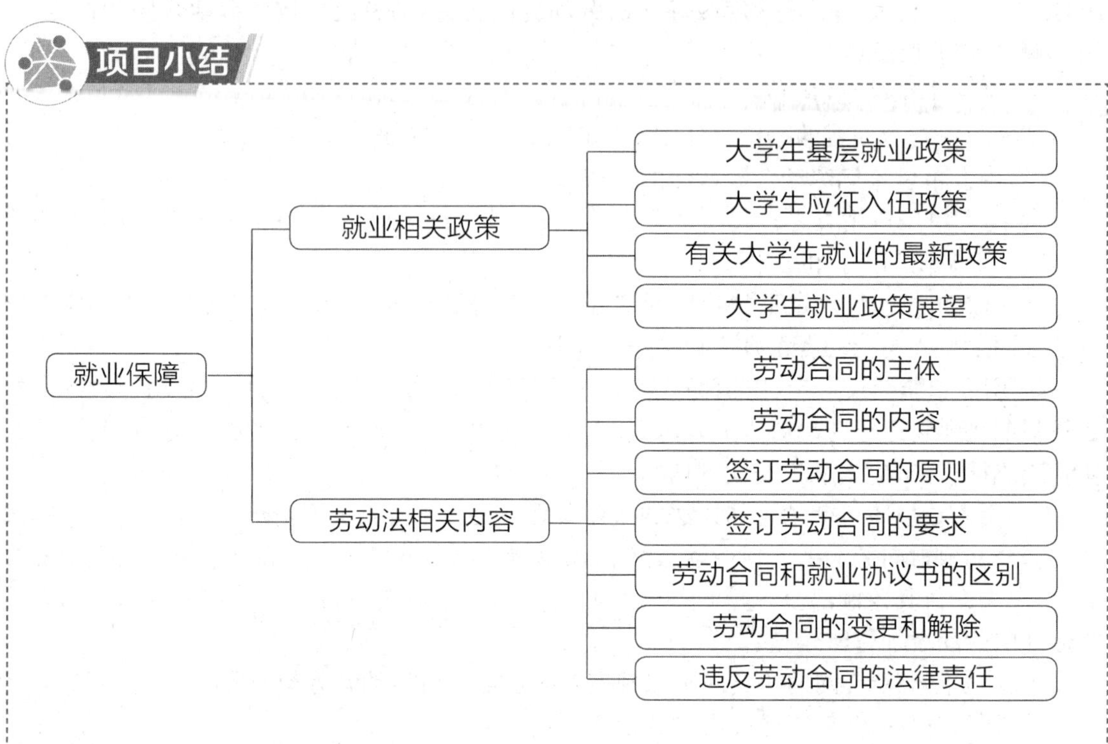

课后实践

收集就业政策

学生自由结合，3～5人为一组收集促进大学生就业的政策，了解当前就业形势与政策，为积极就业做准备。可通过网络、报纸等多种渠道收集国家关于促进大学生就业的支持政策，以及本地出台的促进大学生就业的支持政策，并将收集结果填下表中。全班学生进行分享讨论，教师进行补充与讲解。

就业政策汇总表

层　次	政策名称	政治内容
国家层面		
地方层面		

项目十二　职业道德

学习任务

知识目标：了解道德的含义，了解职业道德的含义、作用、原则及方法，熟悉职业道德的基本内容；掌握本专业领域的职业道德要求。

技能目标：掌握培养职业道德的方法，掌握职业道德的基本内容以及基本要求。

素质目标：充分认识职业道德的重要性，树立正确的价值观，提升职业道德。

英雄机长刘传健

2018 年 5 月 14 日，四川航空公司 3U8633 航班在成都区域巡航时，驾驶舱右座前挡风玻璃破裂脱落。机组实施紧急下降，飞机于 2018 年 5 月 14 日 07:46 安全备降成都双流机场，所有乘客平安落地，有序下机并得到妥善安排。备降期间右座副驾驶面部划伤、腰部扭伤，一名乘务员在下降过程中受轻伤。2018 年 6 月 8 日下午 3 点，四川省中国民用航空局举行成功处置川航 3U8633 航班险情表彰大会。为表彰先进、弘扬正气，中国民用航空局、四川省人民政府决定授予川航 3U8633 航班机组“中国民航英雄机组”称号。以下为记者对机长刘传健采访的一段对话。

记者：返航过程中，有没有关注自身的身体状况？

刘传健：当时只想能不能把飞机安全操作下去，无法关注自己的身体状况。为避免整个机组进一步受到伤害，要先减速迫降，而在紧急情况下从高空下降，噪声极大，自动设备不能提供帮助，完全凭手动和目视，靠毅力掌握方向杆，完成返航迫降。我当时的身体应该是发生了非常大的抖动。

此次返航备降成功，确实非常不容易，堪称“世界级”。除了机长过硬的飞行技术外，起关键作用的还有机长过硬的本专业领域职业道德素养。

任务一　道德与职业道德

视频

职业道德规范要求

一、道德的特殊性

道德是社会意识形态之一，是人们共同生活及人的行为的准则和规范。道德规范的调控作用几乎体现于人们的所有活动领域，既体现在日常生活中，也体现在有组织的社会活动中。因此，道德有一定的特殊性，主要体现在以下五个方面。

1. 道德具有很强的自律性

所谓道德规范的自律性，是指道德主体自身的意志约束性，这种自律性具体表现为对道德规范他律性的认同，表现为自己立规矩，表现为意志对自己爱好和欲望的约束。道德主体借助对客观世界的认识，借助对现实生活条件的认识，自愿地认同社会道德规范，并结合个人的实际情况践行道德规范，从而把被动的服从变为主动的律己，把外部的道德要求变为自己内在良好的自主行动。

2. 道德具有深刻的民族性

民族性是一个民族区别于其他民族的个性特征，包括民族的精神、气质、心理、感情、性格、语言、风俗、习惯、趣味、理想、传统，以及生活方式和理解事物的方式等诸多方面。不同民族的道德的原则与标准有所不同。

3. 道德具有独特的阶级性

阶级社会的各种道德都是为特定的阶级服务的，因而都具有特定的阶级属性和特征，但是也要以和谐为目的。

4. 道德具有很大的共同性

道德有一定的共同性，同一社会的不同阶级，甚至不同社会的不同阶级的道德，由于类似或相同的经济条件、文化背景和民族心理而存在着某些相似或相同的特性。

5. 道德具有独特的多层次结构

人们的思想水平不是整齐划一的，有高低不同的层次之分，而伦理规范的层次结构有助于人们逐步提高自己的道德情操与道德境界。例如，“为人民服务”是社会道德建设的核心。这个核心有它的层次结构。就其作为社会主义道德的总括词而言，至少有三个层次：最基本的层次是做好本职工作，人人各司其职，各尽其责或凭诚实劳动取得报酬；较高层次是努力地为人民多办实事、多做好事，不计较个人得失；最高层次是不计报酬、不讲条件地工作和劳动，即无私奉献。

二、职业道德的含义

职业道德就是同人们的职业活动紧密联系的符合职业特点所要求的道德准则、道德情操和道德品质的总和。它既是对本职人员在职业活动中行为的要求，又是职业对社会所负的道德责任与义务。

职业道德作为一种社会意识，是社会的、阶级的道德在职业生活中的具体体现，反映着行为的道德调解的特殊方向，又带有具体职业或行业活动的特点，是一般道德原则和道德规范的重要补充。社会生活整体的有序运行要求不同的产业、行业和职业有效合作，社会分工的日趋深入和复杂要求更高水平的协调，这就使职业道德成为必要的道德。职业道德是与人们的职业角色和职业行为相联系的一种社会化的角色道德。职业道德协调着社会生活中人与人的关系，不仅能维持良好的社会风气，而且有助于提高政府的威信。

加强职业道德建设是社会主义物质文明和精神文明建设的重要内容，是提高职工整体

素质，建设有理想、有道德、有文化、有纪律职工队伍的内在要求，是纠正社会不正之风的重要措施之一。

三、职业道德的作用

职业道德是社会道德体系的重要组成部分，它一方面具有社会道德的一般作用，另一方面具有自身的特殊作用。

1. 有利于调节从业人员间及从业人员与服务对象间的关系

职业道德的基本职能是调节职能。一方面，职业道德可以调节从业人员之间的关系，即运用职业道德规范约束职业内部人员的行为，促进职业内部人员的团结与合作。例如，职业道德规范要求各行各业的从业人员都要团结、互助、爱岗、敬业、齐心协力地发展本行业、本职业服务。另一方面，职业道德可以调节从业人员与服务对象之间的关系。例如，职业道德规定了产品制造工人如何对用户负责、营销人员如何对顾客负责、医生如何对患者负责、教师如何对学生负责等。

2. 有助于维护和提高本行业的信誉

一个行业、一个企业的信誉就是它们的形象、信用和声誉。企业的信誉是指企业及其产品与服务在社会公众中的信任程度。提高企业的信誉主要靠产品质量和服务质量，而从业人员的职业道德水平是产品质量和服务质量的有效保证。如果从业人员的职业道德水平不高，则很难生产出优质的产品和提供优质的服务。

3. 有利于促进本行业的发展

行业、企业的发展有赖于较高的经济效益，而较高的经济效益源于较高的员工素质。员工素质主要包含知识、能力和责任心三个方面，其中，责任心是最重要的。从业人员的职业道德水平高，责任心也会很强，因此，职业道德能促进本行业的发展。

4. 有助于提高全社会的道德水平

职业道德是整个社会道德的重要内容。一方面，职业道德涉及每个从业者如何对待职业、如何对待工作，是从业者的生活态度、价值观的表现，是一个人的道德意识、道德行为发展的成熟阶段，具有较强的稳定性和连续性。另一方面，职业道德是一个职业集体，甚至一个行业全体人员的行为表现，如果每个行业、每个职业集体都具备优良的职业道德，那么对整个社会道德水平的提高肯定会发挥重要的作用。

案例故事

王曙群是中国航天科技集团有限公司第八研究院所属上海航天设备制造总厂有限公司对接机构总装组组长。他甘于寂寞、默默坚守在航天装配岗位，一干就是30年。在生产一线平凡的岗位上，他始终把工匠精神植根于心，付之于行，追求技能的极致和完美，追求做事的专注和坚守，追求工作的精细和精益，干一行、爱一行、精一行，是新时代产业工人的代表。

在对接机构研制攻关的16年里，王曙群凭借不服输的劲头练就了一手“精、新、准、快”的绝技绝活，带出了一支技术过硬的载人航天总装队伍，攻克了多项关键技术难关，逐渐成长为载人航天工程总装战线上的领军人物。2011年，“神舟八号”和“天宫一号”载着由王曙群团队装调的对接机构，在太空上演了一场完美的“太空之吻”，使我国成为继俄罗斯之后第二个掌握对接机构装调技术的国家。

从“神舟八号”至“神舟十一号”，再到“天宫”“天舟”，王曙群和他的团队总装的对接机构经历了多次飞行试验，圆满完成了多次交会对接任务。对于王曙群总装的对接机构，中国首位航天员杨利伟给出了“能够让航天员放心地去执行任务”的高度评价。

王曙群善于学以致用，勇于实践创新。他牵头研发了 50 多套专用装备，获得 5 项国家发明专利，是对接机构技术国家专利主要发明成员之一。2012 年，王曙群被人力资源和社会保障部授予有“工人院士”美誉的“中华技能大奖”并成立了国家级王曙群技能大师工作室。

四、职业道德的原则

社会主义职业道德的三个原则分别是为人民服务的原则、集体主义原则和主人翁的劳动态度原则。

1. 为人民服务的原则

为人民服务既符合历史唯物主义的基本观点，也符合社会主义生产的目的。历史唯物主义告诉我们，人民群众是历史的创造者，是物质财富和精神财富的创造者，因此，人民群众理应成为享有财富的主人，也应接受优质服务。社会各行各业创造财富就是为了满足人民群众日益增长的物质文化需求。为人民服务作为职业道德建设的核心，是社会主义职业道德区别和优越于其他社会形态职业道德的显著标志。

为人民服务体现了社会主义“我为人人，人人为我”的人际关系的本质。在我国，每个公民不论社会分工如何、不论能力大小，都能够在本职岗位上通过不同形式做到为人民服务。这是每个从业者职业行为的出发点。与此同时，每个从业者都在相互服务的情况下生活着，人人都是服务对象，人人又都在为他人服务。

为人民服务贯穿于职业道德的各条基本规范中。《新时代公民道德建设实施纲要》指出，推动践行以爱岗敬业、诚实守信、办事公道、热情服务、奉献社会为主要内容的职业道德，鼓励人们在工作中做一个好建设者。这是为人民服务的道德要求在职业生活中的具体化，使为人民服务的精神贯穿于职业生活中。

2. 集体主义原则

集体主义是一种先公后私、公私兼顾的思想，是指坚持集体利益高于个人利益、兼顾集体利益与个人利益的价值观念和行为准则。职业道德的基本原则是国家利益、集体利益和个人利益相结合的集体主义。坚持这样的原则，最重要的是摆正国家利益、集体利益和个人利益的关系。

(1)坚持集体利益高于个人利益、全局利益高于局部利益。

(2)兼顾集体利益和个人利益，使之共同发展。

(3)坚持集体主义，反对极端个人主义，抵制行业不正之风。

3. 主人翁的劳动态度原则

在社会主义社会里，所有劳动者都是国家的主人翁，劳动者的主人翁地位是由社会主义制度决定的。充分认识劳动者的主人翁地位有利于激发劳动者的积极性。

五、培养职业道德的方法

职业道德虽然是一个老生常谈的话题，但一直没有引起大学生的足够重视。如今许多用人单位在招聘时都把“道德品质”放在人才标准的首位。因此，大学生应重视培养自己的职业道德。

1. 自觉、自主地进行自我修养

在职业道德修养上，自觉是非常重要的，人一旦有了自觉性，就能在道德活动中处处留心，时时提醒自己，严格要求自己，完善自己的职业道德品格。良好的习惯一经形成就是终身受用的资本；相反，不良的习惯则会成为一生的羁绊，阻碍自己的发展。一个整天喜欢蒙头大睡的人不可能在梦中成就他的事业。大学生处在人生的十字路口，自我管理和约束能力相对较差，但具有很强的可塑性，若能从自己内心培植职业道德的土壤，建立长效自我约束机制，就会在工作中爱岗敬业、谦逊礼让、严于律己、宽以待人；在感情上，以为社会多做贡献为荣，以自己的劳动成果能为社会和他人带来幸福为乐，从而更好地在自我教育中提高职业道德水平。

案例故事

胡胜，2019 年“大国工匠年度人物”之一，中国电子科技集团公司第十四研究所数控车工，高级技师。从一名初级工到技师，胡胜完成了技能上的大提升；从一名小车工到全国技术能手，胡胜实现了人生的大跨越；从一名普通工人到中华技能大奖获得者，胡胜展现出大国工匠的筑梦之路。

1999 年，胡胜作为特殊人才被中国电子科技集团公司第十四研究所引进，一上班就接到了“唤醒”沉睡 3 年的德国进口车削中心的任务，他翻阅资料、请教专家、苦心琢磨，一个多月就开动了设备。他利用这台机器，加工出许多高精尖零件，练出一手好技术。

空警 2000 预警机是一台由我国自行研制、被国人誉为“争气机”的大型预警机，在中华人民共和国成立 60 周年盛世大阅兵中公开露面，而这个雷达关键零部件的加工生产，就是由胡胜带领其团队完成的。他们这个团队不畏困难，勇于攻坚，打破了国外技术封锁，为研制生产出中华民族的“争气雷达”奠定了基础。

多年来，胡胜先后在机载火控、机载预警、舰载火控、星载等一系列具有国际先进水平的重点科研项目中，承担关键件和重要件加工 70 多项，攻克了毫米波雷达的波纹管一次车削成形、机载火控雷达反射面加工变形等技术难题。他还提出了技术革新和合理化建议 30 多项，尤其在数控车的宏程序编程模块、车铣一次性加工成形等方面研发出许多独特的方法，大大提高了生产效率，节约科研经费近千万元。

2. 职业道德理论与社会实践相结合

学习职业道德理论与参加社会实践活动相结合是提高职业道德修养的根本方法。学习理论，首先要学习马列主义、毛泽东思想、邓小平理论、“三个代表”重要思想、科学发展观和习近平新时代中国特色社会主义思想，只有学习和掌握了科学理论，才能坚持职业道德修养的正确方向；其次，要学习职业道德的基本理论和原则规范，明确职业道德的目的、方向、原则，从而提高职业道德修养的主动性和自觉性，培养相应的职业道德情感、意志、信念，形成良好的职业道德行为习惯。实践证明，大学生在学校学习得越好，体验就越深刻，在工作岗位上的表现就越优秀，越符合职业道德规范。参加社会实践是提高职业道德修养的根本途径。人的道德品质不是与生俱来的，而是在长期的社会实践中逐步形成和发展的。实践是人们养成道德品质的源泉，也是进行职业道德修养的目的和归宿。大学生在学习职业道德理论的基础上，只有不断融入社会，才能更深刻地认识自身的价值所在，正确对待自己的不足，并在社会实践中锻炼自己、陶冶自己、完善自己，最终实现职业道德品质的提高。

3. 自觉地进行内省和慎独

内省就是内心省察检讨，去除私心杂念，使自己的言行符合道德标准的要求，树立正确的道德观念。没有内心省察检讨的过程，也就不可能达到自律的目的，自我调适、自我激励也就失去了目标。从业者如果不对自己的职业思想和行为及时地进行自省，不认真检查自己的言行，就会小错不识，积成大错。一个人只有在内心里严于解剖自己，在行为上善于反省自己，才能成为一个符合时代要求的有高尚职业道德的人。大学生在提高自身道德修养的同时，应该经常内省，善于认识自己，勇于正视自己的缺点，敢于自我批评、自我检讨并决心改正缺点，扬长避短，在实践中不断完善自己的职业道德品质。古人说的“吾日三省吾身”就是这个意思。《礼记・中庸》中写道：“道也者，不可须臾离也；可离，非道也。是故君子戒慎乎其所不睹，恐惧乎其所不闻。莫见乎隐，莫显乎微，故君子慎其独也。”因此，独自一人时，同样要谨慎行事、防微杜渐、自知自爱，把握住自己。能否做到慎独，以及慎独所能达到的程度，是衡量大学生是否能坚持自我修养及在修身中取得成绩大小的重要标尺。

4. 积极投身实践

职业实践是职业道德的根本，只有在职业活动中，从业者才能获得真实的道德体验，才能提高职业道德认识，培养职业道德情操，磨炼职业道德意志，树立职业道德信念，养成良好的职业道德行为习惯。职业道德不仅关系着个人的名誉和形象，还与公司、企业乃至整个行业的声望和礼仪密切相关，良好的职业道德会给企业带来额外的收益。培养良好的职业道德素质不是一朝一夕就能做好的，大学生一定要坚持不懈，时刻保持对自己思想和行为上的严格要求。

5. 从我做起，从小事做起，循序渐进

大学生正处在培养良好职业道德和练就技能本领的大好时期，只有在平凡的日常学习和生活中从点滴小事做起，通过长期积累，才能逐步形成优秀的道德品质。因此，在道德修养中，要从我做起，严格要求自己。不能因为他人没有做到而原谅自己或自己也不去做；也不能因为社会存在不正之风，有不道德的现象出现而放纵自己，甚至放松对自己的要求。相

反，应该高标准、严要求，朝着高尚的职业道德境界去追求，只有这样才能自觉形成一种道德习惯，形成良好的职业道德信念和品质。

目前，人们的思想道德观念发生着很大变化。职业道德建设面临新的形势和许多新的问题。尽管如此，职业道德修养仍然是职业道德建设中的一个重要方面，对于个人道德品质的形成和发展都具有重要的作用。社会需要数以亿计的高素质劳动者，当代大学生应奋勇向前，从我做起，从小事做起，不断提高自己的职业道德水平，向更高的职业道德水准迈进。

任务二　职业道德的基本内容

一、爱岗敬业

视频

爱岗敬业 争创一流

爱岗就是热爱自己的工作岗位；敬业就是专心致志以事其业，即用一种恭敬严肃的态度对待自己的工作，认真负责、任劳任怨、精益求精。一个对工作不负责任的人往往是一个缺乏自信的人，也是一个无法体会快乐真谛的人。爱岗和敬业总是联系在一起，爱岗是敬业的前提，敬业是爱岗感情的进一步升华。

爱岗敬业就是认真对待自己的岗位，认真履行岗位职责，无论在任何时候，都尊重自己的职业，勤奋努力。爱岗敬业作为基本的职业道德规范，是对人们工作态度的一种普遍要求。

1. 爱岗敬业的意义

爱岗敬业是人类社会最普遍的奉献精神，它看似平凡，实则伟大。

(1)爱岗敬业是服务社会和奉献社会的重要途径。奉献精神是我国劳动人民的一个优良传统。一名从业人员无论在什么工作岗位上，都必须有敬业奉献精神。一个从业人员如果没有敬业奉献精神，就不可能被社会容纳，更不可能有选择职业岗位的机会。因此，立足本职、爱岗敬业、挑战自我、奉献社会是对从业人员的基本要求。

(2)爱岗敬业是各行各业的从业人员生存的根本。工作本身无贵贱之分，但是对工作的态度有高低之别。看一个人能否做好本职工作，只要看他对待工作的态度即可。一个人的工作态度与他的性情、才能有密切的关系，是他人生态度的表现。一个人轻视自己的工作，把其当成低贱的事情，那么他绝不会尊重自己。一个人看不起自己的工作，就会倍感工作艰辛、烦恼，自然就不会把工作做好。

一般来说，在条件好、工作轻松、收入高的行业的从业人员容易做到爱岗敬业。如果一个人的工作地点偏僻、生活条件艰苦，加上个人性格比较浮躁、缺乏对自我的正确认知，那么在思想上难免会有波动。因此，明确爱岗敬业的现实意义和加强个人职业道德修养尤为重要。

(3)爱岗敬业能促进良好社会风气的形成。爱岗敬业能帮助人们正确处理同事间的关系，化解各种矛盾。一个具有爱岗敬业精神的人会有一个博大的胸怀，而不会“私”字当头，对个人的得失斤斤计较。同理，一个具有爱岗敬业精神的团队，大家的注意力会集中到工作上，人际关系会非常和谐。同时，一个人的爱岗敬业精神可以感染同事，使他们与自己同心同德、齐心协力做好工作。每个人在工作中都应耐得住寂寞、坐得住冷板凳，从大处着眼、小处着手，让爱岗敬业成为自觉的职业道德行为。

2. 爱岗敬业的基本要求

爱岗敬业作为公民道德和职业道德的基本规范，说起来容易，做起来难，要一生一世坚持做到爱岗敬业，更不是一件容易的事情。因此，要做到爱岗敬业必须做到乐业、勤业与精业。

(1)乐业。乐业就是发自内心地热爱自己所从事的职业和岗位，把干好工作当成最快乐的事。乐业体现在职业情感和职业行为两个方面。

职业情感是人们对所从事的职业的好恶、倾慕和鄙夷的情绪与态度。热爱一项工作就意味着对它有一种崇高的职业尊严感和荣誉感、明确的事业心和成就感、强烈的自信心和自尊心，始终深信自己的工作是有益于国家、有益于民族、有益于他人的。从事一项工作，就应对它抱有浓厚的兴趣，倾注满腔的热情，把它看作一种乐趣，看作生活中不可缺少的内容，并在刻苦奋斗后取得成就时感到无比兴奋和快乐。

此外，内心的职业情感必然表现在具体的职业行为之中。职业行为是人们在职业活动中的所作所为。对所从事的职业和岗位的热爱必然体现在日常的工作态度和工作作风上，把乐业的思想通过职业行为表现出来。

(2)勤业与精业。勤业就是忠于职守、认真负责、刻苦勤奋、不懈努力。古人云：业精于勤而荒于嬉，行成于思而毁于随。从业人员要始终保持一种张弛有序的工作状态，保持一种昂扬向上的精神，做到“三勤”：腿勤、手勤和脑勤。

精业就是从业人员对本职工作要业务纯熟、精益求精，力求使自己的技能不断提高，并且在工作中有所发明、有所创造。要做到精业，就必须好学上进，不断追求高质量，不断开拓创新。

二、诚实守信

诚实守信是为人处世的基本准则，是中华民族的传统美德之一，是从业人员对社会、对人民所承担的义务和职责，是人们在职业活动中处理人与人之间关系的道德准则。诚实就是表里如一、说老实话、办老实事、做老实人。守信就是信守诺言、讲信誉、重信用、忠实履行自己应尽的义务。诚实守信是各行各业的行为准则，也是做人做事的基本准则，是社会主义基本的道德规范。

1. 诚实守信的意义

诚实守信是中华民族的传统美德之一，无论是过去还是现在，对于建设人类社会文明都是极为重要的。

(1)诚实守信是为人处世的基本准则，也是一个单位从事经营活动的基本准则，更是从

业人员对社会、对人民所承担的义务和责任。

(2)诚实守信是各行各业的生存之道。各行各业之间的竞争归根结底是信誉和质量的竞争。企业有了诚信的经营理念才能赢得消费者的青睐。但遗憾的是，在当今社会中，我们仍然可以看到一些为了追求眼前利益而置诚信于不顾的行为。这些行为会严重影响市场的良性运作，甚至让社会诚实守信的体系受到冲击。

诚实守信是维系良好的市场经济秩序必不可少的道德准则。诚信是社会经济发展的基石，没有诚信，就不可能形成良好的社会经济秩序。

2. 诚实守信的基本要求

(1)诚信无欺。在生产者和消费者、商品的经营者和购买者的关系中，在市场的交易中，要货真价实、明码标价、合理定价、提供真实的商品信息，反对和杜绝欺骗服务对象的各种职业行为。

(2)讲究质量。把讲质量放在第一位，以质量求生存，以质量求发展；不以次充好，不生产、销售假冒伪劣产品。

(3)信守合同。在签订合同时，要诚心诚意、认真负责；履行合同时要一丝不苟、不折不扣。如遇到困难或意想不到的情况，应想办法克服。一旦出现不能履行合同的情况，应承担责任。不以欺诈等不公平的方式签订合同，不中途违约、毁约。

案例故事

王锋利，男，陕西省西安市西汽集团中北公司出租车驾驶员。

2018 年 12 月 7 日，工程承包商李先生把刚取到的、准备发给农民工的 20 万元工资款遗忘在了出租车上。他发现钱款丢失时如同掉进冰窖里，从心里凉到脚尖。然而在十几分钟后，他的心情一下子又从冰窖升到天堂。

“这是我开出租车 13 年来捡到金额最大的一次。”44 岁的出租车司机王锋利称，在李先生下车后，他开车行驶了 1 千米左右，回头时发现后排座位上有一个黑色塑料袋。打开袋子后他愣住了，袋子里装着红布袋，里面放着 20 沓现金。他立即开车返回李先生下车的地方，转了两圈没有找到人，赶紧给车队打电话报备。“捡到这么多钱?”车队队长也是一惊，随后平静了下来。他说王师傅拾金不昧是情理之中的事，之前他开车遇到三轮车着火便马上下车救火，而且经常免费拉载 80 岁以上的老人。经过一番寻找，他们终于联系上了李先生。在从王师傅手上接过钱后，李先生硬要塞感谢金，但被王师傅拒绝了。傍晚，王师傅上大二的儿子得知此事后，对父亲说：“爸爸，你是我的楷模，我为你骄傲!”

王锋利在 2019 年荣登“中国好人榜”，入选“诚实守信好人”。

三、办事公道

公道的含义与公平、正义的含义大致相同，就是“给人以应得”，按照一定的社会标准实事求是地待人处事。公道是几千年来为人所称道的职业道德。人是有尊严的，都希望自己

受到与别人一样的对待，企盼在法律面前人人平等。因此，人们一直歌颂那些秉公办事、不徇私情的人。办事公道是指在各种职业活动中待人处事要公正公平、公道正派、合情合理，这是职业交往中的一项重要原则。它是对每个从业人员的基本要求，是为人民服务必不可少的条件，是提高服务质量的基本保证。

1. 办事公道的意义

办事公道有助于提高社会文明程度。一般来说，社会文明主要指正常有序的社会秩序、良好的社会风气，以及和谐的工作、学习、生活环境。而社会文明程度的高低与从业者是否具有办事公道的职业道德有密切的联系。

办事公道是市场经济良性运行的有效保证。市场经济是一种竞争经济，它要求人们遵守共同的市场规则，展开公平的竞争，进行公平交易。市场经济作为一种契约经济，要求人们公正地处理各项事务，实事求是地进行评估和仲裁。

总之，遵守办事公道的职业道德规范要求，在各个行业更好地为人民服务，是推动社会主义事业前行的关键。

2. 办事公道的基本要求

(1)客观公正。在办理事情、解决问题时，要客观判断事实，重视证据，公正对待所有当事人，不偏袒某一方，更不能作为某一方的代表介入。

(2)照章办事。照章办事就是严格按照规章、制度办事，不打折扣、不徇私情。它要求人们待人公平、以人为本、理解人、尊重人、不以好恶待人、不以貌取人、不以年龄看人。

四、热情服务

热情服务就是全心全意地为人民群众服务，一切以人民的利益为出发点和归宿。它是社会全体从业者通过互相服务促进社会发展、实现共同幸福的直接体现。热情服务是一种现实的生活方式，也是职业道德要求的一项基本内容。

1. 热情服务的意义

(1)热情服务有利于实现个人的人生价值。对每个从业者来说，热情服务的本职工作岗位就是实现人生价值的舞台。

(2)热情服务有利于推动市场经济的发展。这种服务体现在企业努力为消费者提供优质的产品与良好的售后服务。这种良好的售后服务是使消费者感到满意的重要因素，更是企业生存和发展的内在要求，是社会主义市场经济健康发展的体现。

(3)热情服务有利于构建文明和谐的社会。文明与热情服务是紧密相连的，现代社会提倡“人人是服务者，人人又是被服务者”，提倡人与人之间相互服务，这是社会需要热情服务的内涵所在。

2. 热情服务的基本要求

热情服务的基本要求就是热情周到、满足需要。首先，从业人员以主动、热情、耐心的态度对待群众，把群众当作亲人，服务细致周到，勤勤恳恳；其次，从业人员努力为群众提供方便，想群众之所想，急群众之所急，关心他人疾苦，主动为他人排忧解难。

五、奉献社会

奉献社会即积极自觉地为社会做贡献，这是社会主义职业道德的本质特征。所谓奉献，是指不期望等价的回报和酬劳，而愿意为他人、为社会或为真理、为正义献出自己的力量，包括宝贵的生命。奉献社会不但有明确的信念，而且有崇高的行动。奉献社会的精神是一种忘我的全身心投入精神。当一个人专注于某项事业时，他关注的是这一事业对于人类、对于社会的意义，为此兢兢业业、任劳任怨，不计较个人得失，甚至不惜献出自己的生命。这就是伟大的奉献精神。

1. 奉献行为的特征

奉献行为的特征有三点：一是自觉自愿地为他人、为社会贡献力量，完全为了增进公共福利而积极劳动；二是有热心为社会服务的责任感，充分发挥主动性、创造性，竭尽全力；三是不计报酬，完全出于自觉精神和奉献意识。一个人不论从事什么行业的工作，不论在什么岗位，都可以做到奉献社会。

奉献社会自始至终体现在爱岗敬业、诚实守信、办事公道和热情服务的各种要求中。奉献社会并不意味着不要个人的正当利益、个人的幸福；恰恰相反，只有奉献社会的个人才会真正找到个人幸福的支撑点。奉献和个人利益是辩证统一的。

2. 奉献社会的意义

奉献社会是一种高标准的职业道德规范要求，对于现代化转型过程中的职业及其从业人员的发展有以下重要意义：

(1)有助于克服极端个人利己主义的蔓延，确保职业发展的社会主义性质。市场经济的逐利原则能够调动人们的积极性并激发人们的创造性，促进经济发展和效率提高；但也会刺激个人的欲望不断膨胀。自私自利、唯利是图、不择手段地获取金钱的极端利己主义，或者只知索取、不讲奉献的享乐主义，是不利于社会主义市场经济健康发展的。发扬无私奉献精神，可以抑制某些人私欲的膨胀，调节人与人之间的利益冲突，有利于社会主义市场经济长期均衡发展。

(2)有利于提升职业道德水平，形成良好的职业风尚，促进和谐社会发展。奉献精神是职业道德建设的基石。在社会各个层面弘扬以奉献精神为核心的行为准则，可以形成有利于人民、有利于社会的真、善、美的风气。只有绝大部分社会成员逐步树立高尚的道德情操，崇尚职业道德与敬业精神，将乐于奉献作为一种自觉追求，使人人都在为他人提供服务，人人又都在享受他人提供的服务，人人都在关爱他人，人人又都在受到他人的关爱，才可能真正从社会基础层面创造一个温馨、和谐的良好社会环境、道德环境。

(3)有利于实现人生价值。职业劳动者的人生价值在于他对社会做出的贡献，这种贡献可以是对其他社会成员的贡献，也可以是对某个行业集体或整个国家的贡献，总之，对社会进步和广大劳动人民的幸福起积极作用。

3. 奉献社会的基本要求

奉献社会要求每个人都能够在家里帮助父母做力所能及的事情；在学校积极参与班级建设，乐于助人，爱惜集体荣誉；在社会生活中热爱公共设施，积极参加公益活动。

随着我国改革开放的深入发展和市场经济体制的建立，每个从业者都要正确看待职业待遇和职业声望，正确处理自主择业与爱岗敬业的关系，做到只要在位一日，就在现有岗位上兢兢业业地做好本职工作。

任务三　掌握本专业领域职业道德要求

职业道德的内容与职业实践活动紧密相连，反映着特定职业活动对从业人员行为的道德要求。每一种职业道德都只能规范本行业从业人员的职业行为，在特定的职业范围内发挥作用。不同的行业和不同的职业，有不同的职业道德标准。

大学生应该注意收集自己所学专业和将来自己想要从事的专业领域职业行为在道德层面的基本要求。因为不同的行业的产品属性不同、提供的服务不同、生产的环境不同，除了每个行业遵照《新时代公民道德建设实施纲要》规定的“爱岗敬业、诚实守信、办事公道、热情服务、奉献社会”为主要内容的二十字基本职业道德规范外，还应该根据自身的特殊性，有特殊的规定。

例如，《电力职业道德规范》规定：坚持“安全第一、预防为主”的方针，严格执行各项安全操作规程，防患于未然，维护电网安全和国家利益。认真履行工作职责，工作做到严谨求实、踏实认真、勤于实践、努力钻研，发挥主观能动性，积极完成生产任务。提倡文明服务用语，接待用户热情周到、办事认真迅速、态度和蔼，做到有问必答，百问不厌。遇到问题及时汇报、及时处理，做到不推诿、不拖延。上班期间做到着装整洁，保持良好精神状态。针对电力系统工作的特点，加强专业知识的积累，更好地为生产建设服务，扩大知识面，使自身具有较强的专业技能。

再如，《中国新闻工作者职业道德准则》要求：全心全意为人民服务。要忠于党、忠于祖国、忠于人民，把体现党的主张与反映人民心声统一起来，把坚持正确舆论导向与通达社情民意统一起来，把坚持以正面宣传为主与正确开展舆论监督统一起来，发挥党和政府联系人民群众的桥梁和纽带作用。

坚持正确舆论导向。坚持以团结、稳定、鼓劲、正面宣传为主，弘扬主旋律、传播正能量，不断巩固和壮大积极、健康、向上的主流思想舆论。坚持新闻真实性原则。把真实作为新闻的生命，努力到一线、到现场采访核实，坚持深入调查研究，报道做到真实、准确、全面、客观。发扬优良作风。树立正确的世界观、人生观、价值观，加强品德修养，提高综合素质，抵制不良风气，保持一身正气，接受社会监督。

坚持改进创新。遵循新闻传播规律和新兴媒体发展规律，创新理念、内容、体裁、形式、方法、手段、业态等，做到体现时代性、把握规律性、富有创造性。遵守法律纪律。增强法治观念，遵守宪法和法律法规，遵守党的新闻工作纪律，维护国家利益和安全，保守国家秘密。对外展示良好形象。努力培养世界眼光和国际视野，讲好中国故事，传播好中国声音，积极搭建中国与世界交流沟通的桥梁，展现真实、立体、全面的中国。

项目小结

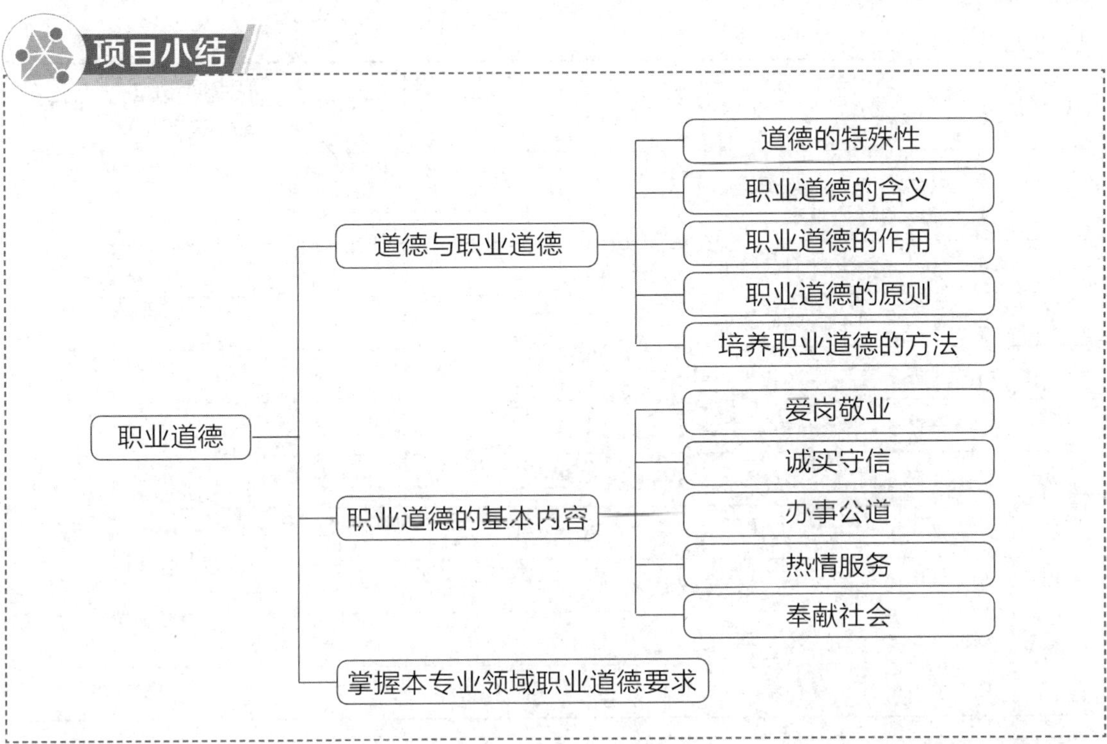

课后实践

职业道德与敬业精神测试

【实训目的】

提升职业道德与敬业精神，提升职场素质。

【实训步骤】

步骤1:完成职业道德与敬业精神自测表，具体如下表所示。

职业道德与敬业精神自测表

序号	内　　容	不同意	有点同意/有点不同意	同意
1	不拿公司的财物，即使是一支水笔、一个信封			
2	在规定的休息时间之后，会立即返回工作场所			
3	看到别人违反规定，会想办法让其反省，并告知相关部门			
4	凡与职务有关的事情，会注意保密			
5	不到下班时间，不会擅自离开工作岗位			
6	不会采取有损于本公司声誉的行为，即使这种行为并不违反规定			

（续表）

序号	内　　容	不同意	有点同意/有点不同意	同意
7	只要对本公司有利的意见或方法都会提出来，不管自己是否得到相应的报酬			
8	不泄露对竞争者有利的信息			
9	注意自己和同事们的健康			
10	能接受更繁重的任务和更大的责任			
11	在工作以外，不做有损于本公司声誉的事情			
12	在促进商业利益的团体和场合中，会显得积极			
13	为了完成工作，在工作时间以外会自行加班			
14	为了保证工作绩效，会做到劳逸结合			
15	会利用业余时间研究与工作有关的信息			
16	保证本人的家庭成员参与、采取有利于本公司的行为			

步骤 2：标准自评。

(1)有 4 个及以上不同意的，职业道德和敬业程度为低下。

(2)有 2～3 个不同意的，职业道德和敬业程度为中等。

(3)有 1 个不同意的，职业道德和敬业程度为上等。

(4)没有不同意的，职业道德和敬业程度为卓越。

步骤 3：探究与思考。

结合职业道德与敬业精神自测情况，谈谈你将如何提升自己的职业道德。

项目十三　职业适应

学习任务

知识目标：了解角色及角色转换的概念、学生角色与职业角色的概念、影响大学生角色转换的因素；熟悉大学生常见的不良就业心理、就业心理问题。

技能目标：将角色转换的策略运用到求职角色转换中；掌握求职心理调适的途径，学会求职心理调适的方法。

素质目标：认识学生角色和职业角色的区别，提高环境适应能力，树立职业信心。

学会调适心理

小曹是某高校的应届毕业生，本身个性比较内向，在就业应聘体检时，听医生说自己肺部有钙化点，立即上网查阅。由于缺乏医学常识，他在慌乱中阅读相关信息后，心情十分紧张，误以为自己得了癌症，心情沮丧而难过，吃不下饭，睡不着觉，又不愿意告诉别人，自我封闭，在恐惧中度过了几天。在实在不能忍受的情况下，来到学校心理咨询室，倾诉了自己的恐惧和痛苦。经老师的开导和分析，小曹再次到医院检查，发现所谓的钙化点根本不是大的问题，化解了心病，用人单位的录用通知也到了，他愉快地走上了工作岗位。

案例中的小曹并不是一个特殊的个案。在毕业生就业的过程中，因为就业形势、家庭环境、自身情况等导致压力过大，自我封闭、焦虑等心理问题常常出现。一方面，部分大学生由于内心的自卑或焦虑，渴望寻找倾诉的契机，达到自身心理上的平衡。另一方面，有的学生缺乏对他人的信任，不愿轻易敞开自己的心扉，表露自己真实的内心世界。有的人害怕引起别人的误解；有的人担心别人知道自己的秘密后与自己竞争，从而使自己处于有利地位；等等。所以，对自我进行客观评价，面对突发情况运用一定的心理调适技巧或咨询求助专业人士也是大学生在求职过程中应该做到的。

任务一　求职角色转换

社会角色是社会赋予人的社会权利和义务，它反映着每个人在社会中的地位和在人际关系中的位置，代表着每个人的身份。每个人扮演的主要角色是由其承担的主要任务决定的。学生的主要任务是读书学习，主要角色就是学生。每个人在社会中所扮演的角色并不是固定不变的，往往会发生多次角色转换。

一、学生角色与职业角色的差异

大学生要尽快适应社会职业角色，就要了解学生角色与职业角色的差异。两者之间的差异主要表现在以下几个方面。

1. 社会角色不同

学生角色是个体接受教育，储备知识，掌握本领，接受经济供给和资助，逐步完善自己的过程；职业角色则是个体用自己掌握的本领，通过具体工作为社会付出，独立作业，具有一定的权利和义务，并以自己的行为承担责任的过程。两者的区别表现在以下几方面：

(1)社会责任不同。学生角色的主要责任是个体努力吸收知识，使自己在德、智、体等方面得到全面发展。责任的履行情况主要取决于本人知识掌握的多少和能力培养的程度。而职业角色的责任是个体以特定的身份去履行自己的职责，依靠自己的本领或技能去工作，去服务社会以及完成某个事项的过程。责任履行的优劣不仅影响到个人价值的实现，还会影响到单位、行业的声誉。

(2)社会规范不同。学生角色规范主要是从教育的角度出发，要让学生遵守学生规范，使之成为合格的人才。职业角色的规范则是社会提供的从业者的行为模式，其因职业的不同而不同。这些规范既具体又严格，个体违背了就要承担一定的责任，甚至是法律责任。

(3)社会权利不同。学生角色的权利主要是依法接受教育，并取得经济生活的保障或资助。职业角色的权利则是依法行使职权，开展工作，并在履行义务的同时得到报酬。

2. 人际关系不同

现代的人际关系，即人与人之间的相互交往关系。学习是学生的主要任务，能否学好科学文化知识，提高自身的素质和能力，主要取决于学生本身。竞争只是促进学习的手段，并未从根本上影响学生的利益，因此这就决定了学生的人际关系是比较简单的。成为从业者以后，竞争是不可避免的，谁能迅速转换角色，谁的能力强、素质高，谁就能在竞争中取胜并获得相应的收益，因此竞争的胜败关系到利益的分配，也决定了从业者的人际关系是较为复杂的。

3. 生活管理方式不同

学生的学习生活是一种集体生活，学生住的是学生宿舍，用餐是在集体食堂。学校实行统一的生活作息制度和行为规范，学生违反了纪律要受到处罚。在社会上，用人单位在工作时间内对员工提出要求，而其他时间主要由员工自行支配。在遵守国家法律法规和社会公德的前提下，员工在生活上享有很大的自由度，不受严格统一的管理方式的约束。

4. 对社会认识的内容、途径不同

学生是受教育者，他们对社会的认识、了解主要来自书本，来自课堂的学习。因此，其认识的途径主要是间接的，认识的内容主要是理论性的。从业者则通过亲身实践来加深对社会的认识、了解，因此，其认识途径是直接的，认识内容主要是实践性的、具体的、带有现实主义的。理想与现实总是存在一定的差距，有的大学生走向社会后，习惯用在学校时的思维方式去认识社会，遇到现实矛盾时容易产生困惑、迷惘、彷徨情绪，无法适应工作环境，难以转换角色；而有的大学生则能正确认识这一差距，通过艰苦的努力拼搏，最终实现了理想。

案例故事

某高校毕业生张某，在校期间表现较好。毕业后，他和同学一起到一家公司应聘，结果他们被安排到车间上班。工作一个月后，繁忙的工作节奏让张某逐渐产生了厌倦的情绪："一个名牌高校的毕业生怎么能在车间工作呢?"张某愤然离开了这家公司。可是两年后他又回来应聘该公司职位时，发现前来招聘的主管却正是他原来的同学。他又觉得不公平了："在学校时我可是处处比他强，为什么他却提升了呢?"

这种浮躁的心态使众多大学生的工作浮在表面，长时间进入不了角色。这山望着那山高，但这也是用人单位最不喜欢的一种行为。有调查显示，刚毕业的大学生在工作中务实精神状况差是用人单位最不满意的因素。在基层岗位锻炼成长是每一个大学生职业发展的必经之路，也是一个人全面发展的必由之路。毕业生要尽早成为合格的"职业人"，就需要尽快完成职业的角色转换。

二、影响大学生角色转换的因素

学生角色与职业角色不同，因此大学生步入社会后，必须按承担的职业责任和要求的行为规范转换角色。角色转换的时间有长有短，有的一年半载，有的一年至两年。适应期的长短受诸多因素的影响，概括起来有自身因素和环境因素两大类。

1. 自身因素

(1)心理因素。理想与现实的差距、期望与实际的不平衡使大学生产生了一系列的不适应心理现象：依赖心理；自我否定心理；失望心理；寻求理解的心理；攀比与嫉妒心理。大学生在争取用人单位帮助的同时，应当注意调整、控制、改善自身的心理状况，以乐观的精神面貌和勤学苦练、踏实肯干的良好作风赢得大家的认可，顺利地融入社会环境，成为一个合格的社会成员。

(2)身体因素。健康的体魄是事业成功的基础。大学生在校努力学习的同时，应该注意加强体育锻炼，以良好的身体状态迎接工作的挑战。

(3)素质因素。大学生在知识结构和能力上的不适应表现为：一是所学到的理论知识与实际工作中的要求存在相当大的差距；二是在知识经济时代，知识更新周期缩短，所学到的知识很快就会变得陈旧；三是目前我国高等教育存在着与社会需求脱节的现象，不能做到学以致用，在实际工作中存在着把知识优势转化为能力优势的问题。

(4)观念因素。上学时个体主要靠自身努力获得知识，工作后个体不仅需要自身努力，更需要有整体观念；学习书本知识需要树立半封闭的思维观念，即思维常在书本知识上跳跃，而走上工作岗位后，就要树立开放性思维观念；课堂教学使学生对老师产生一定的依赖心理，而在工作岗位上，个体主要靠自己摸索和虚心向他人请教来掌握工作方法，完成工作任务。

(5)性格因素。各个工作岗位的特点不同，对从业者性格的要求也不同。有的岗位要求从业者性格开朗、外向、善于言辞，否则就难以完成工作任务，如销售人员，要喜欢交际，开朗大方，能用恰当的语言将产品的性能、特点传达给客户。有的岗位则要求从业者要稳重、细心。例如，医生必须耐心地倾听患者对病情的叙述，细心观察病情变化，面对突发事件，沉着冷静，不乱方寸。当然，任何一个工作岗位对性格的要求都不是绝对化的，关键是一个从业者必须根据工作需要，努力克服个人的性格缺陷，培养良好的性格，以恰当的心态去对待工作。

2. 环境因素

角色转换过程伴随着环境因素的变化。大学生进入新的角色，必须努力适应新的环境，包括工作、学习、生活环境和人际关系环境。部分大学生就业前对工作条件和福利待遇方面的期望值很高，就业后在艰苦的工作、生活条件面前往往大失所望，无法适应艰苦、紧张的生活，难以安心工作，对职业角色产生对抗性的潜在意识，不愿意进入新的角色。由于当代社会的特定环境影响，有些大学生生活自理能力差，行为懒散，举止较为随便，好迟到、早退，花钱无计划、无节制，没有钱了就伸手向父母要，这些毛病都和工作环境相矛盾。

三、角色转换策略

1. 安心本职工作，培养务实精神

安心本职工作是角色转换的基础，是实现理论和实践相结合的重要因素，是个体提高自己实际工作能力、积累工作经验的必要条件。刚走上工作岗位的毕业生，应尽快脱离对大学生活的沉湎，全身心地投入新的职场环境，适应企业文化，树立爱岗敬业、务实耐劳的工作态度，从小事做起，从基层做起。初涉职场，大学生要有吃苦耐劳的毅力，要懂得：甘心吃苦是锻炼自己毅力的必要过程，是自己为今后创业做的准备。大学生只有甘于吃苦，才能尽快适应工作，及时进入角色和实现角色的转换。

2. 虚心学习知识，重新定位自我

作为新人，特别是初入职场的大学生，不能自认为学历高就目空一切。尽管大学生接受了系统的理论教育，但在实际的工作中有许多东西需要去学习、掌握，重点要学习的是如何在实际工作中把自己在大学学习的理论知识应用到实际工作中，并在实际工作中实践自己的理论。此外，大学生还要在工作中学习新的社会规范、新的观念，掌握新的分析问题和解决问题的方法。大学生在进入工作岗位后，要对自己重新定位，要规划自己的学习内容、学习方法，要不断学习必须掌握的业务知识，尤其是要虚心向身边有经验的技术人员、领导和同事学习，学习他们观察问题、分析问题和解决问题的方法，以丰富自己的专业知识和业务能力，并在实践中完善自我、发展自我，尽快实现角色转换。

3. 认真思考，善于发现问题

勤于观察思考，善于发现问题是角色转换成功的有力保障。大学生只有善于观察，才能发现问题，并运用自己所学到的知识努力去解决问题，进而真正探索到职业对象的内部结构，掌握第一手资料。大学生只有勤于思考，在工作中才会有自己的见解，才能逐步具备独立开展工作的能力，才能创造性地完成自己的工作，更好地承担角色责任。

4. 锐意进取，甘于无私奉献

锐意进取，乐于奉献，这是个体完成角色转换的重要标志。大学生奔赴工作岗位后，从一开始就必须严格要求自己，要树立高度的主人翁责任意识和积极奉献的精神，不计较个人

得失，努力承担岗位责任，主动适应工作环境；要敢于面对工作中存在的各种困难，敢于冒险，敢于解决实际工作中存在的问题。只有这样，大学生才能更好、更快地完成角色转换，实现自己的社会价值，推动生产力的发展，完成自己的历史使命。

5. 夯实自身基础，应对工作挑战

工作机会为大学生提供了展现大学学习成果的舞台。大学生步入工作岗位以后，将会面临大学时期未遇到的各种新问题、新情况，如何面对和解决这些问题，需要大学生尽快夯实自身基础。俗话说，台上一分钟，台下十年功。如果基本功不够扎实，个体在工作中遇到要解决的问题时，在心理上会觉得没有底气，因不能运用自己的所学很快提出对问题的应对方法而导致错误的发生，而这些会进一步打击自己的自信心，对自身实力产生怀疑。大学生只有夯实自身基础，将工作中的前人经验和自身所学相结合，才能胜任自身的岗位职责，乃至创造出更好的工作方法。

任务二　求职心理调适

一、大学生常见的不良就业心理

图文

自卑心理自我测评

1. 自卑心理

自卑心理多见于自我意识发展不健全的大学生及性格内向或有生理缺陷的大学生。在屡遭挫折之后，一些大学生容易产生强烈的自卑心理，胆小畏缩，觉得自己事事不如人。自卑心理的产生主要有以下几个原因：

(1)缺乏正视现实的心理基础。每个人对未来都有美好的追求，在择业中这种追求和憧憬更为强烈、丰富。经过大学生活，大学生的知识羽翼已渐丰满，面对汹涌的市场经济大潮，他们豪情满怀，准备搏击一番。然而，大学生毕竟涉世尚浅，接触社会较少，其理想往往会脱离社会实际。在择业中，他们并未考虑自己的知识、能力、性格、爱好、气质等是否适合所向往的工作，从而出现了理想的自我膨胀与现实的自我萎缩之间的矛盾。许多大学生由于对职业的期望值太高，面对学校提供的就业信息不及时进行选择，浪费了信息。

(2)缺乏艰苦创业的思想准备。大学生在择业时对自己的人生充满了希望，但往往缺乏艰苦创业的心理准备，不愿到艰苦的地方去，不愿到边远地区去，不愿深入基层。部分大学生幻想生活的道路平坦笔直，只想涉足大城市、大企业、工作条件好的单位。这也导致了边远地区、效益较差的单位少人问津，而大城市、大公司、沿海地区人满为患。

(3)缺乏竞争的勇气。就业制度的改革为大学生择业提供了公开、公平的竞争环境。在这样的大环境中，竞争让一部分大学生感受到了压力，甚至无所适从。的确，由于种种情况，如今理想的竞争环境还没有真正形成，许多大学生往往因自己所学的专业不热门、长相不如别人、成绩不如别人、口才不如别人等而自卑，缺乏竞争的勇气，心理上先打退堂鼓。大学生如果把现阶段就业过程中一些行业和其他原因造成的影响因素视为不公平、不公正，那么势必会造成一定的心理障碍，使自己在就业过程中失去勇气，由于自卑而心烦意乱。

(4)缺乏把握机遇的勇气。一方面,大学生的自我意识日趋完善,对自我的存在及意义有了较明确的认识,在就业中已经意识到自己将作为人才被社会使用,将为社会贡献自己的聪明才智;同时,也要求社会能够认可“自我意识中的我”,并以此为标准进行就业。另一方面,大学生由于人生观、价值观尚未最终定型,加上社会大环境的影响,往往不能客观地分析和评价自我。有的大学生对自己的评价偏高,缺乏承受挫折的心理准备。一些大学生就业时期望值过高,不能较好地把握机遇;或者期望值过低,缺乏主动竞争和利用机遇的勇气。也有的大学生处于上述两种情况的波动之中,就业时往往目标与行为不稳定,缺乏理智、冷静的心理准备。有自卑心理者可以在求职前进行积极的自我心理暗示,努力克服自卑心态。

案例故事

小李是一名毕业于某高校的女大学生,在校期间,专业成绩优秀,还担任校学生会主席一职。她经过4年学习,无论是语言表达能力还是为人处世能力,都得到了非常大的提高,在就业的初期也满怀信心。但由于专业冷门和学校名气不大,她在几家工作单位的面试中都碰了壁,结果产生了自卑感,认为自己能力不够,学历不高,处处不如别人。她在后来的求职过程中表现越来越差,陷入恶性循环而不能自拔,甚至到了用人单位面试时只能被动地问“我是学某某专业的要不要”,其他什么话都不敢讲,最终在毕业时未能落实就业单位。

2. 攀比心理

在就业过程中,由于每个人生活的环境、家庭背景、能力和性格及所遇到的机遇是不相同的,因而在择业目标、职业选择上不具有可比性。部分大学生争强好胜,虚荣心较强,容易产生攀比心理。一些大学生在就业过程中忽视自身的特点,对自我缺乏客观正确的分析,不从自身实际出发,不考虑所选的工作单位是否适合自己,而是盲目攀比,不屑到基层工作,总想找到一份比别人优越的工作。这种攀比心理使得不少大学生迟迟不愿签约。

3. 从众心理

部分大学生不能客观地分析社会的需要,对自己的竞争能力缺乏信心,因而在就业时产生了随波逐流的从众心理;他们在求职时缺乏信心、瞻前顾后、勇气不足、人云亦云、跟着别人走,自己毫无主见。还有的大学生表现出情绪的极端性,心境受到多重就业因素的困扰,面对现实的处境缺乏应有的冷静和判断能力,求职缺乏计划性,对各种信息常做出不假思索的反应。

图文

从众心理自我测评

从众心理主要表现为:在就业过程中,部分大学生容易忽视自身所学专业和特长而盲目从众;在择业单位上,盲目追求物质享受,千方百计进入外资企业和行政事业单位等。在从众心理的驱使下,很多人共挤独木桥,从心理上限制了自己,使得择业面变窄,直接导致求职失败。需要注意的是,工作的好与不好是相对的,只有适合自己的才是最好的。

4. 焦虑心理

焦虑心理是由于意识到就业客观形势与自我主观意愿的矛盾而产生的心理体验。就业前的一段时间,部分即将毕业的大学生既要完成学业,又要准备升学,还要不断了解就业信

息，甚至奔波于用人单位和学校之间，致使身心疲惫，在心理上出现紧张、不安、烦躁、忧虑、恐惧等相互交织的情绪状态。

一般来说，轻度的焦虑属于正常现象。适度的焦虑会使人产生压力，消除自身的惰性，增强自我的进取心，产生求胜的心理和行动。但是，如果被过度焦虑甚至沮丧的情绪长期困扰就会产生压抑、抑郁心理，当自己不能及时化解这些情绪时，心理健康就会受到影响，并影响个人主观能动性的发挥，埋没人的潜能和才华。

案例故事

大学生小罗来自农村，父母是农民，家里还有弟弟在上学，而她由于急于在城市中立足，表现出了强烈的焦虑情绪。

“如果我找不到工作，贷款怎么还？弟弟上学怎么办？”对于自己的苦恼，小罗直言不讳。想到在家辛苦务农的父母，想到正在读高中的弟弟，想到一毕业就有几万元的助学贷款要还……在面试前，她的眼泪夺眶而出。

小罗说，她当过学生会的干部，还是班里的文艺骨干，一直对自己充满信心。可一次失败的面试经历让她对找工作产生了恐惧。她当时应聘一家建筑集团的会计岗位，面试官让她谈谈自己的职业规划。那是她第一次参加面试，根本没想好自己想做什么、能做什么，结果可想而知。这之后的几次面试，她似乎还没走出第一次面试的阴影，连连碰壁。过年回家，父母问起找工作的事情，小罗总是支支吾吾，后来干脆早早返校。眼见很多同学已经签了单位，她急得像热锅上的蚂蚁。

5. 自傲心理

某些大学生自恃学有所长，认为“天生我材必有用”，过高地估计自己，在就业时往往以个人的主观标准去衡量社会需要，结果常常是“高不成、低不就”。自傲心理在大学生身上最为突出。一些大学生受陈旧观念的影响，自认为高人一等，过高估计自己的知识水平和能力水平。在就业过程中，有的大学生好高骛远、自命不凡、眼高手低，给用人单位留下浮躁、不踏实的印象，不受用人单位的欢迎；有的大学生则就业期望值过高，择业脱离实际，怕吃苦、讲实惠，不愿到基层和艰苦地区等需要人才的地方工作，就业目标与现实之间存在巨大的反差；有的大学生不能摆正自己的位置，对自己的劣势和困难估计不足，认为自己具备很多优势，如学习成绩优秀、政治条件好、专业需求旺、求职门路广等，盲目乐观，把就业目标定得很高，应聘时一心一意向高薪挑战，结果屡屡受挫。

6. 急功近利心理

部分大学生就业时过分看重经济、地位等，追逐功利，一心只想进大城市、大机关，去沿海发达地区，只想去收入高、待遇好的单位，甚至为了暂时的功利抛弃所学的专业。这种心理虽然能够得到一些眼前的利益和满足，但从长远发展来看，是不明智的。因为人们在物质需要得到满足之后，会渴望和追求心理需要的满足，当意识到事业才是人生永恒的支柱时，烦恼便产生了。因为贪图享乐而放弃事业，终究要为此付出代价。

7. 患得患失心理

职业的选择往往也是对机遇的一种把握，错过机遇，就会与成功擦肩而过。一些大学生在就业的过程中“吃着碗里的，看着锅里的”“这山望着那山高”，殊不知，任何的患得患失都有可能与成功失之交臂。一些大学生“不管三七二十一”，找到一个单位就草草签约，然后又将目光投向待遇好的单位，最终把自己牵扯进违约的泥沼，也将自己的诚信丢失。这种患得患失的心理使大学生在众多的选择中迷失了自己的方向，当断不断，错失就业良机。有些大学生在上报就业定位计划后，还多次违约、毁约，既影响了个人就业心态，也影响了学校正常的就业工作和用人单位的正常录用工作。

8. 依赖心理

一些大学生缺乏独立意识，在就业上过分依赖他人。一方面，过分依赖学校，不主动寻找工作单位，等着学校给他们介绍单位；另一方面，过分依赖家人和亲友，在各种人才交流会上总是可以看见有些父母陪同子女在用人单位的展位前徘徊。

有依赖心理的大学生缺乏主动参与意识和竞争意识，信心和勇气不足，在社会为其提供的就业机会面前顾虑重重，不能主动地参与就业市场的竞争，不能积极地向用人单位展示自我、推销自我，不能依靠自身的努力去赢得竞争和用人单位的青睐，而是寄希望于学校，寄希望于地方毕业生就业主管部门，等靠思想和依赖心理严重，使自己在就业中处于劣势。

案例故事

21 岁的大学生小唐在父亲的陪同下去应聘。令招聘人员惊讶的是，小唐一言不发，他的父亲却一个劲儿地向招聘人员询问：“你们公司每个月工资多少？工作环境怎么样？中午管不管伙食？”小唐比较羞涩，有时候准备插上一两句却被父亲打断了，便索性玩起手机。

小唐由父亲陪同去应聘，一方面是由于小唐性格上存在一定的缺陷，如比较羞涩等，同时也折射出其对家长过于依赖；另一方面，小唐的父亲过于强势，凡事都不放心让孩子独自去做。这种行为增加了小唐求职应聘的失败概率。有眼光的用人单位对家长过分介入孩子的求职是比较反感的，认为这样的孩子独立性不够，心智还不成熟，自然不愿意招聘这样的人入职。即便小唐能应聘成功，但由于是父亲“包办代替”的，也存在相当大的职业不稳定性，说不定干不多久就会离职。而小唐的应聘都由家长张罗，说明其还没有“断乳”，对家长太过依赖，不利于职业成熟，不利于人生发展。

在求职应聘季，大学生还是应该做自己的主人，勇敢地走向社会、亲近社会，独自去闯一闯人才市场，有挫折才会选择坚强，有失败才会收获成功。家长在孩子的求职应聘方面可当幕后参谋，但不要亲自去冲锋陷阵。

9. 怀才不遇心理

近年来，受多种因素的影响和干扰，大学生就业的期望值普遍较高。90%以上的大学生希望选择效益好、工资高的单位，更多的大学生要求到发达的大城市工作。这说明大学生对自身在社会中的定位没有正确的认识和分析。在进行个人社会定位时，必须认真考虑自身

的知识和能力水平、专业的社会适应性、自身的个性特征等各种综合因素。刚毕业的大学生自视过高，在现实的就业过程中就容易碰壁，于是就会产生怀才不遇之感，抱怨自己生不逢时，抱怨没有施展才能的机会，抱怨世上无伯乐，怨天尤人，使自己身心疲惫。走出此误区的方法是学会正视自己。

知识拓展

大学生就业心理问题分析

北京青年压力管理服务中心发布的一份调查报告称，巨大的就业压力对大学生生理、心理及行为能力都产生了明显的影响，有52%的大学生“想到毕业找工作就忧心忡忡”。心理学家认为，求职大学生表现出来的焦虑、沮丧、烦躁等不良情绪可称为就业抑郁症。其生理表现为睡眠不足与食欲不振；心理表现为担心和郁闷；行为能力表现为做事效率低，生活规律紊乱。

有的大学生产生郁闷、焦躁、心灰意冷的心理，其主要原因来自就业压力：高校毕业生人数年年上升。

但另外两方面的原因也不可忽视。一是用人单位对求职大学生缺乏应有的尊重，伤了学子们的自尊和求职热情。许多大学生反映，在人头攒动的招聘会现场，好不容易挤到了展台前，但招聘人员往往爱答不理，收下简历后一言不发，甚至瞄了几眼后当着大学生的面将简历扔进废纸堆，这一幕令他们很伤心、很自卑。二是多数大学生自身心理脆弱，缺乏信心。

大学生的就业抑郁症不可忽视，大学生应积极有效地进行自我调适和心理疏导，告诉自己要以乐观向上的健康心态求职，即使暂时没找到工作也不能让希望的明灯熄灭。

二、大学生就业心理调适

健康的就业心理关系着一个人今后的发展，决定着一个人在职业生活中发挥自己的个性，施展自己的才华，取得事业成功与自我价值的实现。为了避免在就业过程中出现心理障碍与心理压力，大学生应该采取积极的措施来调适在就业过程中的不良心理。

1. 就业心理调适的途径

(1)正视职业。职业是人们在社会中所从事的稳定、有合法收入的工作，既是人们实现人生价值、为社会做贡献的舞台，也是人们生存、发展的手段。

大学生应该正视职业，以调整好自己的就业心态。职业不分贵贱，只要能够体现自身价值的就值得去努力。不要轻视平凡、普通和简单的工作。人的职业生涯实际上是一个由周边到中心领域的实践过程。大学生再优秀，也不可能一参加工作就当科长，当部门主管，当技术总负责人，而必须经过必要的试用期、见习期，先做具体、简单和看似平凡、普通的事情。随着大学生职业经验的增加和贡献的增多，才有可能逐步接近中心领域。每个人只有经过不断地学习、不断地工作，才能在平凡的岗位上干出不平凡的事业来。

(2)培养自信。知人为聪,知己为明;知人不易,知己更难。大学生应该对自己有充分的认识,把主观愿望和客观条件结合起来,强化自信心理。一些大学生在求职过程中,由于怯于出头、羞于表现,常常给人唯唯诺诺、缺乏能力的感觉,不能给自己提供施展才华的机会。面对日益激烈的人才竞争,大学生应该抛弃自卑心理,充满自信,在平时注意培养自己良好的人格品质,改变不适应发展的不良人格品质,培养自信乐观、自强不息、宽容豁达、开拓创新等品质。在求职遇到挫折时,要相信自己的能力,不被一时的挫折吓倒,正视现实,放眼未来,要相信未来是美好的、前途是光明的,对自己抱有合理而坚定的信心。对求职的期望适度,保持实事求是、知足常乐的心理。有理想、有抱负的青年大学生更应该怀着一腔热血,到祖国最需要的地方去建功立业,奉献青春。

(3)面对社会现实。人是社会之人,是现实之人。积极的心态是正视社会、适应社会;消极的心态是脱离社会、逃避社会。正视社会现实,需要大学生认清社会需求,根据社会需求选择适合自己的工作,而不应好高骛远、脱离实际。人的本质是社会关系的总和,人不能离开社会而生存与发展,每个人自我愿望的实现都离不开他所处的社会环境。就业作为人的一种社会性活动,必然也会受到种种社会条件的制约。大学生如果脱离社会需求,就很难被社会接纳,甚至难以生存下去。一味追求个人名利、满足自己愿望的就业观是不可取的。

(4)培养独立意识。社会并不把大学生当作学生或未成熟的青年看待,社会要求大学生对自己的行为负完全的责任。因此,大学生在校期间有意识地培养自己的独立意识是十分重要的。第一,要培养自己独立生活的能力,从纷繁琐碎的日常小事开始,训练独立处理问题、发展各种基本生活技能的能力,摆脱家庭的关怀呵护,学会自立。第二,要注重培养独立处理学习、生活、工作等方面的问题的能力,最大限度地发挥自己的创造性,而不是在老师安排和指导下去做。第三,要在思想上和心理上走向独立。在思想上应意识到要走自己的路,要有自己独立的见解、自己的奋斗目标,独立处理面对的各种问题,不断完善自己的思想体系。

(5)正确对待挫折。挫折是一种人们普遍存在的心理现象,是个体从事有目的的活动时遇到无法克服的障碍或干扰而产生的紧张状态和情绪反应。人们所说的挫折通常包括挫折情境与挫折感受。消除挫折的方法有以下三个:

① 视挫折为鞭策。大学生应该从心理上对挫折有所准备,并视其为一种鞭策。古今中外的仁人志士,哪一个不是从坎坷与挫折中走过来的?面对挫折,正确的态度应该是勇对挫折,智对挫折,成为战胜挫折的强者,把挫折看作锻炼意志、提高能力的机会。挫折对于理智的求职者来说往往是求职成功的先导,"失败是成功之母"讲的就是这个道理。

② 调整期望值。期望值是指要获取的工作岗位在物质需要上、精神需要上的满足程度,如工资收入、福利待遇如何,能力、抱负、特长能否得以施展,等等。挫折感产生的重要原因就是现实与职业期望落差的出现。求职期望值过高,其结果不是因为超越现实而败北,就是侥幸就业后因自身能力不足,无法胜任工作需要而处于被动。为此,大学生应放下包袱,从主、客观两个方面进行全面分析,确定适合自身条件的职业期望,以降低因挫折而引起的心理焦虑和恐惧等。

③ 进行心理调节。求职遇到挫折后要运用控制、激励自己的方法和技巧进行心理调节与控制，从而使自己尽快摆脱不良情绪，重新树立起信心。进行合理的宣泄是缓解焦虑、愤怒、冲动等情绪的有效方式。个人受到挫折以后，会越想就越难受，这时转移注意力是一种有效的策略，如可以到教室、图书馆看书，参加体育活动，跟朋友聊天，看电影，等等。另外，寻求支持、分担痛苦、汲取力量也是应对挫折的重要方式。

(6)挖掘自身的优势。挖掘自身的优势有助于成功的实现，盲目地从众有可能会走向失败。每个人都有自己的闪光点，将自己的这些优势挖掘出来并与自己的就业联系起来，能够培养自己积极向上的心态。可以定期地总结一下过去，与同学、朋友进行比较，做一做能力测试、心理测试习题等，还可以请老师对自己进行评价。

2. 就业心理调适的方法

大学生要想控制自己的心境，自觉地调整内在的不平衡心理，增强心理素质，保持乐观向上的情绪，就需要不断地对自己进行心理调适。

(1)自我激励法。自我激励法主要指用生活中的哲理、楷模或明智的思想观念来激励自己，同各种不良情绪进行斗争，坚信未来是美好的，要勇敢地面对下一次，尽可能地把不可以预料的事当成预料之中的事，即使有意外事件出现或受挫，也要鼓励自己不要惊慌失措、冲动、急躁，而是冷静思考，寻找对策。大学生在就业过程中，要相信自己的实力，通过自我激励增强自信心，消除自卑感，保持良好的情绪和心态。

(2)注意力转移法。注意力转移法即把注意力从消极情绪转移到积极情绪上。当不良情绪出现时，可以采取转移注意力的方法寻找一个新颖的刺激，激活新的兴奋中心，以抵消或冲淡原来的兴奋中心，使不良情绪逐渐消失。例如，听听音乐，参加体育运动，进行自我娱乐，接受大自然的熏陶，参加有兴趣的活动，等等，使自己没有时间沉浸在各种原因引起的不良情绪反应中，求得心理平稳。

(3)适度宣泄法。当遇到各种矛盾冲突，引起不良情绪时，应尽早进行调整或适度宣泄，使压抑的心情得到缓解和改善。宣泄的较好方法是向挚友、师长倾诉自己的忧愁、苦闷以获得更多的情感支持和理解，获得认识和解决问题的新思路，增强克服困难的信心。,使不良情绪得到疏导；也可通过打球、爬山等运动量较大的活动消除压抑心理，恢复心理平衡，但应注意场合、身份、气氛，宣泄应是无破坏性的。

(4)自我安慰法。自我安慰法又称自我慰藉法，关键是自我忍耐。在就业过程中大学生常常会遇到挫折，当经过主观努力仍无法改变时，可适当地进行自我安慰，缓解矛盾冲突，消除焦虑、抑郁、烦恼和失望的情绪，这样有助于保持心理稳定。在因挫折而受情绪困扰时，可用“亡羊补牢，未为晚矣”“塞翁失马，焉知非福”等话语来做自我安慰，从烦恼中解脱出来。

(5)合理情绪疗法。合理情绪疗法认为，人们的情绪困扰是不正确的认知即非理性信念造成的，因此通过纠正认知，以合理的思维方式代替不合理的思维方式，就可以最大限度地减少不合理的信念给人的情绪带来的不良影响。例如，有的大学生就业不顺利就怨天尤人，认为人才市场提供的岗位太少、用人单位要求太高。他们只从客观上找原因，认为大学生就业应当是顺利的，社会应该为大学生提供充足的岗位，等等。正是这些不正确的认知理念造成了大学生的不良情绪，而这种不良情绪恰恰来自大学生自己。因此，如果能改变这些不合理的观念，调整认知结构，不良情绪就能得到克服。大学生运用合理情绪疗法时，要把握以下三点：第一，要认识到不良情绪不是源于外界，而是自己的非理性信念造成的；第二，情绪困扰得不到缓解是因为自己仍保持过去的非理性信念；第三，只有改变自己的非理性信念，才能消除情绪困扰。

总之，在就业求职过程中，大学生应提高自我调适的自觉性，立足于自身的努力使自己保持一种良好的心态。同时，社会、学校和家庭各方面也应为大学生提供热情的帮助和积极的引导，帮助大学生面对现实，排除心理困扰，缓解不必要的心理压力，促使他们尽快实现角色转换，顺利走上工作岗位。

项目小结

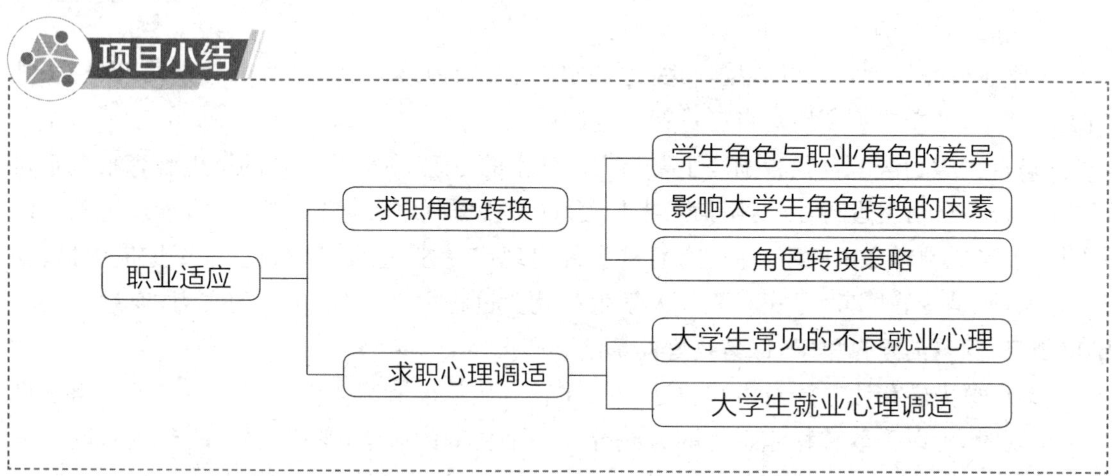

课后实践

从众心理测试

一、测试说明

从客观上讲，每个人都有不同程度的从众心理。下面的测试可以使你明白自己的从众心理的强烈程度。

二、测试题目

(1)你周围有比较多的朋友在谈恋爱，你会有谈恋爱的想法吗？

A. 是　　B. 不确定　　C. 否

(2)在过马路时，明明是红灯，可是除了你以外的所有行人都在闯红灯，你会怎么办？

A. 跟着闯红灯　　B. 不确定　　C. 在原位等待

(3)你发现你的很多学生对待学习比较敷衍，你觉得你受到他们的影响了吗？

A. 是　　B. 不确定　　C. 否

(4)如果班上有较多的学生在为考试升学(考研)做准备,你会和他们一样也去考吗?

A. 是　　B. 不确定　　C. 否

(5)你走进一间电梯,发现大家都戴着一顶帽子,这时你会觉得怎样?

A. 头上凉飕飕的　　B. 不确定　　C. 他们戴帽子不关我的事情

(6)你觉得自己将来会选择大多数人想要的那些工作吗? 如公务员、医生、教师等。

A. 是　　B. 不确定　　C. 否

(7)在一个讨论会上,你的观点和其他人的观点不一样,此时你会怎么做?

A. 放弃自己的观点　　B. 不确定　　C. 坚持自己的观点

(8)如果周围的人都在用一件物品,而你的经济能力不允许,你会想办法得到它吗?

A. 是　　B. 不确定　　C. 否

(9)你是否习惯于做大家都觉得对但不是出于自己意愿的事?

A. 是　　B. 不确定　　C. 否

(10)冬天到了,你并没有觉得很冷,但当大家都穿得很厚时,你会怎么做?

A. 也穿得很厚　　B. 不确定　　C. 按照自己的感觉增减衣服

(11)你习惯于思考问题前参考主流的看法吗?

A. 是　　B. 不确定　　C. 否

(12)你喜欢大家都喜欢的东西,是因为你害怕别人说你落伍吗?

A. 是　　B. 不确定　　C. 否

(13)天上下着小雨,你拿出伞,发现大街上没有一个人撑伞,你会怎么做?

A. 不撑伞　　B. 再走一段,没人了再撑　　C. 撑伞

(14)你在没有弄清事情的经过时,是否会跟随主流对客观事实产生看法?

A. 是　　B. 不确定　　C. 否

(15)当周围人都在使用某款流行的智能手机时,你是否也想购买?

A. 是　　B. 不确定　　C. 否

(16)乘电梯时,电梯迟迟不来,乘客都走楼梯了,这时你会怎么做?

A. 走楼梯　　B. 不确定　　C. 等到电梯来了乘电梯

(17)你是否觉得跟着大众走,即使错也不会错太多,所以有没有自己的看法也无所谓?

A. 是　　B. 不确定　　C. 否

(18)你是否认可现在的家长给孩子报各种培训班,以让孩子不落后于其他孩子的做法?

A. 是　　B. 不确定　　C. 否

(19)中午大家都想吃麦当劳,你想吃肯德基,此时你会怎么做?

A. 和大家一起吃麦当劳

B. 买肯德基到麦当劳吃

C. 自己去吃肯德基

三、评分标准

每小题选 A 得 3 分,选 B 得 2 分,选 C 得 1 分。

四、结果分析

39～57 分:你具有较强的从众心理,对人对事容易随波逐流。

20～38 分:你具有中等程度的从众心理,对人对事有时会有自己的主意,有时也会随波逐流。

20 分以下:你的从众心理较弱,对人对事有自己的思考,具有较强的独立性。

项目十四　职 业 素 质

学习任务

知识目标：了解职业素质的特征、评估以及提升方法；认识初入职场应具备的职业素养。

技能目标：掌握职业素质的提升方法，并将其运用到自己的职场生活中。

素质目标：充分认识职业素质的重要性，培养良好的职业素质。

坚守职业素质

2020 年 2 月 16 日，中央电视台《新闻联播》头条播出《一线抗疫群英谱：义无反顾冲向前，众志成城战疫情》，报道了国网湖北电力武汉供电公司职工陈世雄和队员们奋战一线全力保供电的故事。

陈世雄，42 岁，中共党员，国网湖北电力武汉供电公司华源输变电公司变电二班班长。从大年三十开始，短短 20 多天，他先后参与火神山医院、雷神山医院，长江新城“方舱医院”等 4 个重点医疗单位供电保障工程建设，他和他的团队争分夺秒、夜以继日，高效圆满完成任务。而他的妻子，一位白衣天使，也在第一时间赶赴抗“疫”一线，书写了夫妻共同抗“疫”的感人故事。陈世雄是国家电网人在抗击疫情的关键时刻挺身而出、奋勇战斗的缩影，展现了责任担当，彰显了特别能吃苦、特别能战斗、特别能奉献的“电网铁军”精神。

每一个行业都有自己的行业要求，电力人的工作职责就是为国家、为人民保障用电。特别是在 2020 年，面对新型冠状病毒肺炎疫情的肆虐，还有很多行业的劳动者在共同努力。

任务一　职业素质的基础知识

一、职业素质的特征

一般来说，职业素质具有职业性、稳定性、内在性、整体性、可塑性等特征。

1. 职业性

职业素质的职业性又称职业差异性，即不同的职业需要不同的职业素质。不同的职业对职业素质的要求具有较大的差异性。例如，国家公务员必须具有较高的政治素质、良好的道德修养、较强的业务能力和健康的身心条件等;工程技术人员必须具有坚实的专业基础、较强的动手能力、不辞劳苦的创业精神等;管理工作人员必须具有高度的事业心和责任心、较强的综合分析能力、强烈的市场和用户观念、良好的决策或辅助决策能力等。

2. 稳定性

素质是作为高度统一的个体行为与特征的稳定的结构因素,这种稳定的结构因素并不是存在于一时一事之中,而是体现于个体活动的全部时空中。通俗地讲,素质养成是个长期的过程,会受到遗传、环境等多种因素的影响,但素质在相对时间内具有稳定性,在特定时间内,个体对特定事物也会表现出持续而稳定的行为特征。需要说明的是,素质也是处于动态变化中的,并不是一成不变的,因此素质的稳定性是相对的。

3. 内在性

职业素质虽然是个体身上的一种客观实在,但却是看不见摸不着的,具有隐蔽性和抽象性,只能通过行为方式、工作绩效和行为结果等表现出来。

4. 整体性

同一个体的素质、同一素质的各种成分作为一个高度统一的整体存在于个体身上,相互联系,相互影响,难以分割。例如,如果说某位教师职业素质好,就不仅是指他知识渊博,还指他的思想政治素质、职业道德素质好。职业素质的整体性还表现在其中一项素质较差会拉低到整体的工作绩效和社会评价。例如,一个从业人员的科学文化素质和专业技能素质都不错,但思想道德素质比较差,就不能说这个人的整体素质好。

5. 可塑性

职业素质并不是天生不变的,它可以通过教育、社会实践等途径逐步提高和完善。职业素质的可塑性表现在:缺乏的素质可以通过实践和学习得到不同程度的补偿;一般的素质可以通过训练成为个人的特长素质;已有的素质也可能因为长期不进行实践而萎缩退化。

知识拓展

中国学生发展核心素养

中国学生发展核心素养(见下图),以科学性、时代性和民族性为基本原则,以培养"全面发展的人"为核心,分为文化基础、自主发展、社会参与 3 个方面。综合表现为人文底蕴(人文积淀、人文情怀、审美情趣),科学精神(理性思维、批判质疑、勇于探究),学会学习(乐学善学、勤于反思、信息意识),健康生活(珍爱生命、健全人格、自我管理),责任担当(社会责任、国家认同、国际理解),实践创新(劳动意识、问题解决、技术运用)6 大素养 18 个基本要点。

中国学生发展核心素养

二、职业素质的提升方法

一个人的职业素质不是一成不变的，需要在工作与学习中逐步形成，并且通过学习和培训加以提升。

1. 提升专业素质

专业素质是指从事某一职业所必需的专业理论知识和实践操作能力，也就是对所学知识的掌握和应用程度，如市场营销专业的学生应具备一定的市场调查与分析技能，计算机专业的学生应具备较强的编程能力，食品专业的学生应熟悉食品发酵技术，等等。

(1)专业素质的重要性。专业素质是大学生职业素质的核心内容，合格的劳动者必须具有较高的专业素质，这是基本的素质和要求。目前，我国高等教育进入国际公认的大众化发展阶段。在此阶段，高等教育应适应社会对人才需求多样化的趋势，不仅要培养精英人才，更要培养高素质的应用型人才。由于书本知识与实际技能之间存在较大距离，很多的大学生在面对实际工作时常常“力不从心”。尽管大多数的大学生具备扎实的基础理论知识，但是无论从实际操作技能还是实际经验来说，都无法满足企业对专业技能人才的需求。

(2)提升专业素质的途径。专业素质低下，不能满足用人单位对人才实践技能和工作经验的迫切需求，是目前大学生就业难的重要原因。如何提高大学生的专业素质，是摆在高等院校和大学生面前的一个迫切需要解决的问题。就整体而言，大学生可以通过以下途径培养自己的专业素质：

① 高度重视和积极参与学校的实践教学。实践教学是实现人才培养目标的重要途径之一，是培养学生专业技能的关键，在高校教学体系中占据着重要地位。高校实践教学环节主要包括实验课、课程教学实习、毕业实习、毕业设计(论文)等。高等教育在实践教学环节方面管理的不足，是大学生专业实践技能低下的直接原因。现在，实践教学的重要性已经得到各高校的认同，传统教育“重理论、轻实践”的观念逐步改变。各高校开始增加实践教学课

时比重，加大对实践教学的投入，加强实践教学的师资力量，完善实践教学考核体系，进行产、学、研相结合的有益探索。

大学生应该高度重视和积极参与学校的实践教学。目前，部分大学生存在因实验室条件简陋、学分少等原因不重视实践教学的情况。大学生应充分认识实践教学的重要性，积极完成实践课程的学习，提高专业技能，培养自己独立思考，分析、解决问题的能力。

② 充分利用课余时间，积极参加学生社团。学生社团是高校学生群体的一种特殊组织形式。它既是提高学生思想政治工作的一个渠道，也是培养学生实践能力和创新能力的有效途径。尤其是专业性社团，它不仅具有一般社团的功能，还对学生专业技能的培养有着一定的辅助功能，在培养学生的实践能力、创新能力方面发挥着重要作用。通常来说，专业社团依托学校的良好信誉度和稳定性，加上专业教师的指导，比起学生个人更容易获得与企事业单位合作的机会。

大学生应该根据自身实际情况，参加适合自己的社团。大学生通过参加社团活动，可以发现、培养、提高自身的特长，逐步形成基本实践能力与操作技能、专业技术应用能力、专业技能、创新能力与综合技能。

③ 投身社会实践，利用假期进行实习。社会实践的本质就是让大学生理论联系实际，把所学的知识技能运用到实践中，认识社会、服务社会。目前，大多数学生已经意识到在校期间多参加一些社会实践不仅可以增加额外收入，还可以让自己在社会这个大课堂得到锻炼，从而提高自己的专业技能和综合素质。教育与实践相结合是改造社会的重要手段，也是造就全面发展的创新人才的唯一方法。社会实践不仅可以锻炼大学生的协调能力、沟通能力和对理论知识的综合运用能力，也可以培养大学生的动手能力和创新精神。因此，大学生应该积极参加各种形式的社会实践。

案例故事

刘×在一个招聘会上看中了一家公司，这家公司主要是开发宠物食品的，待遇还不错，于是他想应聘这家公司的动物营养技术员。这一职位的竞争很激烈，求职者众多，所以公司采用了集体面试的方式。面试官的桌子上放着两包饼干，面试官翻看一份简历，就会与那名求职者交谈几句，然后让其品评一下饼干，那些求职者一个个拿起一片饼干吃下，然后郑重其事地给面试官一些意见。

刘×很纳闷，因为公司开发的是给宠物吃的食品，尽管人吃了也没什么害处，但是一般动物食品都会提醒人不要误食，而且这一点在公司的展板上也有说明，他不明白面试官为什么会有这样的要求。

当轮到刘×的时候，那名面试官依然如此，问了几个专业问题之后就指了指桌子上的饼干。刘×想了一下，摇摇头说："对不起，这是给动物吃的，不是给人吃的，再说就算是给人吃的，人爱吃也不代表动物就爱吃。"面试官皱了下眉头，然后恢复了平静，让他们回去等消息。

一天后，刘×接到了那家公司的电话，话筒那边的人告诉他，他被公司正式录取了。原来那些饼干是用来考察求职者的专业素质的，主要考验是否细心及对信息的接受程度，但认真读完公司展板的人却寥寥无几。

2. 提升个人素质

(1)开发团队协作精神。团队协作能力是指建立在团队的基础之上,发挥团队精神,互补互助,达到团队最高工作效率的能力。对于团队的成员来说,不仅要有个人能力,更需要有在不同的位置上各尽所能、与其他成员协调合作的能力。一个好的团队并不是说每个成员各方面的能力都特别强,而是能够很好地借物使力,取团队其他成员的长处来补自己的短处,同时把自己的优点分享给大家,互相学习交流,共同进步。

一个具有团队协作精神的人在进入新的组织机构时能够迅速找到自己的身份定位,迅速学习和适应组织的规范及文化传统,将自己的个人目标同组织目标有效地结合起来。讲究团队协作能力,并不意味着牺牲个体、牺牲自我,而是互相关心、互相帮助,树立团队主人翁责任感,为组织机构的全面发展贡献自己的力量。

团队协作的本质是共同奉献。共同奉献需要一个切实可行、具有挑战意义且让成员能够为之信服的目标,只有这样,才能激发团队的工作动力和奉献精神,不分彼此,共同奉献。在一个团队中,只有大家不断地分享自己的优点,不断吸取其他成员的优点,遇到问题及时交流,才能让团队的力量发挥得淋漓尽致。协同合作是任何一个团队不可或缺的精髓,是建立在相互信任基础上的无私奉献,团队成员因此而互补、互助。要提升团队协作能力,就要做到以下三点:

① 包容其他成员,与他人和谐相处。团队工作需要成员在一起不断地讨论,如果一个人固执己见,无法听取他人的意见,或无法和他人达成一致,团队的工作就无法进行下去。团队的效率在于配合的默契,如果达不成这种默契,团队合作就不可能成功。因此,在实际工作中,与他人和谐相处、密切合作必不可少。

② 保持谦虚谨慎的态度。每个人都有自己的优点和缺点,可能你在某个方面比其他人强,但你更应该将自己的注意力放在他人的强项上,保持足够的谦虚。

③ 与他人保持有效的沟通。一个人身在团队之中,良好的沟通是一种必备的能力,成员间的沟通能力是保持团队有效沟通和旺盛生命力的必要条件。

(2)增强沟通与交往能力。人际沟通与交往能力是指妥善处理组织内外关系的能力,包括与周围环境建立广泛联系的能力和对外界信息的吸收、转化能力,以及正确处理人际关系的能力。人际沟通与交往能力是一个人的知识、人品、修养及各种心理素质的综合,反映了一个人的综合素质,大学生在培养和提高自己的人际沟通与交往能力的同时,也要注意自己综合素质的培养和提高。建立良好的人际关系可遵循以下原则:

① 平等原则。平等就意味着相互尊重。同学间交往的主要目的是共同完成大学的学习任务,这就要求彼此应在人格上平等,在学习上互助,并且主动相互了解、相互关心。

② 相容原则。相容表现为同学之间的相互理解和关怀。在人际交往中,经常会发生矛盾,有的是因为认识水平不同,有的是因为性格不同,也有的是因为习惯爱好不同。双方如果都能以容忍的态度对待对方,就可以避免很多冲突。

③ 互利原则。互利原则要求大学生在人际交往中应了解对方的价值观,多关心、多帮助他人,并保持对方的得大于失,从而维持和发展与他人的良好关系。

④ 信用原则。一个人讲信用是指诚实、守诺言,从而取得他人的信任。在人际交往中,与守信用的人交往给人一种安全感,与言而无信的人交往则使人内心充满焦虑和怀疑。对每个立志成才的大学生来说,守信用将使自己的形象更加出彩。人际交往是一门学问,存在

于社会的任何角落，是人们实践经验的结晶。大学生必须具备良好的人际交往能力，因为它关系到以后求职就业；在把握各种交流机会的同时，做到诚实守信、人格平等。

(3)树立终身学习理念。终身学习是指社会每个成员为适应社会发展和实现个体发展的需要，贯穿人的一生的、持续的学习过程。21 世纪的今天，世界正朝着高科技、网络化、信息化、全球一体化的方向迅速发展，这是一个知识创新和学习型的社会新时代，只有紧跟时代步伐，持续学习，才能与时俱进。一个持续学习的人，会不自觉地养成良好的思考能力，良好的思考能力又能促进个人更好地学习，从而形成良性循环。

视频
终身学习

(4)增强开拓创新能力。开拓创新能力是各种智力因素和能力品质在新的层面上融为一体、有机结合后所形成的一种合力。国外一些知名的大企业聘用员工时要求员工在受聘的 1 年时间内犯一次“合理错误”，否则将被辞退。日本不少企业聘用员工时总要聘用部分与学历无关、与在校成绩无关而具有鲜明个性的学生，这些都是寻求具有开拓创新能力人才的一种尝试。当代大学生只有积累渊博的知识、具有丰富的想象力和发散性思维，才能抓住新机遇、创造新成果。此外，创新还需要多实践、多动手、多思考、多总结。俗话说，实践出真知，这一点对于刚毕业的大学生来说尤为重要。大学毕业生刚出校门，经验不足，实践经验少，很多专业方面的知识仅停留在理论上，只有通过实践，才能慢慢提高个人的开拓创新能力。

(5)锻炼动手实践能力。动手实践能力是把创造性思维变成实际物质成果的动手能力，也称为实践操作能力。这种能力对于大学生来说尤为重要。有些大学毕业生对于工作中遇到的问题，通晓解决问题的理论，但在动手解决这些问题时往往显得力不从心，直接影响自身能力的充分发挥。因此，大学生在学校学习时不仅要积累知识，还要通过实践活动、生产实习和勤工俭学等机会，着力培养和提高自己的动手实践能力。

(6)强化组织管理能力。大学生毕业后不可能都从事管理工作，但每个人在将来的工作岗位上都有可能成为管理者，或者接受组织的管理，与他人进行合作。组织管理能力包括计划能力、组织实践能力、决断能力、指导能力和平衡能力。在目前的毕业生就业市场上，具有一定的交往能力和组织能力的大学生越来越受到用人单位的欢迎。许多单位注重大学毕业生学业成绩的同时，对是否担任过学生干部、担负过社会工作也很感兴趣。因为参加过各类学生组织活动、从事过组织管理工作的大学生，相对有较强的组织管理能力和团队协作能力。因此，大学生在校期间应积极参加社会活动，尽量多做些社会工作，不断强化自己的组织管理能力。

(7)不断提高信息处理能力。现代社会的主要标志是社会生活的信息化、数字化。信息作为一种重要的资源和财富越来越受到人们的重视。社会发展更多地依赖人类后天获取信息的多少、知识存储的多少及处理信息资源的能力大小。只有那些善于收集、整理、分析、处理信息的人，才能不断地发展进步，才能获得事业的成功。当代人，无论是学习、工作还是求职应聘，都与其占有信息和处理信息的能力息息相关。一个人掌握的信息越多，明辨是非的能力越强，决策的空间就越大，并可以从中发现新的机遇和新的发展方向，拓展新的发展空间。一个大学生如果处理信息的能力差，就会对新事物反应迟钝，停留在陈旧落后的思维方式和认识水平上，就会安于现状，从而失去很多发展的机遇。

信息社会必定是一个终身学习的社会。大学生要提高信息素养，必须强化博学观念，以

求知若渴的态度虚心向书本学习、向实践学习、向他人学习，尤其要刻苦学习与信息有关的知识和方法，以便能够迅速、有效地发现和掌握有价值的信息。获取信息的渠道是宽广而通畅的，快捷众多的新闻媒体、四通八达的网络、层出不穷的参阅资料、日益广泛的社交场合等都是收集信息的重要渠道。

任务二　初入职场应具备的职业素质

一、留下良好的印象

新员工进入单位，会接触同事、上级，他们可能成为好的合作伙伴、朋友、知己，也有可能成为不想多交往的人、需防范的人，甚至是敌人。在一般情况下，新员工在进入单位时，如果不注意树立良好的形象，往往会给别人留下一些消极的印象，影响自己职业生涯的发展。新员工初入职场应该注意以下几点。

1. 适当地讲究着装

穿着不一定很名贵，但衣服一定要合体、干净、整洁，而且颜色和图案的搭配一定要协调，鞋子应该是舒适而又不引人注目的。对男士而言，如果是文职人员，可以是西装，稍微正式一些；也可以是夹克西裤，更休闲和轻松一些。对女士而言，不可浓妆艳抹，否则给人以轻浮的印象。

2. 要有时间观念

现代人讲究时间观念，不守时常常被人们视为不敬业、不礼貌、不可靠。如果上班来得早，还可以先熟悉和认识几个人，此外早到还可以为单位做些力所能及的事情，可以给老员工留下一个良好的印象。

3. 出色地完成第一个任务

个体新到工作岗位面临的主要问题是缺乏经验，但新员工不能将没有经验作为办事质量差的理由。为此，如果新员工遇到以前没有经历的事情，不妨自己先厘清思路，看看主要有什么困难，再将难以处理的问题向同事或上司请教，这样既不会被看成能力差，又可以确保工作不出差错，也显示出对老员工的尊重。

4. 积极利用非正式场合熟悉周围的员工

在正式场合，很多人的行为和态度受工作情境的制约，不能表现出个人的所有特点。但在非正式场合，限制较少，人们的言谈举止比较随意，表现比较真实，因此这种场合是认识同事的好机会。

5. 经常记录，总结得失，不断改善工作

在工作中，我们有成功的喜悦，也会有失败的烦恼。成功了，我们要总结经验；失败了，我们要吸取教训。此外，我们对工作中常见的问题要做好记录；对工作中的不愉快也要留心分析，找出原因，以便今后杜绝类似情况发生。

6. 注意交往技巧

每个单位都有一些非正式群体，有些人关系比较好，有些人关系比较差，还有一些人游离于群体外。有些同事可能由于过去的利益分配问题有矛盾；有些同事可能是性格不好，不受人欢迎;有些同事可能因为观点不同,经常与人争吵。初来乍到,个体首先应该熟悉环境,要了解以下问题:如果是与他人有矛盾的人,要清楚他们的问题在哪一方面;如果是被孤立的人,要了解是交往能力问题造成的还是品行问题造成的;如果是喜欢争吵的人,要清楚是为公事争吵还是为私事争吵。只有将这些问题弄清楚了,交往才会有针对性。

二、知己知彼

许多人虽然进入某专业领域接受教育,但可能由于父母、教师的意愿,并没有选择自己的优势领域,结果使个人的长处没有得到开发。因此,大学毕业生既要很好地认识自己,也要很好地认识职业,使自己找到合适的职业。能力既靠后天的培养,更受先天的制约;而兴趣、价值观则主要是后天培养的。人们都希望成为科学家、体育明星、歌星、影星、企业家,但这些人中有多少是纯粹靠兴趣成功的呢?无论是什么工作,被职业化后,大学毕业生要想干好,仅仅靠一时的兴趣、爱好是很难维持的,更多地要靠理性和毅力。大学毕业生只要能胜任工作,而工作又有值得做的一面,就可以在这项工作上干下去。

三、尽早定向,少走弯路

人生有涯,而事业无涯,人们将所有的时光都用于对自己适合、喜欢的领域的积累,这种积累就会越来越丰厚,成功的可能性就越来越大。当然,也有些人不是以对社会的成就为自我成就的判断标准,而是注重人生的过程和体验,也许其社会成就不高,但自我比较满足。然而,人是社会中的人,不受社会价值标准的影响是十分困难的,因而不注重社会成就的人也只是极少数。综观职业成功人士,他们大多是弯路走得比较少的人。如果人生的美好时光都在反复摸索中度过,个体尽管能丰富生活阅历,但离成就目标就远了。因此,大学生尽早地给自己定位、确立努力的方向显得十分重要。

大学生可以通过许多途径来了解自我:可以倾听老师、父母、朋友、同学对自己的评价;也可以进行内省,通过分析自己所学科目的难易程度、成绩高低,在比较中发现自己的优劣势;还可以通过分析自己的作品、对从事某种活动的感受来获得对自己的认识。在认识职业自我时,大学生除了考虑专业匹配度外,还要考虑所加入组织的发展机会。人们寻找的工作往往与自己所学的专业有关,但工作不等于专业,专业只是个人规划职业生涯的出发点。因为有些工作仅仅靠专业知识是不够的,如一名优秀的管理者,除了要懂管理专业的知识外,还要有较强的人际交往能力、组织协调能力、激励能力以及相当的社会阅历。

为了配合组织的发展,个人既要尽量发挥自己的专业优势,又不能局限在专业领域中。大学毕业生最好是根据组织提供的机会,以专业为依托,学习相关岗位的知识技能,以寻求最大的发展空间。职业与专业有联系,但不是一一对应,职业的需求往往比专业更广泛,大学毕业生要利用自己专业外的优势,根据组织的实际慎重选择努力方向。如果自己一时拿不定主意,大学毕业生可以先进行一些尝试,也可以向有经验的人咨询,还可以向社会上相关的就业指导机构寻求帮助,指导自己选择职业生涯目标。职业生涯早期时所走的弯路越少,人的社会成就可能越高。

四、处理好人际关系

美国著名的成功学大师戴尔·卡耐基曾说过："一个人事业上的成功等于15%专业技术加上85%人际关系和处事技巧。"美国哈佛大学就业指导小组对数千名被解雇的男女进行的综合调查发现，因人际交往关系不好而被解雇的人数是因不称职而被解雇的人数的两倍多。由此可见，人际交往在职业工作中的重要性。新员工刚进入一个组织，一切都是陌生的。由于人常常要与工作环境周围的人交往、合作，因此新员工尽快地适应交往对象，并融入集体中，对打开工作局面非常重要。新员工如果处理不好人际关系，不但影响工作，还影响生活质量。

新员工刚开始工作的时候，一定要注意观察，多做少说，避免人际关系的失败。新员工要特别注意与领导的交往，因为领导通常是代表组织行事的，他们占有相对多的资源，对个人成长有十分重要的影响。在组织管理普遍不是很规范的情况下，给领导留下的印象非常重要，如果工作做得好，领导的印象也好，个人发展的机会就更多，否则即使个人有很强的能力，也可能被说成"年轻气盛、不成熟、有傲气"，从而与重要的培养、提升机会无缘。

案例故事

吴萌大学毕业后进了一家外贸公司做文案工作，工作强度不大，但是初入职场的她感觉在工作交往中，无论是领导还是同事，对她都不是很友好。吴萌喜欢把办公桌摆得满满当当，还把自己心爱的大大的加菲猫玩具摆在桌上，而且天性直爽的她无论什么情况都直言不讳。有一次她见到秘书林姐的电脑中有一张小孩的照片，就吃惊地对林姐说："哎呀，这么难看的孩子的照片，林姐怎么还保存着啊？"林姐顿时沉下脸来，忍住怒火道："那是我的孩子！"从那之后林姐再没给过吴萌好脸色。

五、主动踏实地工作

大学毕业生刚开始工作的时候，首先要主动向组织了解该职业岗位的职能、要求、责任、权利与义务等情况。大学生在接受每项具体工作的时候，也要清楚个人承担的工作任务、任务目标和要求是什么，以及要求完成任务的时间等。

新员工在工作中不要总是指望什么都得到领导或老职员的关照与指导，应当学会自主地工作。个人明确工作任务及要求后，要独自做好工作进度计划，设计好完成工作任务的方法、手段等，认真实践，这样定会有所收获。人们在工作中遇到来自各方面的障碍或困难是经常的、难免的，新员工尤其如此。面对障碍和困难，大学毕业生千万不要心灰意冷，畏缩不前，必须学会如何解决障碍和困难，因为这不仅表明个人的能力、素质，而且在很大程度上决定了未来的职业道路。

项目小结

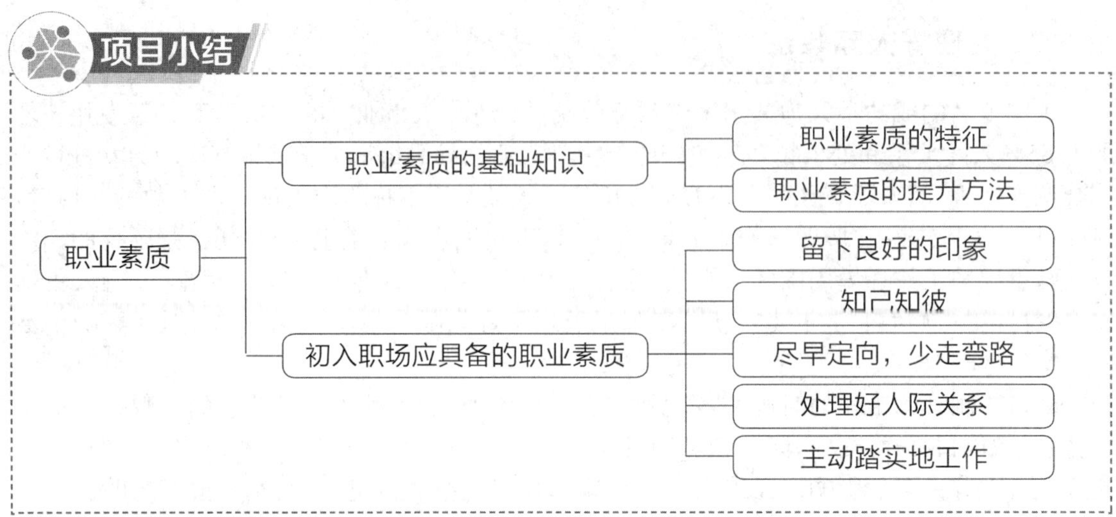

课后实践

制作24小时时间表

(1)详细记录自己一天的行程安排，制作24小时时间表，如下表所示。

24小时时间表

时　段	时　间	目　标	任　务	今日总结

(2)计算与分析。对照24小时时间表，发现并去除浪费的时间，计算真正有意义的时间有多少。

(3)探究与思考。小组内围绕以下问题进行讨论：

① 时间都去哪儿了？

② 你一天中大部分时间都花费在哪(些)方面？

③ 你如何更好地利用被浪费掉的时间？

项目十五　自我管理

学习任务

● **知识目标**：了解时间与时间管理的概念；了解大学生时间管理的现状；掌握时间管理的方法；了解大学生情绪的特点。

● **技能目标**：掌握自我管理的方法，能够合理地进行时间、情绪的管理。

● **素质目标**：认识全面提升自我管理的重要性，树立自我管理的信心和勇气，全面提升自我综合素质。

案例导入

合理安排大学生活

小威是一名大一新生，在高中就很优秀的他，到了大学也仍然积极进取，不仅担任了班级的团支部书记，还进入院学生会外联部，每天都忙得不亦乐乎。当然了，有时候他也会遇到工作与学习相冲突的情况。有一次他因为开展外联工作，结果上化学课迟到了。化学老师要在下午下课后找他谈话，偏巧外联部又通知下午 4:00 开会。时间很紧张，但小威想化学老师不会跟自己谈太久，决定先去“接受批评与指导”，再赶去开会。想不到，化学老师很认真地跟他谈了半小时，他心里干着急也不敢跟老师讲自己还要开会。等老师训话完毕，小威再赶去开会也迟到了。外联部部长很生气，在会上严厉地批评了他。小威心里非常难受，会后他愤怒地向部长抗议：“要不是因为给外联部做事，我也不会化学课迟到；要不是化学课迟到，我也不会挨老师训；要不是挨老师训，我也不会开会迟到，被你当众批评。”后来，在跟外联部的另一个大二师兄聊天时，小威说其实那时候心里感到特别委屈，觉得没人理解，自己已经那么辛苦和努力了，还被批评，特别伤心。

一般来说，大学生如果不能正确地评价自我、合理地安排学习和工作，就很可能产生情绪问题，案例中的小威就是这样。大学生遭遇不良情绪时，应运用恰当的方法进行调节，尽量减少外界的干扰，从而更加专注于自己的学习和工作。

任务一　时间管理

一、时间与时间管理的概念

时间是什么？哲学家说："时间是物质运动的顺序性和持续性，其特点是一维性，是一种特殊的资源。"《现代汉语词典》(第7版)对"时间"的解释是："物质运动中的一种存在方式，由过去、现在、将来构成的连绵不断的系统。是物质的运动、变化的持续性、顺序性的表现。"这些解释似乎都过于抽象。实际上，我们对"时间"一词并不陌生。时间无处不在，又难以捉摸。时间具有不可逆转性、不可储存性和公正平等性的特点。

时间管理就是个体有意识地运用预期、评估、计划等手段，安排自己生活中各项事务，合理、高效地支配和利用时间。时间管理的原则是"预先计划，追求效率"。预先计划，能使我们对自己的时间安排有一个整体的把握；追求效率，能使我们在有限的时间里产出更多的成果。

二、大学生时间管理的现状

大学生的时间管理行为是一个包含意识、规划和行为控制的整合过程。时间管理意识是指大学生主动管理时间、安排生活的自觉性。时间管理规划是时间管理的核心内容，是指大学生个体根据个人的生涯发展任务设置阶段性目标、确定实现目标的具体手段和方法，安排事项的优先次序和时间分配等行为。时间管理行为控制是大学生对自身行为的控制能力，如对内外干扰的控制、对习惯的控制、对坚持性的控制，以及对条理性的控制等。

大学生在时间管理过程中，主要存在以下两个方面的问题：

(1)显性的时间浪费。其主要表现在大学生无论是学习还是生活都缺少一个目标，随波逐流，时间在和室友漫无边际地闲聊、沉迷网络游戏、睡懒觉中流逝，这种时间的浪费几乎不产生任何价值。

(2)隐性的时间浪费。其主要表现在表面上看是在专心做一件事，但实际上并非如此，如上课时看手机、自习时听音乐等，这种行为一旦形成习惯，比什么都不做更加糟糕，因为改掉一个习惯远比建立一个习惯要难得多。

三、时间管理的方法

善于利用时间的人，永远有充裕的时间。时间管理既是一种能力，也是一种习惯。对于大学生来说，学习时间管理的方法，对于高效地完成大学阶段的生涯任务和未来职业发展目标具有重要作用。

1. 利用时间"四象限"法确定事情的优先顺序

著名管理学家科维提出了一个时间管理的理论，把工作按照重要和紧急两个不同的程度进行了划分，基本上可以分为四个"象限"，如下图所示。

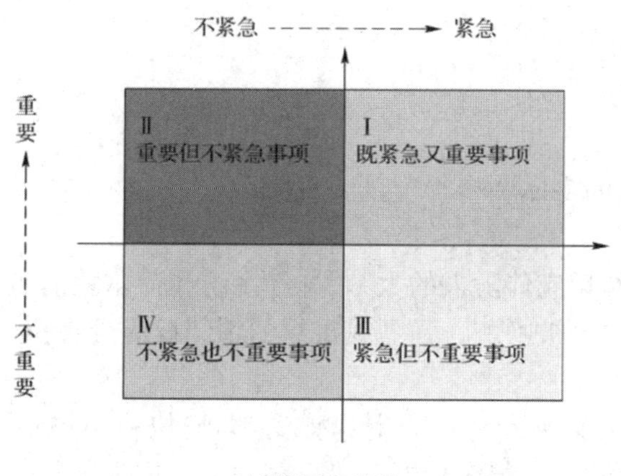

时间"四象限"

第一象限，既紧急又重要事项。这一类事情具有时间紧迫性和影响重大性，如临考准备、人事危机、客户投诉、即将到期的任务等。

第二象限，重要但不紧急事项。这一类事情不具有时间上的紧迫性，如建立人际关系、新的机会、人员培训、制定防范措施等。

第三象限，紧急但不重要事项。如电话铃声、不速之客、行政检查、主管部门会议等。

第四象限，不紧急也不重要事项。如客套的闲谈、玩网络游戏、无聊地看微信朋友圈。时间管理理论的一个重要观念是个体应有重点地把主要的精力和时间集中地放在处理重要但不紧急的工作上，这样可以做到未雨绸缪，防患于未然。人们在日常工作中，很多时候往往有机会去很好地计划和完成一件事，但却因没有及时地去做，随着时间的推移，造成工作质量的下降。因此，大学生个体把主要的精力放在重要但不紧急这个"象限"的事务上是必要的，但这需要我们合理安排时间。一个好的方法是建立预约机制。建立了预约机制，自己的时间才不会被别人所占据，个体才能有效地开展工作。

2. 运用"二八法则"高效利用时间

"二八法则"又称帕累托法则，是由意大利经济学家和社会学家帕累托发现的。他研究发现，80%的社会财富集中在20%的人手里，这就是"二八法则"。"二八法则"反映了一种不平衡性，最初只限定于经济学领域，后来被广泛运用于社会生活的各个领域。"二八法则"具体到时间管理领域是指大约20%的重要项目能够带来80%的工作成果。如果最高效地利用时间，有的人只要20%的时间投入就能产生80%的效率。相对来说，如果最低效地使用时间，有的人用80%的时间投入只能产生20%的效率。所以，在一天中头脑最清醒的时候，我们应该将精力放在最需要专心完成的工作上。我们要把握一天中20%的最高效时间(有些人是早晨，也有些人是下午和晚上。除了时间之外，还要结合自己的身心状况等综合考量)，专门用于最困难科目的学习上。

任务二 情绪管理

情绪是一个人因内心的需要是否得到满足而表现出来的对外界事物的态度，是一个人心理活动的外部表现。情绪反映人的内心活动，因此大学生可以通过观察情绪的表现去分析人的内心世界。

一、情绪的表现

情绪的表现是指人的身体和精神上的变化，具体包括生理唤醒、主观感受、认知过程和行为反应。

(1)生理唤醒。情绪反应伴随人的大脑、神经系统和荷尔蒙的生理作用。一个人的情绪被唤醒的同时，其身体也会被唤醒。强烈或持续的情绪反应会耗费个体的精力，从而削弱其对疾病的抵抗力。

(2)主观感受。情绪反映一个人的主观感受，即愉快或不愉快、喜欢或不喜欢等体验。因此，对一个人情绪的研究，在很大程度上要依靠于他的主观感受。

(3)认知过程。一个人的情绪涉及他的记忆、知觉、期望和解释等认知过程。个体对某个事件的认识会极大地影响着他对这个事件的看法和态度。

(4)行为反应。情绪还表现为许多行为反应，包括表达型反应和工具型反应。表达型反应是指一个人通过面部表情、手势和声调语气等方式来帮助其表达自己的感受。工具型反应是指个体可以提高自身对环境的适应性的反应，如因忧虑而哭泣或因害怕危险而逃跑等。

一般情况下，人们的情绪反应是以上四个方面的综合。例如，人们遇到好朋友时，生理唤醒可能是平稳的心跳，主观感受是积极而愉快的，认知过程包括与朋友相关的记忆、知觉、期望及对所处环境的积极解释，行为反应可能是微笑的表情。

二、情绪的功能

心理学家一致认为在决定成功的各种因素中，智商只占20%，而另外80%由其他因素决定，其他因素中情商具有特别重要的地位。情商包括自我意识、情绪控制、自我动机、延迟满足和大众技能。其中情绪控制具有重要的作用，这和情绪的功能有密不可分的关系。

1. 动机功能

情绪可以促进、引导并维持个体的行为，直到达到特定的目标。例如，当个体爱上一个人时，快乐的情绪会促使他愿意去接近和保护对方，为对方做任何事情。但是，情绪对人的行为动机也有反作用。当任务太难、太复杂时，如果人的情绪过于急躁和冒进，他的工作绩效就会下滑。

2. 社会功能

当信息不能通过语言准确地表达出来时，情绪也是人际沟通与交流的重要手段。心理学家发现，在人际交往过程中，70%以上的信息是依靠非言语(如说话的语气、态度等)传达的。人们只有关注他人的各种情绪变化，并做出相应的回应，才能更好地适应周围的环境。如果个体无法感受他人的情绪，没有做出相应的回应，就很可能造成人际交往的矛盾，从而会丧失与他人建立良好关系的机会。

情绪的社会功能还体现在助人行为上。心理学家发现，当个体处于最佳情绪状态时，他们更愿意做出各种助人行为，当个体对自己的过失感到内疚时，也更愿意提供义务帮助，因为这样可以减轻他们心中的内疚感。

三、情绪的种类

一般认为，快乐、愤怒、恐惧和悲哀是人类最基本的四种情绪。这些情绪与人的基本需要相联系，是与生俱来的。

1. 快乐

快乐是指个体达到一定目的后，紧张的状态得以消除，从而产生的情绪体验，如一个人经过积极准备考取理想大学后产生的情绪体验。心理学家一般将快乐分为满意、愉快、异常的欢乐和狂喜四个等级。个体的快乐程度取决于目标的重要性和达成目标的意外性。一个人追求的目标越重要，或者对目标的达成越意外，他就会感到越快乐。

2. 愤怒

愤怒是指个体因目标不能实现或在实现目标时受到挫折而逐渐积累起来的情绪体验。一个人对挫折的认识会影响他愤怒情绪的产生。如果一个人认为挫折和阻挠是不合理的，甚至是恶意的，他就很容易产生愤怒的情绪。一般来说，根据程度的不同，愤怒可以分为轻微的不满、生气、愠、怒、大怒和暴怒六个等级。

3. 恐惧

恐惧是指个体在企图摆脱或逃避某种情境，但又感到无能为力时所产生的情绪体验，如人们在遇到地震，感到无力应对时，往往会感到十分恐惧。一般来说，人们产生恐惧是因为他们缺乏有效应对恐惧的力量，有时也因为他们熟悉的环境发生了意想不到的变化。

4. 悲哀

悲哀是指个体在失去内心盼望的、自认为有价值的东西时所产生的情绪体验，如一个人失去亲人后会产生悲哀的情绪。一般来说，悲哀按程度不同可以分为遗憾、失望、难过、悲伤和悲痛。悲哀的程度取决于人们所失去事物的价值。失去事物的价值越大，悲哀就越强烈。悲哀所带来的过度紧张感可以通过哭泣来释放，人在哭泣之后往往会精力衰竭，同时因紧张得以释放而感到轻松。

也有研究者认为，人类有快乐、悲伤、厌恶、愤怒、恐惧和惊讶六种基本情绪，这六种情绪可以相互组合，并派生出其他各种各样的复合情绪，如忧郁、紧张、焦虑等。

四、大学生情绪的特点

大学阶段，学生正处于心理成熟的重要时期，这一时期也是学生情绪丰富多变、相对不稳定的时期，具有鲜明的特点。

1. 情绪体验的丰富性与复杂性

大学生的学习、生活、人际交往都带有浓厚的情绪色彩。在学习上，他们表现出强烈的求知欲，也会因学业成绩的起伏而产生情绪上的波动。在人际交往中，他们充满热情，但也表现出很强的自尊心和自卑感。在恋爱中，他们会产生强烈的情绪体验，从而对学习和生活产生重大影响。同时，大学生也表现出爱国主义、道德感、理智感、利他主义、英雄主义、美感等高级而复杂的情感体验。

2. 情绪的延迟性与心境化

中学生的情绪往往受制于外界情境，在情境的变化之下，他们的情绪反应来得快，消失得也快。而大学生的情绪反应往往不随外界环境的改变而消失，一般会出现一定的延迟。

3. 情绪的冲动性与爆发性

大学生的情绪体验十分强烈。他们对任何事情都十分敏感，有时情绪一旦爆发，就很难控制，甚至会出现盲目的狂热和冲动。在处理与同学和老师的关系时，在对待学习和生活中的挫折时，他们很容易走极端。例如，有些大学生因与宿舍同学发生矛盾而大打出手，还有些大学生在经历挫折后选择自杀，这些极端的方式都和大学生情绪的冲动性与爆发性有关。

4. 情绪的波动性与两极性

大学生正处于从未成年向成年过渡的阶段，因此他们的情绪同时具有成年人和未成年人的特点。一方面，大学生的情绪更趋于成熟和稳定；另一方面，大学生的情绪又带有明显的起伏性和波动性，容易从一个极端走向另一个极端。在日常生活和学习中，大学生的情绪常常大起大落，他们会因为一个故事或一首歌而潸然泪下，也会在一点点成绩面前得意忘形、忘乎所以。

5. 情绪的矛盾性与复杂性

大学生在大学阶段要面临许多重大的选择，这使他们经常表现出一种矛盾和复杂的情绪状态。例如，有些大学生在得知自己获得了宝贵的实习机会后，一方面会感到喜悦，另一方面又因为担心影响学业而感到失落。

6. 情绪的内隐性与掩饰性

大学生虽然有时喜形于色，但已经不像青少年时期那样坦率外露。不少大学生将自己的情绪隐藏和掩饰起来，表现出外在行为与内在体验不一致的特点。例如，有的大学生在因获得奖学金而得到别人的赞赏和佩服时，不喜形于色，而是表现得十分谦虚。大学生的这种情绪特点给同学之间的交流造成了障碍；一部分大学生还会会因相互误解而产生矛盾。

7. 情绪的想象性

大学生有时会陶醉于以往某一特定的情绪状态中或沉湎于某种负性的心境中而无法自拔。例如，有的大学生因一次考试作弊而感到无地自容，想象着周围的人都在轻视自己、讨厌自己，于是产生了自己处处都不如别人的消极心态。

五、情绪 ABC 理论

1. 情绪 ABC 理论的主要内容

情绪 ABC 理论又称理性认知情绪疗法，由美国著名心理学家埃利斯于 20 世纪 50 年代首创。该理论认为，在很大程度上，是人们对环境中事件的知觉和评价决定了人们对事件的情绪和行为反应。其核心假设是，人们将生活中经历的讨厌的事件或“压力源”贴上了“痛苦”或“压力”的标签。然而“痛苦”和“压力”并非由这些事件或“压力源”引起，而主要是由人们的某些不合理信念造成的。事情本身无所谓好坏，但当人们赋予它自己的偏好、欲望和评价时，便有可能产生各种无谓的烦恼和困扰。这也就解释了面对同样的事情，不同的人会有不同的反应。

在 ABC 理论中，A 代表诱发事件（activating event）；B 代表个体对这一事件的看法、解释及评价，即信念（belief）；C 代表继这一事件后，个体的情绪反应和行为结果（consequence）。诱发性事件 A 只是引起情绪及行为反应的间接原因，而人们对诱发性事件所持的信念、看法、解释 B 才是引起人的情绪及行为反应的直接原因。一般来说，人们会认为诱发

事件A直接导致了人的情绪和行为结果C,发生了什么事就会引起什么样的情绪体验。其实不然,对于同样一件事,不同的人由于对事件的解释不同,会产生不同的情绪体验。例如,两个人英语四级考试都没通过,一个人无所谓,而另一个人却伤心欲绝。前一个人可能认为,这次考试只是试一试,考不过也没关系,下次可以再来;后一个人则可能认为,精心准备了那么长时间,竟然还没考过,别人会认为自己太笨了。由此可见,诱发事件并非必然导致某种情绪和行为,而不同的看法和解释才会使人的情绪和行为大相径庭。

2. 不合理信念

埃利斯认为,个体的信念、看法和解释是否合理是影响他的情绪和行为的关键因素。在现实生活中,个体的信念、看法和解释经常是不合理的,因此被称为"不合理信念"。这些不合理信念使个体产生情绪上的困扰,甚至还会引发情绪障碍。

(1)不合理信念的表现。一般来说,常见的不合理信念如下:人应该得到生活中所有对自己重要的人的喜爱和赞许;有价值的人应在各方面都比别人强;任何事物都应按自己的意愿发展,否则会很糟糕;一个人应该担心随时可能发生的灾祸;情绪由外界控制,自己无能为力;已经决定的事是无法改变的;一个人碰到的种种问题,总应有一个正确、圆满的答案,如果无法找到答案,便是不能容忍的事;对犯错的人应该给予严厉的惩罚和制裁;逃避困难、挑战和责任要比正视它们容易得多;要有一个比自己强的人做后盾才行。

(2)不合理信念的特征。埃利斯总结出不合理信念的三个特征,即绝对化、过分概括化和灾难化。不合理的信念往往具有三个方面的特征,如表15-1所示。

表15-1 不合理信念的特征

特　征	内　容
绝对化	人们以自己的意愿为出发点,对某一事物持有其必定会发生或不会发生的信念。这种信念常与"必须"和"应该"这类词语联系在一起,如"别人必须很好地对待我""我应该能做得更好"等。对于一些持有绝对化要求的人,如果某些事情的发生与他们的要求不一致,他们就会感到难以接受,并极易产生情绪困扰
过分概括化	它是一种以偏概全的思维方式。埃利斯认为,过分概括化是不合逻辑的,就好像以书的封面来判定其内容质量一样。过分概括化表现为人们对其自身形成不合理的评价,如一些人在面对失败的结果时,往往会认为自己"一无是处",以一件事情的成败来评价整个人,从而导致自责、自卑和自暴自弃。过分概括化的另一个表现是,人们形成对他人的不合理评价,即对方稍有差错,人们就认为对方一无是处,从而一味地责备对方,对对方产生敌意和愤怒等情绪
灾难化	一件不好的事发生后,人们产生的一种"非常可怕""非常糟糕"或者"是一场灾难"的想法。这种想法会导致人们陷入耻辱、自责、焦虑、悲观、抑郁的情绪状态而难以自拔。埃利斯认为,灾难化是一种不合理的信念,因为任何一件事情都可能以更坏的情形发生,但没有任何一件事情可以定义为百分之百的糟糕。当个体认为遇到了灾难化的事情时,他就会把自己引向极端的情绪状态之中

3. 理性认知

如果个体对生活中的灾难、挫折和不幸坚持理性分析、灵活处理,不把自身理性的需要和愿望总结为僵化的“必须”“应该”或“一定”时，个体就会得出现实的结论。这些结论一般有以下几种形式：

(1)表现出忍耐。例如，“我当然希望……但如果不行，我也可以接受，不是非要那样不可”。

(2)百分比的思维模式。这种思维模式使人能够容忍黑白之间的灰色地带，判断是非对错时以百分比进行分割，而不是“一刀切”、一概而论。

(3)明白人无完人，做到对事不对人。如果能够容忍人的错误与缺点，知道没有什么人或事会是完美的，就能够允许自己或别人的瑕疵、过错甚至失败。个体即便发生了特别不如意的事情，也不会影响对某人客观的评价。

(4)对恶劣情况的非极端评价。例如，“这不是我所希望的，这样很不好，但不可怕，没有糟糕透顶”。

六、情绪管理的方法

良好的情绪对大学生人格的完善和身心的健康都具有重要作用。因此，大学生应当以恰当的方式管理自己的情绪，积极地调节自己的情绪，培养乐观开朗的性格，从而使自己快乐地度过大学生活。

1. 提高自我认识

(1)正确评价自我。个体的情绪在很大程度上与其认知、评价有关。当一个人对周围的事物、行为或价值形成负面的认识和评价时，他就会产生各种消极的情绪。例如，一个人有过一次失败的经历，就会在主观上认为自己能力不够，不能胜任该工作。此后在遇到类似情况时，他也会这样评价自己，以致产生畏难情绪。因此，个体要产生积极的情绪体验，首先要形成积极的自我认知，学会以正确的方式来看待自己。

大学生要正确地评价自我，首先要学会悦纳自我，接受自己所有的特性，包括相貌、身材、能力、性格、家庭背景等。大学生只有从内心深处接受了自己，才会认识到自己的价值，才会认同和欣赏自己。相反，大学生如果不能接受自己，就会被消极的情绪困扰。其次，大学生要正确地评价自我，还应当运用合理的方法进行比较。如果大学生一味地与差距较大的人进行比较，就很容易产生消极情绪；但如果大学生改变比较的策略，和自己的过去比较或与自己类似的人比较，就容易获得心理上的平衡，从而增强自信心。

(2)消除不合理信念。个体要消除不合理信念，关键是要用一个新的信念或看法代替原有的信念或看法，从而得到新的情绪。当代大学生自我意识很强，他们希望自己得到他人的肯定，所以经常会给自己定下一些目标。例如，一些大学生为了显示自己具有很强的领导能力，暗暗下决心“一定要在这次学生干部竞选中取胜”。这样的决心给他们造成了巨大的心理压力，一旦失败，他们就会产生自责、失落的情绪，导致自我价值感降低。所以，大学生应当转变一些不合理的信念。这样无论出现何种结果，他们都能以平静的心态去面对。

此外，大学生社会意识和公平意识的增强，使他们在与人交往时产生了一些不合理的观念。例如，一位大学生说：“在我的朋友遇到困难时，我主动帮了他，而当我遇到困难时，他却视而不见，为此我感到被欺骗了。”这位大学生的不合理观念是“我帮了他，他就应该帮我”，而合理的观念应将“应该”改成“希望”，即“我的朋友遇到困难时，我帮了他，是我自愿的，并且我也希望当我遇到困难时，他同样会帮我。但当我真的遇到了困难，他却没帮我，我为此

感到遗憾,虽然不高兴,但我仍可以接受和理解他的做法”。

(3)进行积极的自我暗示。自我暗示就是一个人通过语言、形象思维、想象等方式对自己施加影响的心理过程。法国医生库埃于1920年首次提出了“自我暗示”这一概念。他要求患者不断重复“我每天在各方面都变得越来越好”,从而使许多患者得以康复。他的这一做法就是给患者一个积极的自我暗示,使他们保持良好的心情、乐观的情绪、战胜疾病的信心,从而调动其内在因素,发挥其主观能动性。古语“情急百病生,情舒百病除”说的就是这个道理。

自我暗示分为积极的自我暗示和消极的自我暗示。积极的自我暗示是在不知不觉中对自己的情绪、心理及生理状态产生积极的影响,从而使个体发挥主观能动性,最终战胜挫折,适应环境。消极的自我暗示则强化了个体的弱点,唤醒了个体内心深处的自卑、怯懦、嫉妒等消极的情绪。大学生可以运用积极的自我暗示来调适和放松紧张的心理状态,保持心理平衡,使不良情绪得到缓解。例如,一个人在情绪不佳时,可以找个安静的地方坐下来,在内心默念“喜笑颜开”“兴高采烈”“我非常开心”之类的话,那么他内心自然会产生一种快乐的情绪体验。

2. 加强行为训练

(1)放松训练法。紧张、焦虑等消极情绪不仅会降低人的工作和学习效率,而且会使人血压升高、心跳加快、头痛和失眠。人们可以通过各种放松训练抑制紧张的生理反应和心理反应,减轻紧张、焦虑的情绪。

(2)系统脱敏疗法。系统脱敏疗法由美国学者沃尔帕创立。这种方法主要是向求治者逐级呈现导致其产生焦虑、恐惧的情境,并通过各种放松训练来对抗这种情境,从而达到消除焦虑或恐惧的目的。在实施系统脱敏疗法时,实施者应逐渐加大刺激的程度。

当某个情境不再引起求治者的焦虑和恐惧反应时,实施者便可向求治者呈现另一个刺激略强的情境。如果一个情境经过反复呈现,不再使求治者感到焦虑和恐惧,治疗的目的也就达到了。系统脱敏疗法可以分为现实系统脱敏和想象系统脱敏两种方法。现实系统脱敏的整个操作过程是在真实的情境中进行的,而想象系统脱敏则是在想象的恐惧或焦虑情境中进行的。

(3)注意力转移法。注意力转移法就是一个人把注意力从引起不良情绪反应的情境转移到其他事物上或其他活动中的行为训练方法。当一个人的情绪不佳时,可以将注意力转移到他所感兴趣的事情上,如外出散步、看电影、打球、下棋、与朋友聊天等,从而使自己的不佳情绪得以改善。转移注意力的方法一方面中止了不良刺激对人的消极影响,防止不良情绪的泛化和蔓延;另一方面也使人通过参与感兴趣的活动获得了积极的情绪体验。

(4)合理宣泄法。情绪宣泄是个体进行自我保护的一种方式。如果一个人产生了焦虑、愤怒等强烈的情绪体验,不及时宣泄出来,长久下去就会对其身心健康造成极大的危害。合理的宣泄方式是指个体在不危害自己、他人和社会的前提下,将内心的情绪发泄出来,以缓解、消除紧张的情绪,积极地应对挫折。

(5)音乐调节法。音乐作为一种艺术,是人的情绪、情感的表现方式之一,不同的音乐可以使人产生不同的情绪体验。音乐对调节人的不良情绪具有特殊的作用。通过倾听舒缓、悠扬的音乐,个体可以达到心情放松、缓解焦虑的目的。

(6)适度运动法。人们在运动时身体会发热流汗,新陈代谢、血液循环会加快,身体中的有害物质会被排出体外。因此，运动可以调节神经紧张、脑力疲乏、情绪不佳的状态。人们在情绪不佳时，可以通过适度的运动转移注意力、拓展思路、放松身心、减轻紧张情绪和焦虑程度。此外，个体参加运动还能获得自尊、自信、自豪感，增强战胜困难的勇气。

3. 培养情绪智力

情绪智力是一个多元概念，它包括自制力、理解力、领导力和表达力等。

(1)自制力的培养。自制力是一个人驾驭情感和行为的能力。具有良好自制力的人无论在什么场合、面临什么问题、受到什么影响都能将自己的情绪、行为控制在预定的范围内，从而牢牢地把握学习和生活的正确方向。

(2)理解力的培养。理解力是指人们在人际交往中表现出来的理解、认知他人情绪的能力，它是一个人能否准确、恰当地理解他人所传达的意图的能力。一个人要培养理解力首先要学会倾听。倾听不仅能显示出一个人的修养，而且能显示出这个人对他人的接纳、承认和喜欢的态度，促使他人也产生积极的态度，从而有利于良好人际关系的形成。倾听并非只用耳朵，更需要用心。任何一个表情、动作都会传达出一个人的内心想法，倾听者只有善于用心观察对方，才能更好地理解对方。

(3)领导力的培养。领导力是一个人管理情绪、有效地影响他人及开展团队合作所必需的能力。大学生虽然不能从事管理工作，但在实际生活中可以不同程度地发挥其组织管理才能。大学生可以在学生会、学生社团、班级、宿舍中承担一定的组织、领导和协调职责，开展一些有效的社会实践服务，从而不断提高自己的管理能力。

(4)表达力的培养。表达力是指一个人将体验到的情绪有效地表达出来的能力。大学生应努力培养自己表达情绪的能力。表达积极的情绪有助于大学生增加愉快的体验、提升彼此的信任和了解，使大学生的人际关系更加和谐。而表达消极的情绪则有利于大学生释放紧张情绪和压力，从而促进心理健康。

项目小结

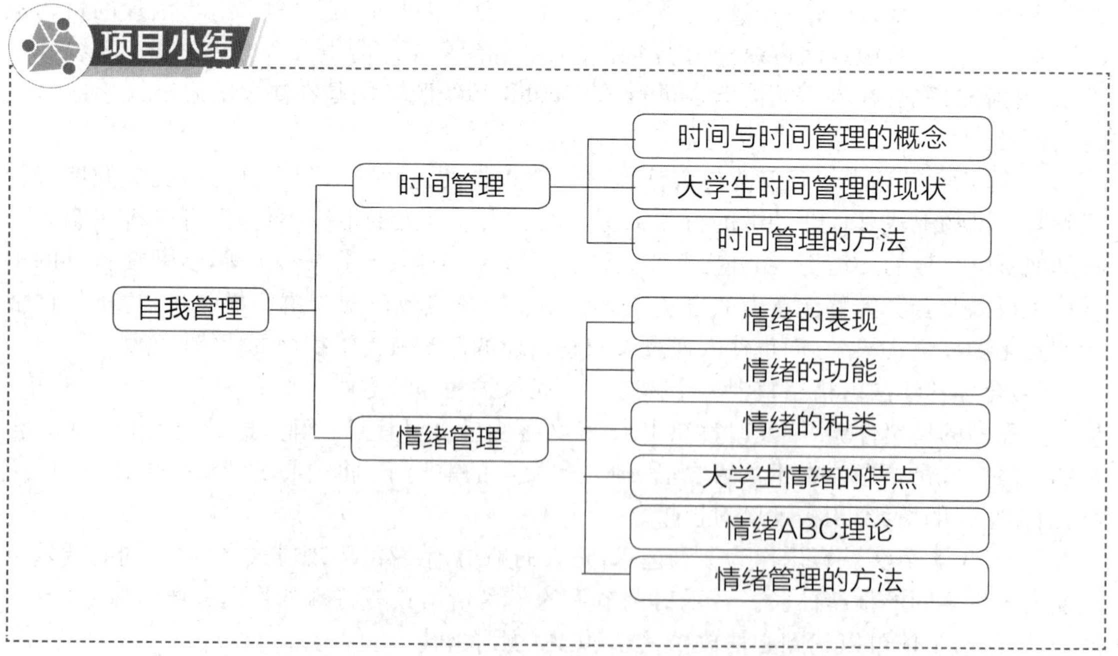

课后实践

时间"四象限"

【实训目的】

学习时间"四象限"理论,掌握时间管理的方法,学会科学地管理时间。

【实训步骤】

步骤1:调整事项的优先级。仔细阅读表15-2列举的事项,在左侧标出或补充不重要、需要减少时间的事项;在右侧填上重要、需要增加时间的事项,并进行优先级排序。

表15-2 调整事项的优先级

序号	不重要(减少时间)事项	重要(增加时间)事项
1		
2		
3		
4		
5		
6		
7		

步骤2:探究与思考。

(1)对计划增加或减少的事项,你能按计划实施吗?

(2)如何正确合理地分配每天的时间?

(3)如何利用好大学校园的时间?

参考文献

[1] 牛淑珍.大学生职业发展与就业指导[M].上海:复旦大学出版社,2020.
[2] 邹渝,张雪松.大学生职业生涯规划与就业指导手册:职业咨询经典案例[M].北京:中国经济出版社,2020.
[3] 刘少华,马明亮,戴丽梅.大学生职业生涯规划与就业指导[M].北京:北京大学出版社,2020.
[4] 刘珍杰.大学生职业发展与就业指导新编[M].上海:同济大学出版社,2020.
[5] 吴伟,张猛.大学生职业生涯规划[M].上海:同济大学出版社,2021.
[6] 霍江华,黄一奇.筑梦未来:大学生职业生涯规划[M].上海:同济大学出版社,2020.
[7] 周勇军,吴勇,林树生.大学生求职与就业指导[M].上海:同济大学出版社,2020.
[8] 由建勋.大学生职业发展与就业指导[M].北京:高等教育出版社,2018.
[9] 鲁克德.500强企业面试题与面试流程全记录[M].南昌:江西人民出版社,2017.
[10] 汤锐华.大学生创新创业基础:配实训手册[M].北京:高等教育出版社,2016.
[11] 黄海荣.大学生创新创业教育指导[M].上海:上海交通大学出版社,2016.
[12] 张溪,张富强.大学生创新创业教程[M].北京:人民邮电出版社,2016.